松下幸之助選集

MATSUSHITA
KONOSUKE
SENSHU

1

指導者の条件
決断の経営

PHP

松下幸之助選集　刊行の辞

松下幸之助はみずからの著作において、本業である企業経営や仕事に関する心得にとどまらず、人間とは何かに対する思索、人生のあり方の探究、政治や社会の考察にいたるまで、幅広いテーマを取り上げました。生誕から百三十年、没後三十五年を数えた今でも、多くの方々に手にとっていただいており、時代を超えて読み継がれるべく、後世に遺したいと思うにいたりました。

そこで、この度、これまで単行本や文庫などの形で発行してきた数多くの幸之助の著作から厳選し、決定版とすべく松下幸之助選集として、解説、注釈に加え、索引、略年譜をつけてリニューアル刊行することにいたしました。

世の中の変化が目まぐるしい今日、何を拠《よ》り所にすればいいか、不安を覚えている方も多いかもしれません。そんなときこそ、初心に立ち戻り、自己を顧み、どんな時代でも変わらない大切な知恵を学ぶことが肝要ではないでしょうか。

ぜひ書棚や机上など、手の届くところにおいていただき、迷ったときの道しるべとして、日々の仕事に生かしていただければ、これに勝る喜びはございません。

二〇二五年一月

ＰＨＰ理念経営研究センター

指導者の条件／決断の経営　共通目次

MATSUSHITA
KONOSUKE
SENSHU

指導者の条件

新書版『指導者の条件』発刊にあたって（旧版）

〝大将〟――二十三歳の若さで松下電気器具製作所（現在のパナソニック）を創業したころ、松下幸之助は従業員からこう呼ばれていました。以来、九十四歳で亡くなるまで、松下は一貫して指導者であり続けます。そして、自分自身がその役割を果たすだけでなく、部下を指導者に育てることにも力を注ぎました。そうした過程で感得した信念は、「組織の責任はすべて指導者一人にある」「指導者はみずからのあり方を絶えず反省、検討しなくてはいけない」というものでした。

昭和五十（一九七五）年、松下は座右に置いて日々みずからを正す資とするための教科書のようなものがほしいとの思いを抱き、古今東西のすぐれた指導者の言行からあるべき指導者の姿を明らかにすべく、ＰＨＰ研究所の研究員とともにつくりあげたのが本書です。

研究員たちが収集した資料をもとに、内容や文言の検討を何度も何度も重ねるかたちで本づくりは進みました。ＰＨＰ研究所で二十八年間にわたって松下の研究を支え、当時、研究部の責任者を務めていた岩井虔《けん》（現ＰＨＰ研究所客員）は、次のようなエピソードがあったことをふり返っています。

松下がまだ元気な頃で、他の書籍と同様、この本の原稿も研究会のたびに繰り返し校閲が重ねられました。何度も何度も同じ原稿が読み上げられ、われわれ研究員も一緒になって〝わが事〟として検討していくうちに、その内容が一つひとつ、自分自身に問われているようにも感じられてきました。しかも松下は「何一つ、これいらんという項目はないわな。多少の厚薄《こうはく》はあっても、やはり全部必要やな。いろいろあって指導者やな」と感想を言いながら検討が進みますので、いつの間にか私は、〝指導者って大変だなあ。これらの項目を完璧にクリアできるリーダーなんているのかな。少なくとも自分はそうではないな〟と思うようになっていました。

ある日の研究会の席上でした。その日も『指導者の条件』の内容が検討され、そろそろ校閲を終えようかという頃だったと思います。突然、松下から、「岩井君、君はこの内容についてどう思うんや」と聞かれました。

あまり考える余裕もないまま、私はつい、本音をそのまま言ってしまいました。「所長、このように繰り返しいろいろな面から指導者の心得を学び、責任を問うていきますと、指導者って大変だなあと思いますし、私もできていない項目がたくさんありますので、到底私は指導者の器ではないと思ってしまいます」と。
するといそれまでニコニコと笑顔で問答していた松下の顔がキッと引き締まり、それまでひざを崩していたのが、居ずまいを正してこちらを向き、再度聞くのでした。

「君、今何言うた。もう一ぺん言うてみい」

「はい、ですから、指導者の条件はいろいろあって厳しいものだなあと。これに全部合格しないと指導者ではないとすると、正直言って私は指導者の器ではないと……」

そのとたん、雷が落ちました。

「君、何言うんや。わしもなあ、君がこの項目を全部合格しているとは思わん。しかし君は今研究部の責任者として、上座に座っているリーダーやないか。リーダーならリーダーとしての本の読み方がある。どうして君は、〝この項目は今三〇点しかないけど、これを六〇点にするにはどうしたらいいか〟〝この項目は五〇点しかないけど、これを六〇点にするにはどうしたらいいか〟というように、前向きに受け取らんのや。リーダーが初めから、自分はもうあかんという気持ちでいたら、その組織はどうなる。もしほんとうに自分はその任にふさわしくないと思うんやったら、さっさとその座を降りないかんのとちがうか」（岩井虔『松下幸之助 元気と勇気がわいてくる話』ＰＨＰ文庫）

長らく研究をサポートしてきたＰＨＰ研究所のＯＢたちは、松下による、それぞれ勲章のような〝叱られ自慢〟のエピソードをもっています。岩井の例もその一つなのかもしれませんが、こうしたエピソードから私たちは、彼らがこぞって証言する、松下の人間味と指導者としての厳しい一面を窺《うかが》い知ることができます。特に上に立つ者、リーダーたる者が道理にはずれた言動をとったり、消極的な姿勢になったりしたとき、松下は徹底的に叱り、諭《さと》したといいます。指導者は部下の仕事や組織の成果に対する大きな責任を担っており、その重みを知るがゆえの叱責だったのでしょう。

それにしても、岩井に向かって発した「リーダーならリーダーとしての本の読み方がある」という言葉には、本書に対する松下の思いがそのまま表れているように思われます。すなわち、本書を読むにしても、ただ字面を追っているだけでは意味がないということです。

松下には、本書を手にされる方に少しでもよいリーダーになってもらいたいという切なる願いがあったはずです。したがって読者の皆様におかれましては、自分は指導者としてどのような特徴をもち、どのように見識を高めるべきかを自問自答しつつ、お一人おひとりなりの読み方を究めていただきたいと思います。

松下と研究員たちが精魂込めて選び抜いた歴史上の偉人のエピソードが示す教訓は、現代のさまざまな状況にあてはめてみても、時代を超えて普遍性を保っているものばかりです。

本書がこの混迷の時代を生きるリーダー諸氏にとって末永くお役に立ち、何らかの指針となれば幸いです。

二〇一四年三月

PHP研究所　経営理念研究本部

まえがき（旧版）

以前にテレビの歴史ドラマで、『天と地と』というのが放送されていたことがありました。ご承知のように上杉謙信の生涯を描いたものですが、その中で非常に強く印象を受けたことがあります。それは、謙信の父、越後の守護代である長尾為景《ためかげ》が自分の領地をピシッと治めていたのですが、その為景が死んで息子の晴景の代になると、とたんに国が乱れ、争いの巷《ちまた》と化してしまったのです。指導者一人が交代しただけで情勢が一転してしまう、そういうシーンを見て、私は指導者というものはきわめて大事だとつくづく感じたのでした。

実際、われわれの体験なり、見聞に照らしてみてもそういうことがいえると思うのです。一つの国でも、すぐれた指導者がいれば栄え、指導者に人を得なければ混乱し、衰えていきますし、会社でも、社長次第でよくも悪くもなります。会社の中の一つの部や課にしても、その部長なり課長のよしあしで、業績が全く変わってくるわけです。

結局一つの団体、組織の運営がうまくいくかいかないかは、ある意味ではその指導者一人にかかっているともいえましょう。その責任はすべて指導者一人にあるといってもいいと思うのです。
だから、組織の大小を問わず、指導者の立場にある人は、そうした自分の責任の重大さをよく認識し、自分のあり方について、たえず反省、検討しなくてはならないと思います。

私自身もつねづねそういうことを考えています。そして、自分を反省し、また高めていく意味において、古今のすぐれた指導者のあり方というものに学びたいと思い、ＰＨＰの研究員の人たちに、そうした人びとの言行について調べてもらって、折々にそれを聞きつつ、自分の参考としてきたのです。

そのようにして聞いてみると、そこにはまことに教えられるものが多いのです。それで、そうした中から百二の事例を選び、若干の私なりの感想を付記してまとめたのが本書です。だから本書は一面、いわば自分の勉強のための教科書のようなものでもあり、私自身これを座右におき、日々自分を正す資としていきたいと考えています。同時に、その意味において、政治の衝《しょう》にあたる人びとから会社の班長、組長にいたるまで、世の指導者の人びと、また将来指導者たらんとする人びとにできるだけお読みいただければ幸いだと思います。すぐれた先人の業績に私同様必ずや教えられるものがあると思いますし、そうしたものをそれぞれのお立場で生かしていただくならば、それは国家の発展はもちろんのこと、さまざまな集団なり企業なりの発展を生み、多くの人びとに幸せをもたらすことになるでしょう。

なお本書でとりあげた事例を調べるにあたって、巻末別掲※のように多くの書物を参照させていただきました。ここにそのことを付記し、お礼申しあげるしだいです。

昭和五十年十一月

松下幸之助

※二三五〜二三六頁の「主な参照図書」を指す。

『指導者の条件』目次

【おことわり】

本作は旧版（最新版＝ＰＨＰ研究所、二〇一四年）の内容を原則として踏襲していますが、一部、修正を加えた箇所があります。巻末の解説、注釈は新たに付しています。旧版発刊（オリジナル版＝ＰＨＰ研究所、一九七五年）当時の時代状況に関する記述については、現代では必ずしも事情が同じでないものや、やや適切さを欠くと思われるものもありますが、本作ではそのままの表現で残しています。また、本作の中に言及されている歴史上のエピソードについては、一部史実と異なる可能性もありますが、本作の趣旨に鑑み、原文のままとしています。

指導者の条件

あるがままにみとめる

指導者は人、物すべてをあるがままにみとめなくてはならない

聖徳太子のつくられた十七条憲法の第一条に、「和を以て貴しとなす。さからうこと無きを宗とせよ。人みな党《たむら》あり。……」とある。〝人みな党あり〟というのは、人間というものは、必ずグループ、党派をなすものだということであろう。それが人間の本質だと太子は見抜いておられたのだと思う。

たしかに、人間の集まるところ、大小の別はあっても、必ずグループ、党派があるといっていい。そういうものがしぜんにできてくるわけである。

けれども、そうしたグループ、党派というものが全体の運営の上で弊害をなす場合が少なくない。特に昨今〝派閥〟と呼ばれるものにはその傾向が強い。そういうところから、〝派閥解消〟ということがさかんにいわれ、いろいろと努力もされているが、そのわりにあまり効果があがらないのが実情のようである。これは結局、派閥をつくるのは人間の本質であり、派閥をなくすことは不可能だからではないだろうか。つまり、派閥というものはなくせ

るものではなく、その存在をみとめた上で、活用、善用すべきものだと思う。そのことを太子はいっておられるわけで、だから〝和を以て貴しとなす〟と、派閥だけの利害にとらわれず全体の調和を大切にしなさいといわれたのではないだろうか。

これが太子の偉大なところだと思う。人間の本質というものは変えることができない。それを変えようといろいろ努力しても無理である。というより、人間自身を苦しめることになる。だから、その本質はまずこれをあるがままにみとめなくてはならない。そして、その上でどうあるべきかということを考える。それが大切なわけである。これは人間にかぎらず、ものごとすべてについていえることであろう。

けれども実際にはなかなかそれができない。ともすれば、好きだとかきらいだとかいった感情や、自分の利害にとらわれてものごとを都合のいいように見てしまう。そうなると、真実と離れた姿しか見られないということになる。それでは正しい判断もできないし、事をあやまる結果になってしまう。

だから、指導者たるものは、できるかぎりとらわれを排して、ものごとをあるがままに見るようにつとめなければならない。そうしたあるがままの認識があって、はじめて適切な指導も生まれてくることを銘記すべきだと思う。

いうべきをいう

◉――指導者はいうべきことをいうきびしさをもたなくてはならない

明治維新の彰義隊の戦いの時、官軍の指揮をとったのは、長州の大村益次郎《ますじろう》であった。もともとこの戦いは、官軍の兵力が少なく、そのため、官軍首脳部にも慎重論が多かったのだが、彼は、十分勝算ありとして、武力討伐の方針を決めたのである。

さて戦いが始まると、最初は彰義隊の勢いもなかなかはげしく、官軍も苦戦をしいられ、特に薩摩藩が攻めた黒門口では最も激戦になった。そこで薩摩の一隊長が来て、増兵を頼んだが彼は許さなかった。その隊長は憤然として、「あなたは、薩軍に全員死ねとおっしゃるのですか」といったところ、彼は「もちろん、その通りだ」と答えた。それを伝え聞いた薩摩勢は、「よしそれならば」ということで全員決死の覚悟で獅子奮迅《ししふんじん》の働きをし、ついに黒門口を占領したという。

彼はまた、これに先立つ第二次長州征伐の際にも、川を前にして進軍を躊躇《ちゅうちょ》している味方を、「全員溺れろ」と叱咤激励して奮起させ、大勝利をおさめたともいわれている。

まことにきびしいといえばきびしい話である。しかし、勝つか負けるかというはげしい戦争の中で、「死ねとおっしゃるのですか」といわれて、「いや、別にそういうわけではない。気を悪くしないでくれ」などと相手の機嫌をとっていたのでは、士気を奮い立たせ、勝ちを制することはとてもできるものではない。大村益次郎はすぐれた軍略家であり、彰義隊との戦いも、全体としては彼の巧みな戦術によって見事な勝利を得たといわれるが、個々の局面では、こうしたきびしさが官軍を奮い立たせ、大きな戦果をあげたといえよう。

これは戦争という特殊な状況下のことであるが、やはりどんな場合でも指導者はいうべきことをきびしくいうことが必要だと思う。いうべきことをいわず、いたずらに迎合していたのでは、一時的に人気を博することはあっても、それは人心を弛緩《しかん》させ、結局は大局をあやまることになってしまう。

かつてアメリカのケネディ大統領は、その就任演説で、「アメリカ国民諸君、今は国家が自分に何をしてくれるかを問うべき時ではない。自分が国家に対して何ができるかを問わねばならない時である」と国民に訴えた。

指導者たるものはいかなる時にあっても、このケネディのように、いうべきをいい、訴えるべきを訴えるきびしさを一面にもたなくてはならないと思う。

怒りをもつ

●指導者は指導者としての公の怒りをもたなくてはならない

西ドイツの首相であったアデナウアーが、アメリカのアイゼンハワー大統領に会った時、こんなことをいったという。第一は、「人生というものは七十歳にしてはじめてわかるものである。だから七十歳にならないうちは、ほんとうは人生について語る資格がない」ということ。第二には、「いくら年をとって老人になっても、死ぬまで何か仕事をもつことが大事だ」ということである。この二つはよくいわれることでもあり、またわかりやすい。

けれども三番目にいったことはちょっとちがう。「怒りをもたなくてはいけない」というのである。これはいささか奇異な感じがする。怒りをもつ、腹をたてるということは、ふつうはむしろ好ましくないとされている。できるだけ腹をたてずに、円満に人と接し、いわば談笑のうちに事を運ぶ、それがいちばん望ましいとだれもが考えるだろう。ところが、アデナウアーは〝怒りをもて〟という。いったいどういうことだろうか。

これは、単なる個人的な感情、いわゆる私憤ではないと思う。そうではなく、もっと高い私《わたくし》の感情で腹をたてるということは、もちろん好ましくない。しかし指導者としての公《おおやけ》の立場に立った怒り、つまり公憤をいっているのであろう。指導者たるもの、いたずらに私の感情で腹をたてるということは、もちろん好ましくない。しかし指導者としての公の立場において、何が正しいかを考えた上で、これは許せないということに対しては大いなる怒りをもたなくてはいけないといっているのであろう。

第二次世界大戦でどこよりも徹底的に破壊し尽くされた西ドイツを、世界一といってもよい堅実な繁栄国家にまで復興再建させたアデナウアーである。その西ドイツの首相として、これは国家国民のためにならないということに対しては、強い怒りをもってそれにあたったのであろう。占領下にあって西ドイツが、憲法の制定も教育の改革も受け入れないという確固たる自主独立の方針をつらぬいた根底には、首相であるアデナウアーのそうした公憤があったのではないかと思う。

だから、一国の首相は首相としての怒りをもたなくてはならないし、会社の社長は社長としての怒りをもたなくては、ほんとうに力強い経営はできないといってもいい。まして昨今のように、日本といわず世界といわず、難局に直面し、むずかしい問題が山積している折には、指導者はすべからく私情にかられず、公のための怒りをもって事にあたることが肝要であろう。

一視同仁

●――指導者は敵をも愛するゆたかな心をもちたい

上杉謙信と武田信玄といえば、有名な川中島の合戦をはじめ、何度もはげしい戦いをくり返した宿敵同士である。ところが、ある時、それまで信玄の領地へ塩を供給してくれていた今川氏と北条氏が信玄との紛争がもとで、塩を送るのをストップしてしまった。信玄の領国である甲州や信州は海から離れた山国だから、自分のところでは塩はとれない。それで領民は非常に困る結果になった。

その時に、それを伝え聞いた謙信は、信玄に「今川、北条があなたのところへ塩を送るのをとめたというが、これは武将としては卑怯なやり方だ。戦場で勝敗を決することこそ私の望むところで、塩については私のほうから必要なだけさしあげましょう」と書を送り、その通り実行したので、信玄はじめ領民も非常に感謝したということである。

謙信という人は、数ある戦国の武将の中でもきわめて勇猛果敢、その戦いぶりにはいわゆる鬼神もこれを避くというほどのものがあったようだが、一方で非常に義にあつく、またこの話にもみられるように慈悲の心にも富んだ人だったといわれている。いわば、花も実もある立派な武将だったわけで、それだけのちの人にも慕われているといえよう。

ふつうであれば、自分の敵が困っていると知れば、手を打って喜びたくなるのが人情である。むしろ、このチャンスにやっつけてやろうと考えてもおかしくはない。けれども謙信はそうは考えなかった。自分は義によって信玄と戦っているのであり、天下万民を苦しめるためではない、だから敵国とはいえ、武田領の人が塩がなくて苦しんでいるのであれば、まずこれを救うのが自分としてのつとめである、しかるのちに、戦《いくさ》の場において堂々と雌雄を決しようというのが謙信の心だったのではないかと思う。

今日でも、国家相互間、あるいは一国内においても政党同士、団体同士、企業同士の競争や対立というものはいたるところにある。そしてその場合往々にして、感情的な対立から相手に対する憎しみといったものにエスカレートし、それが争いをより深刻、悲惨なものにしている姿も少なからず見受けられる。こうしたことでは、お互いの不幸をますばかりである。

競争も必要である。対立することもあっていい。しかし、指導者たるものはつねにこの謙信のような、一視同仁《いっしどうじん》、敵をも愛するというようなゆたかな心をもちたいものである。

命をかける

◉──指導者には命をかけて事にあたるほどの心境が必要である

日露戦争のポーツマス講和会議の全権大使となった小村寿太郎が、政務局長時代、朝鮮との間にいわゆる閔妃《びんひ》事件が起こり、その事後処理に派遣されることになった。何分にも国際的な大事件だけに思案に余った彼は、勝海舟を訪ねて教えを乞うた。すると海舟は次のように教えたという。

「自分も江戸開城などの大きな交渉で苦労してきたが、結局いえるのは、死生を意にとめたら仕事はできないということだ。身命をなげうち、真心をこめてやるという腹さえ決まっていれば、あとはその場合その場合で考えたらいい」

それを聞いて小村寿太郎も大いに勇気づけられ、当を得た方策をもって難局を解決し得たという。

命をかける、ということはよくいわれることであるが、明治維新のいくつかのきわめて大事な局面を鮮やかに打開してきた勝海舟のことばとして聞く時、まことに強い実感をもってわれわれの胸に迫ってくるものがあるように思う。結局、大事をなす者のいちばん根本の心がけはこのことではないだろうか。命をかけるというほどの思いがあって、はじめていかなる困難にも対処していく力が湧いてくるのだと思う。

といっても、実際はなかなか命をかけるというような心境にはなりにくいのが、人情というものであろう。しかし、ものは考えようである。今日のわれわれの生活なり、仕事というものは、見方によってはつねに死ととなりあわせになっているのである。たとえば、年々多くの人命が交通事故で失われている。それは自分の用心、注意で防げる面もあるが、一面運命のようなものだともいえる。だから、われわれが外に出て道路を歩いたり、車に乗ったりすること自体、ほんとうは命がけなのであって、ただそのことをほとんど意識していないだけである。

そう考えれば、お互いが一つの使命感をもち、興味を感じつつやっている仕事というものに対して、命をかけてあたるということは必ずしもむずかしくないともいえるのではないだろうか。

少なくとも、指導者といわれる人びとは、多少なりともそういう心境をもたなくてはならないと思う。

祈る思い

◉──指導者には何ものかに祈るというほどの真剣な思いが必要である

江戸時代、いわゆる寛政《かんせい》の改革を行なった松平定信《さだのぶ》は、老中に就任した翌年の正月二日、吉祥院の歓喜天《かんぎてん》に次のような趣旨の願文を納めたという。

「今年は米の出まわりがよく、高値にならず、庶民が難儀をせずにおだやかに暮らせるよう、私はもちろん、妻子の一命にもかけて必死に心願します。もしこの心願が筋ちがいで、庶民が困窮するというのであれば、今のうちに私が死ぬようにお願いします」

さらに彼は、日々七、八度東照宮を念じてこの重責を全うできるよう祈ったと、自分の伝記に書いているという。定信の前のいわゆる田沼時代には、天災と放漫財政、わいろ政治が重なり、綱紀も乱れ、物価も上がるという状態になっていた。彼はこれを正すために、政治の抜本的改革を行なうべく心に期するわけだが、それについては、このように身命を賭《と》して神仏に祈るというほどの、きわめて強い決意をもって臨んだのである。その結果、いわば時の勢いとしてひとり定信の力をもってしてはいかんともしがたい面はあったものの、一面非常な成果もあがり、徳川後期に一つの光輝をそえることになったのである。

みずから何もせずして、ただ神仏にご利益を願うというようなことは、人間としてとるべき態度ではないと思う。また、そんな都合のよいご利益というものはあり得ないだろう。

しかし、人間がほんとうに真剣に何かにとり組み、ぜひともこれを成功させたい、成功させねばならないと思う時、そこにおのずと何ものかに祈るというような気持ちが湧き起こってくるのではないだろうか。それは神仏に祈念するというかたちをとる場合もあろうし、自分なりにそれに準ずるものを設定して願うということもあると思う。そういうことは、一つの真剣さのあらわれであり、またそのことによってみずからの決意を強めるという意味からも、大いにあっていいことだと思う。

まして、指導者の場合は、それが単に自分個人のためでなく、定信のように、天下万民のため、多くの人びとの幸せのための祈りであり、それはまことに尊いことであるといえよう。

指導者は何ごとにもほんとうに真剣にあたることが大切であるが、その際に、祈るほどの思いになっているかどうか、一度自問自答してみることも必要ではないかと思うのである。

指導者はつねに自分の考えを訴えなければならない

訴える

十三歳で松代《まつしろ》藩十万石の家督をついだ真田幸弘は、十六歳になって元服すると、非常に困窮している藩財政を立て直すため、家老の末席にいた恩田木工《おんだもく》を抜擢し、藩政の改革にあたらせることにした。

すると木工は、まず屋敷に家族親戚を集め、「今度こういう重責をになったからには、自分は率先して徹底した倹約をしなくてはならぬ。しかしそれを家族や親戚のみなさんに強制はできない。ついてはこの際、妻を離別、息子は勘当、親戚とは義絶してこの仕事にあたりたい」といった。これにはみな驚いて、「いや、どのような辛抱でも、おっしゃる通りにするから、そんなことはしないでください」と嘆願したので、木工も喜んでそれを聞き入れた。

それに続いて木工は、領民の主だった者を城に集め、藩の重役、役人のいる前で、藩政改革について協力を求めた。すなわち、これまでの藩の債務については、財政が安定するまで一時タナ上げしてほしい、そのかわり藩としても、これからは無茶な税金やご用金のとりたてはせず、正常な財政の運営をしていくということを訴えたのである。領民たちも木工の清廉《せいれん》篤実《とくじつ》な行ないを見て、その人柄に信頼を深めており、藩の財政が正常化されるならということで債権のタナ上げに進んで協力を誓った。その結果、官民一体となって藩財政の立て直しに成功したというのである。

指導者として、何か事をなしていこうとする場合、人びとに自分の考えを訴えるということがきわめて大切だと思う。一つの会社、一つの国をどういう方向に進めようとしているのか、そのために社員なり国民なりに何を求めているのか、そういうことをはっきりと訴えなくてはいけない。そうした訴えは、つねになされなくてはならないと思うが、とりわけ何か大きな困難、非常な大事といったものに直面して、それに処していこうとする場合には、ぜひとも必要である。だれしも大事に出合えば、ともすれば動揺し、判断に迷う。けれども、そういう時に指導者から適切な呼びかけがなされれば、みなの気持ちも一つにまとまり、難局を乗りこえていくこともできるだろう。

そのためにはもちろん、どういう事態にあっても動揺しないような一つの信念をもっていなくてはならない。そうした信念をみずから養いつつ、事にあたって、つねに訴えるということを指導者は忘れてはならないと思う。

落ち着き

◉――指導者は危機にあっても冷静でなければならない

秀吉と家康が小牧《こまき》で戦った時、秀吉側は二万の軍をさいて、家康の本国三河を奇襲させようとした。しかしその極秘の作戦も家康の知るところとなり、三河へ向かう途上、長久手《ながくて》というところで徳川方の追撃を受ける結果となってしまった。

この時、羽柴方は前途にばかり気をとられ、敵にあとをつけられているということに全く気づかなかった。そういう状態で突然襲われたため、上を下への大混乱となり、第一隊の大将池田恒興《つねおき》、第二隊の大将森長可《ながよし》は討死、総大将で秀吉の甥三好秀次も乗馬を鉄砲で撃たれ、九死に一生を得て辛うじて落ちのびるという大敗北を喫したのである。

ところが、その敗軍の中にあって、ひとり気をはいたのが堀秀政の率いる第三隊である。秀政は敵の襲撃を知るや、少しもあわてず、冷静に陣を整え、鉄砲隊を並べて、「敵が十間（注：一間＝約一・八メートル）以内に近づくのを待って一斉に撃て。騎馬武者一人を倒せば百石の加増だぞ」と命じた。そこへ勢いに乗った徳川方が押し寄せてきたが、一斉射撃に始まる秀政隊の反撃にあって、この局面だけは散々に打ち破られ、何百という死者を残して敗走した。そして秀政は、勝ちにはやって追撃しようとする部下を「深追いしてはならぬ」といましめ、兵をまとめて無事秀吉の本陣に帰ったという。

この時の秀政の態度は、非常時における指導者のあり方の大切さを物語っていると思う。人間というものはだれしも、困難に直面すると恐れたり、動揺したりするものである。そういう時に、大将というか指導者がまっ先にあわててしまっては、不安が不安を呼び、動揺が動揺を招いて収拾のつかない混乱に陥ってしまう。しかし、大将が落ち着いていて、冷静に事に処していけば、みなもその姿に安心感を覚え、勇気づけられるだろう。それが動揺をしずめ、混乱をおさめることになる。

もちろん、指導者とて人間だから、時に不安を感じ、思案に余るのは当然であろう。しかし、内心で感じても、それを軽々に態度に出してはいけない。指導者の態度に人は敏感なものである。それはすぐ全員に伝わり、全体の士気を低下させることになってしまう。

だから、指導者は日ごろから事にあたって冷静さを失わないようみずから心をきたえるとともに、どんな難局に直面した場合でも、落ち着いた態度でそれに対処するよう心がけることが大切だと思うのである。

覚悟を決める

指導者は大事にいたれば、度胸をすえてそれにあたるべきである

織田信長の武将柴田勝家が近江の佐々木承禎《じょうてい》と戦った時、戦いに利あらず、ついに城を十重《とえ》二十重《はたえ》にとり囲まれてしまった。しかも、城の水の手を絶たれたため、城兵の士気も衰え、落城も目前の姿になった。

その時に、佐々木勢から城内の様子をさぐるため使者が来た。すると勝家は、実際には残り少ない水ではあるが、それを惜しげもなく使ってみせたので、使者はまだ水がたくさんあり、籠城は当分続くだろうと考え帰っていった。ところが、そのあと勝家は、残りの水ガメを全部運ばせ、全員に存分にのどをうるおさせたのち、その水ガメを打ち割り、「武士たるもの座して死を待つより、打って出て立派に死のう」と叫び、翌朝未明城門を押しひらいて打って出た。その決死の勢いに、佐々木勢の大軍もみるみる崩れ落ち、大勝利をおさめ、以来〝かめ割り柴田、鬼柴田〟の名がなりひびいたという。

いわゆる死中に活を求めて成功したわけである。人間だれしも命が惜しい。死にたくな

い。けれども、それにとらわれている間はほんとうに力強い働きはできない。といって、命を惜しむなということをいくら口でいってもなかなか、おいそれとそうなるものでもない。そこを勝家は、命の綱である水ガメを打ち割るというショッキングな方法で断ち切ったのであろう。いわば絶体絶命の境地にみずからを追いやり、それによって部下に決死の覚悟をさせたわけである。

そのような全員討死の覚悟で打って出たところ、もちろん戦死者は出たであろうが、結果は大勝利に終わった。ここが理外の理ともいうべきもので、まことに面白いところだと思う。

平常の場合は、命を惜しみ、物を惜しみ、金を惜しむということも大切だと思う。しかし非常の場合、一大難局に直面したというような時は、そういう心持ちでは、かえってそれらを失うことになることが多い。非常に際しては、貴重な物であり金であり命ではあるが、これを失うこともやむを得ない、むしろ進んで捨てるというような覚悟を一面にもって事にあたることが大切だと思う。そういった覚悟でやれば、十失うべきところを五ですむとか、あるいは全く失うことなく、かえって成果をあげるということにもなる。

こうしたことは理屈では割り切れないけれども、やはり歴史なりお互いの体験が物語っている一つの真実として、指導者は知っておかなくてはならないと思う。

価値判断

指導者は人、物すべての価値を正しく知らねばならない

藤堂高虎《たかとら》は、微賤《びせん》から身を起こして秀吉にみとめられ、ついで家康にも重用され、伊勢三十二万石を与えられるとともに、外様大名としてただ一人、徳川幕府の政治の中枢に参画した異例の人物である。

その高虎がある時、渡辺了《さとる》という有名な勇者を二万石という非常な高禄で召しかかえた。それを見て他の大名が、「いくら渡辺了が強くても大勢に一度に襲われたら勝てないではないか。一人に二万石も出すのはムダだ。わしなら、二百石の士を百人召しかかえるだろう」といって笑った。これを聞いた高虎は、「それはちがう。名もない武士が百人、二百人固めていたとて、相手は踏み破って通っていくだろう。しかし、あの武名なりひびく渡辺了が守っていると聞けば、たいていの者は恐れて攻めてはこないものだ。その価値はくらべものにならない」といったそうである。

はたせるかな、その後の多くの合戦において、藤堂家は渡辺了の働きによって、いつも非

常な戦果をあげたという。

これは、ものの価値がわかるということだと思う。ちょっと考えれば、他の大名のいうことのほうが正しいように思えるかもしれない。しかし、渡辺了の豪勇ぶりは世間周知のことであり、そのことがいわば無形の価値となっている。その無形の価値ともいうべきものを、高虎は二万石出しても惜しくないというほどに高く評価したのであろう。

正しい価値判断ができるということは、人間だれでも必要だけれども、特に指導者にとってこれは欠かすことのできない大事な要件だといえよう。妙なたとえだが、骨董屋が品物を見てその値打ちがわからないようでは、骨董屋として商売していくことはとうていできない。それと同じことである。

会社の経営であれば、人一つとっても、十万円の月給でも高すぎるという人もあれば、百万円でもまだ安いという立派な人もあろう。その価値判断がある程度できないようでは人は使えない。そのほか、会社の経営力、技術力、資力、販売力、さらにはそれらを総合した会社の実力を正しく知らなくては、経営をあやまることになってしまう。同様に国家経営でも、一国の歴史、伝統の価値、総合した国力などに対する正しい認識のもとに政治が行なわれなくてはならない。そうした価値判断ができるということが、指導者としてきわめて大切だと思う。

過当競争を排す

◉――指導者は自他相愛、共存共栄の精神をもたなくてはならない

中国の賢人、墨子《ぼくし》のことばに大略次のようなものがある。

「何が天下の害かといえば、国と国とが攻めあい、家と家とが奪いあい、人と人とが殺しあうことである。この害は何から生ずるかといえば、互いに愛しあわないことから起こる。自国を愛することを知って他国を愛さない。自分の家を愛することを知って他家を愛さない。わが身を愛することを知って他人を愛さない。そのようにお互いに愛しあわないと、強い者が弱い者をとらえ、富者は貧者を侮《あなど》り、貴き者は賤しき者におごり、姦智《かんち》にたけた者は愚者を欺《あざむ》くだろう。およそ天下の禍害怨恨の起こるもとは愛しあわないことから生じる。だから、互いに愛しあい、利しあうことが大切である」

これは、あらためて説明をつけ加える必要もない。まことにこの通りだと思う。こうした立派な教えが二千五百年も昔に説かれていたのだから、この通り人びとがやってきたら、今ごろはすばらしい世界ができあがっていたにちがいない。それがそうなっていないというの

は、人びとがこのことの大切さを真に覚《さと》っておらず、したがってまた、こうしたことに徹していないからだと思う。

この墨子のことばは、いわゆる過当競争をいましめたものだとも考えられる。適正な競争、ルールに則《のっと》った競争は進歩を生み、向上をもたらす。しかし、ルールを無視し、力で相手を倒そうとするような競争は、これは過当競争である。

国と国とが過当競争をすれば戦争になる。個人と個人の過当競争はケンカや争いとなり、時には殺人にまでいたる。企業同士の過当競争は、いわゆる資本の横暴といった姿となり、中小企業の倒産などを招来する。そのように過当競争は、相手を傷つけ、さらには社会全体、世界全体を混乱させ、そのことが、やがてはみずからをも傷つけることになるのである。

結局、お互いの利害というものは大きくはみな共通しているのであって、自分を愛するごとく他を愛し、自国を愛するごとく他国を愛するところに、真の幸せも平和も生まれてくるといえるだろう。

指導者は、そうした自他相愛の精神に徹して、過当競争というものを排除し、適切なルールを求めつつ、いわゆる共存共栄の実現に心しなくてはならないと思う。

寛厳自在

●──指導者には適度のきびしさとやさしさが必要である

江戸時代の名君の一人である備前岡山の藩主池田光政がこういうことをいっている。

「国家をよく治めようと思えば、指導者には威と恩の二つがなくてはいけない。威がなくて恩ばかりでは、甘やかされた子供が教訓を聞かないようなもので、ものの役に立たなくなってしまう。反対に威をもってきびしくばかりすれば、一応いうことは聞くが、ほんとうにはなつかず、結局うまくいかない。恩をもってよくなつけ、しかも法度《はっと》の少しも崩れないように賞罰を行なうのをほんとうの威というべきだろう。だから、恩がなければ威も無用となり、威がなくては恩も役に立たない。ただ、その際大事なのは下情《かじょう》を知ることで、それがなくては恩といい威といっても、ほんとうには生きてこないものだ」

まことにこれは至言だと思う。威と恩ということは、いいかえれば、きびしさとやさしさということであろうし、あるいは叱ることとほめることといってもいいだろう。その二つをともにもって、しかもそのかねあいを適切にしなくてはならないということである。やさしいばかりでは、人びとは甘やかされて安易になり、成長もしない。かといってきびしい一方では、畏縮してしまったり、うわべだけ従うというようになって、のびのびと自主性をもってやるという姿が生まれてこない。だから、そのどちらにかたよってもいけないわけで、恩威あわせもつ、いわゆる寛厳よろしきを得るということが大切なわけである。

ただ、寛厳よろしきを得るということは、きびしさと、やさしさ、寛容さを半々にあらわすことではないと思う。きびしさというものはなるべく少ないほうがいい。二〇パーセントのきびしさと八〇パーセントの寛容さをもつとか、さらには一〇パーセントはきびしいが、あとの九〇パーセントはゆるやかである、しかしそれで十分人が使えるというようなことがいちばん望ましいのではないだろうか。

実際、世間には、だいたいにおいて部下の人に対して「けっこう、けっこう」とゆるやかな態度でいながら、それでいてみなよく働き、成果もあがっているという姿の指導者もある。それはその人が、何かしらきびしさの芯というかポイントを押さえていて、それでそのきびしさがみなによく浸透しているからなのであろう。そういうことは、光政のことばにあるように、下情、いいかえれば世間の実情なり人情の機微に通じてこそできるのだと思うが、いずれにしても、指導者はできるだけきびしさを少なくして、しかも寛厳よろしきを得ることができるよう心がけることが大事だと思うのである。

諫言を聞く

●指導者はいいことよりも悪いことを喜んで聞くようにしたい

堀秀政は、信長、秀吉につかえ、文武に秀で、世間から〝名人左衛門〟と呼ばれた人である。その秀政の城下に、ある時、秀政の治政の悪い点を三十二、三カ条書き並べた大札を立てた者があった。そこで重臣たちが相談の上、秀政にそれを見せ、「こんなことをした者は必ず召し捕って、仕置きしましょう」といった。

すると秀政は、その内容をつくづく見ていたが、何を思ったか、立って袴《はかま》をはいて正装し、手と口をすすぎ、その大札をおしいただいた。そして、「こんな諫言《かんげん》をしてくれる者はめったにいない。だからこれを天が与えたものと考え、当家の家宝としよう」といって、立派な袋に入れ、箱におさめた。そしてそれとともに役人たちを集め、その一条一条を検討し、治政について改めるべきところは全部改めたという。

指導者がものごとを進めていくにあたっては、みなからいろいろな意見や情報を聞きながらやっていくのは当然の姿である。そしてその場合大事なのは、いいことよりも、むしろ悪いことを多く聞くということである。賞賛のことば、うまくいっていることについての情報であれば、それはただ聞いておくだけでいい。けれども、こんな問題がある、ここはこうしなくてはいけない、といったことがあれば、それについてはいろいろな手を打たなければいけない。それが指導者の耳に入ってこないというのでは、必要な手も打てなくなってしまう。

ところが、実際には、そういう悪いことはなかなか伝わってこないものである。だれでも悪いことよりいいことを聞くほうがいいのが人情である。いいことを聞けば喜ぶが、悪いことを聞けば不愉快になり、機嫌も悪くなる。だから、いきおいみなもいい話しかもってこなくなり、真実がわからなくなってしまいがちなのが世の常である。

徳川家康は、主君に対する諫言は一番槍よりも値打ちがあるといっている。一番槍は昔の武士にとって最高の名誉とされたが、それ以上の価値があるというわけである。いいかえれば、諫言というものは、それほど貴重でかつむずかしいものだということになる。

だから、指導者はできるだけそうした諫言なり悪い情報を求め、みながそれを出しやすいような雰囲気をつくらなくてはいけない。堀秀政はそのことの大切さを十分知っていたから、そうした態度をとったのであろう。

感謝する

◉──指導者は何ごとに対しても深い感謝報恩の念をもたねばならない

親鸞聖人は、われわれはまことに立派な人だと考えているが、自分自身では〝愚禿《ぐとく》親鸞〟などと呼び、自分はいわゆる煩悩も愛欲も断ち切れない、どうしようもない人間だとしている。しかし、そうした人間でも、阿弥陀様の本願というか、大きな慈悲によってすべて救われるのだ、だから、それに対して南無阿弥陀仏の名号《みょうごう》を唱え、心からなる感謝報恩の念を捧げることが大切だと教えているということである。

この感謝報恩の心をもつということは、人間にとってきわめて大事なことである。いうまでもないことだが、人間は自分一人の力で生きているのではない。いわゆる天地自然の恵みというか、人間生活に欠かすことのできないさまざまな物資が自然から与えられているのである。また多くの人びとの物心両面にわたる労作というものがあって、はじめて自分の生活なり仕事というものが存在し得るのである。いいかえれば、自然の恵み、他の人びとの働きによって、自分が生きているわけである。

そういうことを知って、そこに深い感謝と喜びを味わい、そしてさらに、そうした自然の恵み、人びとの恩に対して報いていくという気持ちをもつことが大切だと思う。そういう心からは、いわば無限の活力とでもいうものが湧き起こってこよう。それが事をなしていく上で非常に大きな力となってくると思う。

また、感謝の心はものの価値を高めることになる。一つのものをもらっても、何だつまらない、と思えば、その価値はきわめて低いことになってしまうが、ありがたいという気持ちでいれば、それだけ高い価値が見出せ、よりよく活用できることにもなろう。だから、〝猫に小判〟というが、反対に感謝の心は、鉄をも金に変えるほどのものだと思う。

感謝の気持ちがうすければ、何ごとによらず不平不満が起こり、みずからの心も暗くし、他をも傷つけることになる。それに対して、感謝報恩の念のあつい人には、すべてが喜びとなり、心も明るく、また他とも調和し、共存共栄といった姿を生み出しやすい。

そういうことを考えてみると、感謝報恩の心は人間にとっていちばん大切な心がまえであり、したがって特に指導者はこの念を強くもたなくてはならないといえよう。指導者の人びとがみなこの気持ちを強くする時、真に物心ともにゆたかな社会が生まれてくると思うのである。

カンを養う

◉指導者は真実を直観的に見抜くカンを養わなくてはならない

日露戦争の時のことである。名将といわれた黒木為楨《ためもと》大将が第一線を巡視していて、「今夜は夜襲があるぞ」というと、必ずその晩は敵が攻めてきたそうである。

なぜそれがわかるのかというと、特別な根拠があるわけではなく、なんとなくそういう感じがするということである。いうなれば、〝カン〟であろう。

カンというと、一見これは非科学的なもののように思われる。実際、合理的にこういうものだと説明するのはむずかしい。しかし、それだけに一層、カンが働くということが指導者にとってきわめて大事だと思う。

たとえばこういうことである。ニュートンはリンゴの落ちるのを見て、万有引力を発見したといわれている。リンゴが落ちるのを見たのはニュートンだけではあるまい。多くの人が見ている。何もリンゴだけでなく、物が落ちるということは、だれでも見て知っている。しかし他の人はそれを別に不思議とも思わなかった。それをニュートンは、「これはおかしいぞ、そこに何かがある」と感じたのだろう。それがカンである。そのカンに基づいて、科学的な研究を行ない、はじめて万有引力の法則を発見したのだと思う。やはりそうした科学者としてのカンが働かない人では、偉大な発明、発見はむずかしいのではないかと思う。

だから、指導者でも指導者としてのカンが必要だと思う。直観的に価値判断ができる、ものごとの是非がわかるというカンを養わなくてはいけない。商売人であれば、一つの商品を見て、それが売れるかどうか、どれだけの値打ちがあるか一目でわかるというのでなくてはいけない。売れるかどうかわからないが、まあひとつ売ってみようというようなことでは失格である。

それでは、そうしたカンはどうしたらもつことができるのか。これはやはり、経験を重ね、修練を積む過程で養われていくものだと思う。昔の剣術の名人は、相手の動きをカンで察知し、切っ先三寸で身をかわしたというが、そこまでに達するには、それこそ血のにじむような修業を続けたのだろう。

だから指導者としても、経験を積む中できびしい自己鍛練によって、真実を直観的に見抜く正しいカンというものを養っていかなくてはならない。そういうカンの働きと、合理的な考え方とがあいまって、偉大な成果が生まれてくると思うのである。

気魄をもつ

◉——指導者には断固として事をやりぬく気魄が大切である

織田信長は斎藤氏を滅ぼし、居城を尾張から美濃に移した時に、〝天下布武〟という印を用いるようにしたという。そしてまた、長子の信忠にも〝一剣平天下《いっけんてんかをたいらぐ》〟[1]という印を用いさせたそうである。

桶狭間に今川義元を討ち、斎藤氏を破ったといっても、ようやく二カ国を領有するにいったにすぎない。周囲にはまだそれ以上の力をもつと思われる群雄が割拠してしのぎをけずっていたのである。そういう時期に早くも、剣をもってこの麻のごとく乱れた天下を統一し、万民を安んずるという理想をいわば形にあらわした信長の心意気というか、気魄《きはく》はまことに盛んなものがある。

そうした信長の気魄がいちばんはっきりとあらわれたのが、比叡山の焼打ちだといわれる。この時、明智光秀などの家臣は、桓武天皇、伝教大師以来の霊場を焼くことを口をきわめて諫めた。それに対して信長は、「自分は天下平定のため、心に桓武天皇の勅を奉じ、伝教大師の許しを得てこれをやるのだ。もし、この罰で焦熱地獄に落とすというのなら、自分は閻魔《えんま》の庁で大王を説破する自信がある」といい切った。そのすさまじいまでの気魄に家臣たちも承服し、焼打ちが決行されたというのである。

こうした信長の比叡山焼打ちをはじめとするいくつかの行為には、後世いろいろな批判がある。またそのような信長のはげしい気性が、ついには光秀の謀叛《むほん》を招く結果になったともいわれている。しかし、時に行きすぎはあったとはいえ、こうした信長の強い気魄があってこそ、長年にわたって人びとを苦しめてきた戦乱の世が終わり、三百年もの平和な時代への道がひらかれたともいえるのではないだろうか。

〝断じて行なえば鬼神もこれを避く〟ということばもある。やはり指導者としては、一つの志を立て、何か事を行なおうとする場合には、断固としてそれをやりぬく気魄というものをもつことが大切であろう。

もちろん今日では、武力をもって事をなすというようなことは許されない。また、いいことであっても、行きすぎてはいけないことも事実である。そういうことは十分考えなくてはならないが、天下万民のためという大義に基づいて、世の非難を覚悟の上であえてあしたことを行なった信長の強い気魄には、指導者として見習うべきものがあると思う。

きびしさ

●――指導者は公の立場に立ってきびしい要求をもたねばならない

初代梅若実《うめわかみのる》は能の名人といわれた人だそうだが、若いころ山階《やましな》滝五郎という人のところへ稽古に通っていたという。ところがある時、謡曲の一カ所を何べんくり返しても「よし」といってもらえない。かといって、「こうしろ」と教えてももらえず、ただ「できるまでやれ」と何度も謡《うた》わされるだけである。

それでついには涙を流しながらくり返したけれども、それでも滝五郎はいいとはいわない。そのうちにふと滝五郎の姿が見えなくなったので、きょうの稽古はこれでおしまいかと思い、帰ってしまった。ところが、そのあと滝五郎が戻ってきた。実がいないので、「どうしたのか。まだできるはずはないが」と家人にたずねると、「先ほど帰りました」ということなので、大いに怒って、「もうあしたから稽古はしない」ということになった。そこで驚いた実は再三わびて、やっと許しを得、またきびしい稽古を重ねたというのである。

これはいわゆる芸道修業のきびしさというものであろう。どんな道でも、名人、上手といわれるような人は、このようなきびしい修業をへて、はじめてその域に達するのだと思う。そして、そのためにはやはり教え導く立場にある者が、そういうものをもたなくてはならないということである。

ましで、世の指導者といわれる人びとにはそのようなきびしさは不可欠のものだといえよう。指導者として事を行なうのは、いわゆる公事であって、私事ではない。つまり、そのことによって、国家社会なり、人びとになんらかのプラスを与えるためにやるのであり、自分個人のためにやるのではない。

だから、指導者はそのことに怠りがないよう、自分に対して、また下の人に対して、ある種のきびしさをもたなくてはならない。それは個人的には一面つらいことであり、時には情においてしのびないということもあろう。だが、そうした私情をおさえて、きびしい要望をし、きびしい追及をし、過ちに対してはきびしい叱責をするということが、指導者が事をなすにあたって求められているのである。いわば、それは指導者が世間から無言のうちに求められていることだといえよう。

指導者に公《おおやけ》の立場に立ったきびしさがあって、はじめて人も育ち、事も成就するのだと思う。

決意を強める

◉──指導者は一度決意したら、それをみずからたえず強めなくてはならない

中国の春秋時代、呉王闔閭《こうりょ》は越王勾践《こうせん》と戦って敗れ、その時のケガがもとで死んだが、臨終にあたって、息子の夫差《ふさ》に必ず仇を討って無念をはらしてくれと遺言した。以来夫差は毎晩薪を積んでその上に寝ながら、必ず父の仇を討つという心を新たにしつつ、兵を養い、機会を待ち、三年足らずで、みごと越を破り、勾践は降参した。

ところが、今度は勾践が敗戦の恥辱をそそごうと決意し、いつもかたわらに熊の胆《きも》をおき、たえずその苦さを味わうことによって、雪辱の念をもち続けたのである。そして、ようやく十二年をへて、隆盛にいささか心おごった夫差の油断をついて、ついに最後の勝利をにぎった。いわゆる臥薪嘗胆《がしんしょうたん》ということばはここからきているという。

指導者にとって大事なことは、一つの志をもつということである。なんらかの志、決意というものがあってはじめて事はなるのである。だから志を立て決意するということが必要なわけだが、それは一度志を立て、決意すればそれでいいというものではない。むしろ大事な

のは、そうした志なり決意をもち続けることである。そのためには、やはり、たえずみずからを刺激し、思いを新たにするようにしなくてはならない。

夫差と勾践はそのことをそれぞれに、自分で工夫してやったわけである。われわれは日ごろ柔らかい夜具に包まれて寝るが、これが固いゆかの上に寝たら体が痛くてなかなか眠れないだろう。まして凹凸のはげしい薪の上では容易に寝つかれるものではあるまい。その寝つかれない夜ごと夜ごとに、父の無念を思い、仇討ちの心を強めたのである。そしてみごと目的を達したのだけれども、それほどまでした夫差にして、なお本懐をとげたあとは気がゆるみ、心におごりが生じて、勾践にしてやられたということは、人間の弱い一面を物語っているのだろう。

一度志を立て、決意することによって、非常に偉大なことをなしとげられるのも人間であるが、その志、決意をなかなかつらぬき通せない弱さをあわせもつのもこれまた人間である。

だから、別に薪の上に寝たり、胆をなめたりする必要はないが、自分なりに方法を講じて、日々自分を励まし、決意を新たにしていくということが、指導者にとって大切な心がまえの一つだと思う。

権威の活用

◉――指導者は時に何かの権威を活用することも大事である

織田信長が今川義元を討った桶狭間の合戦の時のことである。信長は戦《いくさ》に先立って、熱田《あつた》神宮の社前に兵を集め勢ぞろいした。そして、必勝の祈願文をささげたが、その最中に社殿の奥で武具のふれあうような音が聞こえた。そこで信長は、「みなの者あれを聞いたか。あれこそ神がわれわれの願いを聞かれ、わが軍の上に加護をたれたもうしるしだ」とつげたところ、全員非常に意気があがったというのである。

信長は、のちに比叡山を焼打ちしたり、本願寺と戦ったりもしたように、彼自身は神仏を信心し、これに帰依するといったことの少なかった人らしい。同時に彼はきわめてワンマン的な大将でもある。その信長がこうしたかたちで部下を鼓舞し、士気を高めたのは非常に興味深い。

味方に十倍する今川勢を迎えてのこの合戦は、ほとんど勝ち目のない戦いである。だから重臣もみな籠城を主張している。したがって、信長がいかに叱咤激励しても、部下はなかなか不安をぬぐい切れない。そこで神の加護というといういわば絶対的な力をかりて、部下を勇気づけたのだろう。つまり、信長は神という一つの権威を活用することによって、士気を高め、奇跡的な勝利を生み出したのだといえる。

こうした権威の活用ということは、指導者として心得ておいていいことだと思う。何ごとも自分の考え、自分の発想として進めていくのも一つの行き方だろうが、そこに、より大きな権威をもってきたほうが説得力をます場合が多いものである。

早い話が宗教でも、お坊さんや牧師さんが説教する場合、「私はこう考える」というより、「お釈迦様がこういっておられる」「キリスト様がこのようにおっしゃった」といったほうが、ずっと説得力があり、聞く人にとってもありがたみがますものだと思う。

一つのよりどころとなる権威があれば、みなそれを中心としてものを考え、それを出発点とするから、迷いも少なく、足並みもそろって、非常に力強いものが生まれてくる。

だから、神仏でもいい、偉大な先人なりその教えでもいい、あるいは伝統の精神、創業の精神といったものでもいい、いずれにしてもなんらかの権威があることがきわめて好ましい。もちろん、権威に盲従したり、これを濫用してはならないだろうが、指導者は、そういう権威がすでにある場合にはそれを適切に活用し、それがない場合にはなんらかのかたちで生み出していくことも大事だと思う。

原因は自分に

指導者は失敗の原因はすべてわれにありと考えるべきである

明暦《めいれき》の大火で江戸城や江戸市中が大きな損害を受けた時のこと、役人の中には、非常な働きをした者もあるが、いたずらに右往左往してなすすべを知らずといった姿の者が多かった。そこで、今後のためにいちいち詮議して処置すべきだという首脳者もあった。

その時に、大老保科正之《ほしなまさゆき》は、「今後のためというのはまことにもっともだが、考えてみるとそれでは教えずして罪をつくるということになってしまう。今度の火災は家康公のご入国以来七十年間にかつてなかった大きなものであり、こういう大火の時はどうせよということが決まっていなかったので、みな混乱したのだ。だから、ほんとうに今後のためを考えれば、この経験を生かして、大火の時にはそれぞれどうすべきかを定めておくことが肝心だ」といって、詮議はとりやめになったという。

何か失敗したり、問題が起こったりすると、だれでもその原因をとかく外に求めがちである。だれが悪い、彼が悪い、あるいは社会が悪い、運が悪いといった具合である。しかし、実際は、ほとんどの場合失敗の原因は自分にあると思う。事前に十分な計画を立て、行なう過程でも慎重な配慮を怠らなければ、たいていのことはうまくいくものである。

まして指導者ともなれば、ほとんど一〇〇パーセントその責任を自分に帰さなくてはいけないと思う。かりに部下に失敗があったとしても、その部下がはたしてその任にふさわしかったかどうか、またそれをさせるについて、十分な指導なり教育をしたかどうか、そういうことを指導者としてまず反省してみることが大事だと思う。

保科正之はまさにそれをいっているのである。火事にあってなすすべを知らなかった部下の役人たちを責める前に、まずそういう大火にあたっての指針をつくらなかった指導者としての自分たちの責任を感じ、だから当然のこととして役人たちを不問に付したのである。会津藩主として、また大老として名声をほしいままにした人だけのことはある。

周到に準備し、あらゆる配慮をして慎重に事を進めていけば、余程の不測の事態がないかぎり、まず失敗ということのあり得ないのがほんとうである。指導者はそのことをはっきり知らなくてはならない。そして、もし部下に失敗があれば、部下を責める前にまず責任はわれにありという意識をもつことが必要だと思う。

謙虚である

◉——指導者は地位が高くなればなるほど謙虚でありたい

前田利家のところへ、ある時、福島正則から鯉を二匹贈ってきた。そこで利家が家来に礼状を書かせたところ、その家来は利家のほうがはるかに先輩であり、身分も上であるところから、ごく簡単な形式的な手紙をしたためた。それを見た利家は、「公式の文書であれば、決まった書式もあるだろうが、このような手紙はできるだけ先方を敬い、〝お心にかけていただきかたじけない〟というように丁重に書くものだ。特に、目下の人への手紙は、丁重に書けば書くほど先方はうれしく思うものだ。目下だからといって見下した書き方をすれば、いかにも自分とお前とはこれだけ位がちがうといわんばかりで、そんなことは小身《しょうしん》の愚か者のすることだ」といって、書き直させたという。

前田利家といえば、信長、秀吉につかえた歴戦の勇将でもあるが、その篤実な人柄で人びとの信望もあつく、この人が生きていたら家康もたやすくは天下をとれなかっただろうとさえいわれている。そのように利家が人望を集めたのは、ここに見られるように、非常な高い地位に昇りながら、それにおごることなく、きわめて謙虚に人に接したことが大きな要因をなしていると思う。

地位が高くなればなるほど、周囲の人は、その人自身よりもその地位に対して敬意を表するようになる。それになれると、人間はともすれば傲慢になり、態度も横柄になってくる。そうなっては、人びとは表面的には敬意を払っていても、心の中ではだんだんその人に対する尊敬の念を失い、心服しなくなってしまう。それでは、もはや指導者として、人びとを動かし力強い活動をしていくことはできないだろう。

だから、いくら地位が上がっても、謙虚さを失ってはいけないと思う。というより、むしろ地位が上がれば上がるほど、ますます謙虚にへりくだるという面が必要ではないかと思う。そうすれば、「あの人はああいう高い地位にありながら、少しも尊大なところがない。きわめて丁重だ。偉い人だ」ということで、人びとも心から敬服するようになるだろう。またそういう態度でいれば、おのずと人の意見にも耳を傾けるようになって、衆知が集まってくるということにもなると思う。

昔から、〝実るほど頭《こうべ》を垂れる稲穂かな〟ということばがあるが、まことに指導者のあり方をいい得て妙だと思うのである。

権限の委譲

●――指導者は各人の力の範囲で仕事を考えるべきである

秀吉がまだ木下藤吉郎といっていた若いころ、信長の清洲城《きよす》の石垣が百間（注：一間＝約一・八メートル）あまり崩れたことがあった。ところが、その修理が二十日かかってもまだ完成しない。たまたまある日、信長に従ってそこを通った藤吉郎は、「いつ敵が攻めてくるかわからない戦国の世に、こんなに日数がかかったのではどうにもならない」とつぶやいた。それを聞きつけた信長は彼を奉行に命じた。

すると秀吉は、従来雑然とやっていた工事の仕方を改め、百間を十間ずつの十区画にわけ、人員も十組にわけて、各区画を責任をもってやらせるという、いわゆる割普請《わりぶしん》の方法で工事を進めさせ、自分は巡回して督励することにより、わずか二日で仕上げてしまった。それを見て信長も非常に感心し、大いにほめ、また加増したという。

こうした藤吉郎の行き方は、何か今日の企業経営における事業部制の考え方に相通ずるものがあるように思われる。大勢の職人や人夫が雑然と全体の仕事にかかっている。そこに仕事の段取りなどのムダが生まれ、また奉行としても全体に目が届きにくく、能率が上がらない。それを適当な大きさにわけ、それぞれの責任範囲をはっきりさせることによって、仕事にもムダがなくなるし、奉行も全体に目が届くようになる。それで能率も上がり、遅々として進まなかった工事がわずか二日でできたのだろう。

このように、仕事を適切な大きさにわけ、その分野については責任と権限を与えて、徹底してこれをやらせることはきわめて大切だと思う。一人の人間の力というものはどうしても限りがある。その限りある力以上のことをしたり、させたりすれば往々にして失敗する。力に合った適正な範囲で事を行なうのがいちばんよいのであって、そのことが力に余るようであれば、それを分割して何人かの力によって行なわせることが望ましい。

しばしば見聞することだが、いくつかの会社を合併させて、それでうまくいく場合もあるが、案外うまくいかないことも少なくない。反対に、一つの会社を分割するとか、そこまでいかなくても徹底した権限の委譲で、実質的に独立会社のような姿にするなど、専門細分化することによって非常に発展した例も多い。

やはり指導者としては、責任と権限を委譲して、各人の力に応じた仕事をし、また、させていくことを考えなくてはならないと思う。

見識

指導者は是は是とし非を非とする見識をもたねばならない

源頼朝は、伊豆に兵をあげ、一敗地にまみれたあと、一度房総に逃れ、再起を期して各地の武士を招請した。それに応じて一部の豪族ははせ参じてきたが、頼朝が最も期待し、いちばん有力な大豪族でもある上総介広常《かずさのすけひろつね》はなかなかやってこない。そこで、やむを得ず広常を待たずに進軍を開始したところ、やや遅れて二万の兵を率いて広常がやってきた。

その時頼朝の軍勢は数千にすぎなかったから、二万といえば大変な数である。だから頼朝は喜んでこれを迎えたかというとそうではない。いきなり、「なぜ今までぐずぐずしていたのか」と遅参したことを強く詰問したのである。これには広常も味方の大将たちも驚いて、いいわけしたり、とりなししたりしたが、頼朝はなかなか許さなかった。そのため、場合によっては平家の側に立って頼朝を討とうとも考えていた広常もかえってすっかり心服し、心から忠誠を誓ったというのである。そして、この大軍を得て、頼朝の事業は一気に進んだわけである。

これはやはり頼朝の見識というものだと思う。二万の大軍はこの際非常な力強い味方である。だからふつうであれば、おどりあがって喜び、手をとって感謝してもいいとも思われる。しかし、もしそうしていたらどうだろう。たとえ少人数とはいえ、部下を率いてとるものもとりあえずかけつけた豪族たちは面白くないと感じるだろう。広常も自分の力を誇って、頼朝の命《めい》に服さず勝手なことをするかもしれない。そうなっては何万集まろうと、軍の秩序も保たれず、烏合《うごう》の衆にすぎなくなってしまう。

とかく人間というものは、ものごとを数の大小や力の強弱といったことで判断しがちである。そしてまた、そういうことを中心に考えたほうがいいという場合もあるだろう。ソロバンをはじくということばもあるが、そういうものを無視したり、軽視して事を進めたのでは、うまくいかないということも多いと思う。しかし、それは日常のことというか、いわば小事についていえることである。大事を決するにあたっては、そうした利害、損得といったものを超越し、何が正しいかということで判断しなくては事をあやまってしまう。それができるということが、指導者としての見識であろう。

とかく長いものに巻かれろ的な風潮の強い昨今だけに、指導者にはこうした是を是とし、非を非とする見識が強く望まれるのである。

公平である

◉――指導者はあらゆる面で私心なく公平を期さなくてはならない

春秋戦国といわれた中国の長い戦乱の時代も、しだいに秦《しん》の国が力を得て、始皇帝の代になって天下を統一するわけだが、そうした秦の隆盛は、商鞅《しょうおう》という大臣が法を厳正にして国を治めることをおし進めたことも一つの大きな要因だといわれる。

商鞅がそうした政策を進めている時、たまたま秦の太子に法にふれる行為があった。すると彼は、「太子といえども、法にふれることは許されない」として、太子のかわりに、そのお守役と教育役をきびしく罰した。そういうことはかつてなかったので、人びとは大いに驚き、その時から法を守るようになり、秦の国では盗みや争いがなくなり、人びとは富み、国は治まったという。

商鞅の法律、法令はきびしきにすぎ、その弊害もあったといわれているようだが、このような法の適用にあたっての公平さということは、きわめて大事なポイントだと思う。もし、一般庶民は法を犯したら罰せられるけれど、身分の高い者は見逃されるということであれば、だれも本気で法を守ろうとしなくなるであろう。形だけ守られたとしても、その不公平さに対する不満や怨みが人びとの心の中に残って、信頼関係は失われてしまう。

今日では民主主義だから、一見、法の適用は平等のようであるけれども、実際にはどうであろうか。かりに個々人が暴力をふるえば罰せられるだろうが、大勢の者が数をたのみ、団体の力で、無形の暴力をふるうといった、いわゆる多数の圧力、多数の横暴というものが見逃され、まかり通っている面もあるような気がする。そのように、力弱き者に対しては仮《か》借《しゃく》なくといってもいいほどに法が厳正に適用され、力ある者はなんら罰せられないということでは、法はあってなきがごとしで、秩序も保たれないし、人心も荒廃してしまうだろう。

もちろんこうしたことは一国における法律ということだけでなく、会社や団体における規律や規則についても同じことである。会社の規則というものは、一新入社員であろうと社長であろうとひとしくこれを守り、それに反した時はひとしく罰せられるということで、はじめて社内の秩序も保たれ、士気もあがるのである。

だから、指導者はつねに公平ということを考えなくてはならない。利害得失、相手の地位、強弱ということにかかわりなく、何が正しいかというところから、公平に賞すべき者は賞し、罰すべき者は罰するということをしなくてはならないと思う。

公明正大

◉──指導者はみずからかえりみてやましいところなきを期さなくてはならない

後漢の時代に、楊震《ようしん》という高潔をうたわれた政治家がいた。この人がある地方の太守として赴任していったところ、たまたま以前に引き立ててやった王密《おうみつ》という人が夜分に訪ねてきて、いろいろ昔話などしたあと、大枚の黄金をとり出し、楊震に贈ろうとした。楊震が受けとるのをことわると、王密は、「こんな夜中で、この部屋には私たち二人しかいないのですから、だれにもわかりませんよ」と重ねてすすめた。その時に楊震はこういったという。

「きみはだれも知らないというがそうではない。まず天が知っている。地も知っている。それにきみと私自身が知っているではないか」

これには王密も恥じ入って引き下がったが、楊震はその後ますますその人格が評価され、中央政府の高官に栄進したという。

〝みずからかえりみて縮《なお》ければ千万人といえどもわれ往《ゆ》かん〟ということばもあるが、人間というものは、その考えるところ、行なうところにやましいものがなく、いわゆる公明正大であれば、そこに非常な勇気というか力強さが生まれてくるものである。他人に対して恥ずかしいようなこと、非難されるようなものをもっていたのでは、どうしてもものごとを進めるにあたって力弱いものになってしまう。

しかしまた、人間は一面弱いもので、人が見ていないところではつい誘惑にかられてよくないことでもしてしまいがちである。実際のところ、警察というものがなければ泥棒もやりかねないといった面を多くの人が心の底にもっているのではないだろうか。けれども、それだからといって、よくないことをしてそれで全く平気でいられるかというとそうではない。人間には誘惑にかられやすい弱さもあるが、同時に良心というものがある。だから、たとえだれも見ておらず、だれ一人知らなくても、自分の良心の目をのがれることはできない。それでは、真の力強さは生まれてこないだろう。

結局大切なのは、他人が知っているということよりも自分が知っているということである。天とか地というのはいわば神が知っているということだと思うが、これも現代的に解釈すれば、自分の良心が知っているということになるのではないだろうか。だから指導者として、真の勇気を生み出し力強い活動をしていくためには、まずみずからの心に問うてやましいところがないか、公明正大であるかということが大切だと思うのである。

志をもつ

◉―指導者はつねに理想を描き、大きな志をもたなくてはならない

明治九年、アメリカのアマスト大学学長のウィリアム・クラーク博士は、招かれて、北海道に新設された札幌農学校の教頭に赴任した。そして、八カ月間にわたって二十四人の学生と寝食をともにしつつ、教育を行ない、その学生の中から佐藤昌介、内村鑑三、新渡戸《にとべ》稲造《いなぞう》など、[2]偉大な教育者が生まれている。

そのクラークが、学校を去るにあたって、学生たちに残したことば「少年よ、大志を抱け」はあまりにも有名である。

われわれがお互いの人生を歩む上で、何かしら志を立てるということはまことに大事である。孔子は「われ十有五にして学に志す」といっているし、日蓮上人は、十二歳の時に「日本一の智者になろう」という志をもったといわれる。そのように一つの志を立て、それを一生つらぬくということもあろうし、あるいは人生のその時どきにある志をもち、それを次つぎととげていくということもあるだろう。それはいろいろな姿があっていいと思うが、そう

いうものを何ももたずして、ただなんとなく日々を送るということでは、人生の喜びも生きがいもうすいものになってしまうだろう。やはり、一つの志を立て、その達成をめざして歩むところに、力強さが生まれてくるのだと思う。

個々の人生でもそうなのだから、まして指導者に志がなくてはならないのは当然である。指導者が志をもち、それを人びとに訴え、みなが志を同じくして進むというところにおのずと力強い歩みが生まれてくる。指導者がそういうものをもたなくては、みなが進むべき道を見失ってしまう。

そして、その志はやはり大きく立てるべきだと思う。もちろん全く現実から離れた夢のようなことという意味ではないが、〝棒ほど願って針ほどかなう〟ということわざもある。志を大きくもち、高い目標をかかげてこそ、ある程度の事がなっていくのであって、はじめから志を小さくし、目標を低きにおいたのでは、かなうことでもかなわなくなってしまう。だから、現実というものから遊離してはいけないけれども、現実を見つめつつも、いわゆる理想を描くというような姿で、大きな志を立てることが大事なのだと思う。

その意味で、クラークのことばは、「指導者よ、大志を抱け」とおきかえても立派に通用するのではないだろうか。

心を遊ばせない

◉——指導者は体は遊んでいても心は働かせていることが大事である

古代ギリシャの哲学者であり、科学者でもあるアルキメデスが、ある時王様から、純金製であるべき王冠に何か不純物がまじっていないか調べるように命じられた。職人に金塊を渡して王冠をつくらせたのだが、その職人が不正をしたという噂が立ったからである。

王冠をこわして分析すれば簡単だが、それは許されないということで、アルキメデスも思案に余ってしまった。ところがある日、公衆浴場に行った時に、湯ぶねからお湯があふれるのを見て、王冠とそれと同じ重さの金をそれぞれ水に入れ、あふれる量をくらべれば王冠が純金製かどうかがわかることに気づいた。そして喜びのあまり「わかった、わかった」と叫んで裸のままとび出し、早速実験をしてみた結果、不純物がまじっていることが証明されたという。

このことはアルキメデスが学者としていかに熱心に真理探究に心をついやしていたかを物語っている。彼は四六時中その問題について考えていたのだろう。それで、一度のんびり風呂にでも入ってサッパリしようとしたのだろうが、その時にも心のほうは遊んでいなかったのであろう。それでお湯のこぼれるのを見て、パッとひらめくものがあり、解決の道がみつかったわけである。

これは学究としてまことに尊い姿だと思うが、指導者というものも、本質的にはこういう姿でなくてはならないと思う。つねに心を働かせていなくてはいけない。

もちろん指導者といえども、四六時中仕事をしていなくてはならないということではない。それではとても体がもたない。だから時に休息したり、あるいはレジャーを楽しむということもあっていいと思う。ゴルフをするなり、温泉に行くのもそれなりにけっこうである。しかし、そのように体は休息させたり、遊ばせたりしていてもいいが、心まで休ませ、遊んでいるということであってはならない。

たとえ温泉につかっていても、心のほうは、政治家であるなら政治のことを、経営者であるなら経営のことを、どこかしらで考えているということが大切だと思う。そうであれば、アルキメデスのごとく、お湯のあふれるさまからも何かヒントを得ることにもなってこよう。

全く遊びのうちに心を許してしまうというような人は、きびしいようだが、指導者としては失格だと思う。

こわさを知る

●──指導者は世間のこわさを知り、身を正していかなければならない

剣豪宮本武蔵が豊前《ぶぜん》小倉に滞在していた時に、一人の兵法者が面会を求めてきた。武蔵は会って、話を聞き、骨柄《こつがら》を見て、「なかなかのお腕前のようで、これならどの諸侯につかえて指南してもいいでしょう」とほめた。

ところが、ふと相手が自分の木刀を見せて、「これは諸国をまわって、試合を望まれた時に使います」というのを聞くと、武蔵は「その程度の腕で試合をするなどと、バカなことをいってはいけない」と、その家の主人の小姓をそこにすわらせ、その前髪に一つの飯つぶをつけ、太刀を抜いた。そして「見よ」とふりおろすと、その飯つぶだけがみごと真っ二つに切れていた。

それをその兵法者に見せて、「これができるか」と聞くと、もちろん「できません」という。すると武蔵は、「これほどの腕があっても、なかなか敵には勝てないものだ。試合などめったにするものではない。試合を望む者があれば、早々にその所を立ち去るのが、真に兵

法の真髄を知った者といえるのだ」といましめたということである。

宮本武蔵といえば、生涯に六十余度の勝負をして一度もおくれをとらなかったという剣の名人である。その武蔵がそういうことをいっているのは興味深いことだと思う。結局、武蔵という人は、いわゆる〝こわさ〟を知っていたのではないだろうか。

こわさを知ることは、人間にとってきわめて大切だと思う。人間がよりよく生きていくには、つねに自分を律し、自分を正していくことが大事だが、それにはやはりなんらかのかたちで、こわさを知る、いいかえれば、こわい人、こわいものをもつことが必要であろう。子供は親がこわい、生徒は先生がこわい、社員は社長がこわいというように、人間はこわさを知ることによって、自分の身を正しく保っていけるわけである。こわいもの知らずという人は、往々にしてゆきすぎて失敗したり、他を傷つけたりすることにもなる。

ところが、指導者、最高責任者になると、直接叱ったり注意してくれる人がいないから、ついこわさを忘れがちになる。しかし、よく考えてみれば、社長とか総理大臣といった最高責任者でも、直接にはだれも叱ってくれないが、過ちがあれば必ず世間大衆というか国民のいわば罰が返ってくる。だから、総理大臣であっても国民にこわさを感じ、政治にあやまりなきを期さなくてはならない。そういうこわさを知ることが指導者にとってきわめて大切だと思う。

最後まで諦めない

◉──指導者は最後の最後まで志を失ってはならない

関ヶ原の合戦に敗れた石田三成が捕えられ、家康のところへ送られてきた。その時に家康の家臣本多正純《まさずみ》が三成に、「戦《いくさ》に負けたのに、自害もせずに、おめおめと捕えられてくるなどとは、武将の心がまえに欠けるではないか」といった。すると三成は、「人手にかからないように切腹するというのは、雑兵《ぞうひょう》のすることだ。ほんとうの大将は軽々に命を捨てずに最後まで諦めず再起をはかるものだ」と答えたという。あるいは、斬首《ざんしゅ》の直前に柿をすすめられ、体に毒だからとことわったところ、みなが笑ったので、「大義を思う者は首を切られる直前までも命を大事にして、本望を達することを心がけるものだ」といったともいわれている。

三成が家康を相手に戦を起こしたこと、またその戦いの進め方などについては、昔から是非いろいろに論ぜられているようである。しかしこのように最後の最後まで諦めたり志を捨てることのない態度には、非常に学ぶべきものがあるように思う。三成自身も正純にいっているのだが、その昔伊豆に平家打倒の兵を起こした源頼朝は、緒戦に惨敗し、一命も危うところを朽木の洞穴に身をひそめて、辛うじて難をのがれ、のち再び兵を挙げて今度は首尾よく天下をとったのである。もし最初の敗戦に、「もはやこれまでだ、名もなき者の手に捕われるより……」などと考えて切腹していたら、のちの彼はあり得なかったわけである。

だから何ごとによらず、志を立てて事を始めたら、少々うまくいかないとか、失敗したというようなことで簡単に諦めてしまってはいけないと思う。一度や二度の失敗でくじけたり諦めるというような心弱いことでは、ほんとうにものごとをなしとげていくことはできない。世の中はつねに変化し、流動しているものである。ひとたびは失敗し、志を得なくても、それにめげず、辛抱強く地道な努力を重ねていくうちに、周囲の情勢が有利に転換して、新たな道がひらけてくるということもあろう。世にいう失敗の多くは、成功するまでに諦めてしまうところに原因があるように思われる。

もちろん、ただいたずらに一つのことに頑迷に固執するということではいけない。あくまで変化に応じ得る柔軟性というものも一面きわめて大切なのはいうまでもない。しかし、ひとたび大義名分を立て、志をもって事にあたる以上、指導者は、一パーセントでも可能性が残っているかぎり、最後の最後まで諦めてはいけないと思う。

自主性を引き出す

◉——指導者は部下の自主性を引き出し生かすことが大切である

安藤直次《なおつぐ》は、徳川家康が自分の息子紀州藩主頼宣《よりのぶ》の後見役に特に選んだ人物で、若い頼宣をきびしく訓育し、名君たらしめた人である。

その直次のところへ、のちに幕府の大老となった土井利勝が政務の見習いにやってきた。利勝が見ているると、いろいろな人が直次のところへ決裁を仰ぎにくる。それに対して直次は、「よろしい」とか「いけない」としかいわない。そして「いけない」といわれた人がまた別の案をもってきても、それが気にいるまで、何度でも「いけない」とくり返すだけであった。

それで利勝が不審に思い、「どうして、ただ〝いけない〟といわれるだけで、〝ああせい、こうせい〟と指図されないのですか。そのほうがはかどると思いますが」とたずねたところ、直次は、「それはその通りです。しかし私は老齢でもあり、紀州家のために人を育てようと思っているのです。いちいち指図すれば、みな私の意見を聞けばいいと思い、自分で十分考えることをしなくなります。それでは真の人材は育ってきません」と答え、利勝も非常に教えられ、それを肝に銘じたという。

人を使って仕事をするにあたって、部下が未熟である場合が少なくない。だからその提案でも意見でも足りない点はいろいろあるだろう。それに対してつい「ああしたらいい、こうしたらいい」といいたくなるのが人情である。そういうことは実際に必要な時もあり、また少なくとも方針だけはきちんと示さなくてはならないだろう。

しかし、あまりこまごまと指図することに終始していると、部下は安易になる。いわゆる命《めい》これに従うというか、上の人からいわれないと動かないという姿になってしまう。これでは人も育たないし、ほんとうに生きた仕事もできない。やはり大事なことは、自分でいろいろ考え、発想し、みずから行なっていくという自主性である。そういう自主性をもって仕事をしていって、はじめて人も育ち、仕事の成果もあがってくる。

だから指導者として大事なことは、そのように人びとの自主性を引き出していくことである。決して、命これに従うというような姿にしてはいけない。さすがに家康の眼鏡にかなっただけあって、直次はそのポイントをつかんでいたのだろう。

今日はテンポの速い時代で、つい事を急いであれこれ指図したくもなろうが、それだけにこの直次の行き方をいかに現代的に生かすかが大事だと思う。

私心を捨てる

●指導者は私心を捨ててものを考えることが大事である

明治の新政府が発足した時、最高指導層である参議には、薩長はじめ各藩のいわば実力者がなっていた。それだけに、時として意見が対立して、ものごとが円滑に進まないきらいがあった。

それを見た西郷隆盛は、「多頭政治ではラチがあかない。ひとつこの際木戸さん一人に参議になってもらって、あとはみなその下についてやろうではないか」と提案した。他の人も賛成したが、肝心の木戸孝允《たかよし》が、「西郷さんと二人ならいいが、一人では絶対にやらない」といいはったので、みんなも隆盛を説いて、結局二人が参議となり、いわゆる廃藩置県などの大きな懸案を力を合わせて解決したのである。

西郷隆盛は、これに先立つ彰義隊の戦いの時も、薩長が反目しがちだったのを、「この戦いは長州の大村（益次郎）さんに指揮をとってもらいましょう」と、進んでその指揮下に入って、官軍の一体化を生み出している。

維新の志士といわれる人びとは、一身をもかえりみず、いわば私心を捨てて国のために尽くした人が多いが、その中でも西郷隆盛はとびぬけて私心というもののなかった人のようである。もともと西郷隆盛は、会う人だれもがひきつけられるような偉大な人格者だったといわれており、したがって自分が大将になっても不思議はない人だと思う。それが、あえて自分は下につくというのだから、みなもそれに従わざるを得ない。それで事がスムーズに運ぶ。明治維新は、見方によると西郷隆盛を中心にして進んでいったともいわれるが、それはその大きな人柄と私心のなさがそうせしめたのだともいえよう。

人間だれしも自分が大事であり、かわいいものである。そのことはごく自然な感情ではあるが、しかしそうした自分の利害とか感情にとらわれてしまうと、判断をあやまることもあるし、また力強い信念も湧いてこない。こうした自分というものを捨て去って、何が正しいかを考え、なすべきことをなしていくところに、力強い信念なり勇気が湧き起こってくるといえよう。

だから、私心を捨てるということは、だれにとっても必要ではあるが、特に指導者にはそれが求められる。西郷さんには遠く及ばないとしても、少なくとも指導者である以上は、自分のことを考えるのは四分、あとの六分は他人のこと、全体のことを考えるようでなくてはいけないと思う。

指導理念

●――指導者には一つの指導理念がなくてはならない

今日、中国は八億（昭和五十年当時）という多くの国民をかかえ、経済的にはまだ発展途上にあり、国内にも多くの困難な問題をかかえてはいるものの、混迷する世界の中にあって、独自の堅実な歩みを進め、青少年なども目を輝かせ生き生きと仕事をしているといわれている。

これは、中国が、自主独立、自力更生ということを国是に、毛沢東語録の各条をいわば国訓として、国家を運営し、国民活動を律しているところにいちばん大きな要因があるといえよう。つまり、国家としてどのような方向に進み、そのために国民としてはどうあるべきかという指導理念、指導方針というものが明確に示されているわけである。

そして、それは指導者である毛沢東主席が、そういうものをはっきりもっているからである。毛沢東主席という人は、機会あるごとに、はっきりした方針を打ち出しているようである。たとえば、日中戦争が始まったその翌日には、八大綱領として戦争遂行のために八つの方針を発表しているという。あるいは、いわゆる人民解放軍に対して、〝三大規律八項の注意〟というものをもうけて、それを行動の指針としているということである。

そのように、毛沢東思想といわれるような一つの指導理念をもち、それに基づいてその時どきの具体的方針というものを次つぎに打ち出してきたところに、あの広大な中国を統一し、八億もの国民を動かして堅実な発展をとげつつある要因があるのだと思う。それが毛沢東主席が偉大な指導者たるゆえんであるといえよう。

やはり指導者というものは、一つの指導理念をもたなくてはならない。そういうものをもたずして、ただその場その場の考えで事を行なっていくということでは、とうてい人びとを力強く導いていくことはできない。だから、国家の指導者であれば、政治の哲理、企業の経営者であれば経営理念というものをそれぞれにもつことが大切である。

もちろん、一国には憲法があり、会社には定款《ていかん》というものがあって、そこに国としての、あるいは企業としての基本のあり方は書かれているわけである。しかし、そうした憲法や定款を生かして、生きた国家経営、企業経営を生み出していくのは、指導者の指導理念である。指導者が理念をもち、そこからその時どきの情勢に対応する具体的な方針を次つぎと生み出していくことが、真の発展を生む最大の力となることを銘記しなくてはならない。

自分を知る

◉──指導者は自分の力、自分の集団の実力を正しく把握しなくてはならない

九州、四国を討ち、西日本を平定した秀吉は、次に関東の重鎮北条氏を傘下に加えるべく、使いを送り、上京を促した。しかし、北条氏政《うじまさ》、氏直《うじなお》父子は、天下の形勢を察せず、自分の力をたのみ、秀吉を軽視し、言を左右にしてそれに応じなかった。あまつさえ、秀吉に開戦の口実を与えるようなことまでしたのである。

そしてひとたび戦端がひらかれると、小田原城の要害を頼って、籠城の策をとった。小田原城は天険の地で、かつて勇将上杉謙信が大軍をもって囲んでも、ビクともしなかった実績がある。その夢を追ったわけだが、天下の半ばの兵を集めた秀吉の力はかつての謙信の比ではない。それに対して北条氏自身は早雲《そううん》以来五代を数え、名門化して、かつての質実剛健さがややうすれつつあった。

したがって戦いの帰趨《きすう》はおのずと明らかで、北条勢も各所に善戦はしたものの、圧倒的な力の差はいかんともしがたく、あたら関東に雄飛した北条氏も五代で滅亡してしまったので

ある。

孫子の有名なことばに、「彼を知り己を知らば、百戦してあやうからず」とあるが、この北条氏政、氏直の場合は、その反対に相手を知らず、自分をも知らなかったといえるだろう。ちょうど大東亜戦争において、日本がアメリカの力を低く見、みずからを過信したようなもので、これではとうてい勝つことができない。

やはり、相手の力、自分の力というものを的確にはかった上で、戦うべきか、和すべきかを判断しなくてはならない。しかし、実際にはなかなかこれがむずかしい。ともすれば、希望的にものを見て、相手を軽視し、自惚《うぬぼ》れをもつ。特に、相手を知ることもできにくいが、それ以上に自分の力を正しく知ることはむずかしい。自分のことはいちばんわかりそうなものだが、事実は反対で、いわゆるひいき目ということになってしまう。

だから指導者は、そういうことを十分考えた上で、自分の力、自分の会社、団体、国の力といったものを客観的に眺め、正しく把握することにつとめなくてはならない。そのように自分を的確に知ることができる人は、相手についてもあやまりない判断ができるであろう。そうなれば、何ごとにおいても、ほとんど失敗せずにいけるのではないかと思う。

使命感をもつ

◉――指導者の力強さは使命感をもつところから生まれる

日蓮上人は、非常な非難、迫害にあいながら、いささかもひるむことなく、法華経の教えを説き続けた偉大な宗教家である。単に民衆に布教するだけでなく、国家というか時の幕府に対しても敢然と諫言《かんげん》を行なっている。そうした過程では、一夜その庵室を襲撃放火されるとか、幕府の手に捕えられ、危うく斬刑に処せられかけ、それを免れたのちも佐渡に流罪にされるなど、筆舌に尽くせぬほどの艱難の中で、終始一貫変わらぬ信念で力強い布教活動を終生続けている。

そうした強さはどこから出てきたのだろうか。それは、日蓮上人の使命感ではないかと思う。当時はいわゆる末法《まっぽう》の世とされ、天災地変が相次ぎ、社会が非常に混乱しつつあった。その原因を上人は、お釈迦様の正しい教えが失われたからであり、それを今の世に説く者は自分をおいてほかにない、自分こそいわゆる末法の世における法華経の行者だと考えた。だからこの教えを広めることが自分に与えられた使命だというところから、ああした命も惜しまない力強い姿が生まれたのだと思う。

上人のことばに、「われ日本の柱とならむ、われ日本の眼目とならむ、われ日本の大船とならむ等と誓いし願いやぶるべからず」というのがある。この日本を救う核心に自分はなっていこうという、まことに烈々たる気魄《きはく》である。

人間というものは、時に迷ったり、恐れたり、心配したりという弱いともいえる心を一面にもっている。だから、事をなすにあたって、ただなんとなくやるというのでは、ともすればそういった弱い心が働いて、力強い活動が生まれてきにくい。けれども、そこに一つの使命を見出し、使命感をもって事にあたっていく時には、そうした弱い心の持ち主といえども、非常に力強いものが生じてくる。

だから、指導者というものは、つねに事にあたって、何のためにこれをなすのかという使命感をもたなくてはいけない。それをみずからもつとともに、人びとにそれを訴え、いわば植えつけていくことがきわめて大事である。人間は利によって動くという面もあるが、それだけでなく、使命を遂行する、使命に殉ずるといったことにそれ以上の大きな喜びを感じるものでもある。

日蓮上人の考え方には異を唱える人もあるかもしれないが、その燃ゆるがごとき使命感には、だれもが学ばねばならないと思う。

自問自答

◉――指導者はたえず自問自答していくことが大切である

曾参《そうしん》という人は孔子より四十六歳も年下の弟子で、年齢的にはいわば孫のような人だが、孔子はこの若い弟子を立派な人物としてほめている。その曾参の有名なことばに次のようなものがある。

「私は、毎日三つのことについて、みずから反省している。第一は、人のために考え行動しながら、かえって忠実さを欠くことはなかったか。第二は、友人との交際で信義を欠くことはなかったか。第三には、学んでもいない、自分でもよくわかっていないことを人に教えたりはしなかったか、ということだ」

こうしたことを日々みずからに問いつつ、過ちなきを期していたというのだから、さすがに若くして孔子にほめられるほどの人だという感を深くする。

この曾参が日々三省していることがらはそれぞれきわめて大事なことだと思うが、それとともに、そのように毎日自分の行ないについて自問自答しているということ自体に、指導者として非常に学ぶべきものがあると思う。

指導者のあり方というのはきわめて重要である。そのあり方いかんが一国の運命をも左右し、多くの人びとの幸不幸を決定するというほどのものである。だから、指導者は過ちなきを期すという上においては、きわめてきびしい自己検討を要求されているわけである。

したがって、指導者は自分の指導理念なり方策についてまちがいがないか、あるいは自分の力というものを正しく把握しているかといったことについて、たえずみずからに問い、みずから答えるということをくり返していかなければならない。そうした自問自答こそ、指導者が日々決して怠ってはならないことである。

もちろん、自分一人で自問自答していたのでは十分わからないという場合もあるだろう。その時は、それを他の人にたずねてみればいい。〝自分はこう考えているが、どうだろうか〟ということを謙虚にたずねてみる。それによって得た答えを自分自身の考えに加味して検討していくということを重ねていけば、比較的過ち少なくやっていけるのではないかと思う。

曾参は自分一個の身を修めるだけでも、日に三省したのである。まして大勢の人の幸不幸をあずかる指導者は日に五省も十省も、自問自答を重ねていくことが必要だといえるだろう。

衆知を集める

●——指導者はつねに人の意見に耳を傾けなくてはならない

信玄在世中は諸国に恐れられた武田氏も、勝頼の代になって、文字通り跡かたもなく滅びてしまった。その武田氏の滅亡を決定的にしたのは、何といっても信長、家康の連合軍を相手に大敗を喫した長篠《ながしの》の合戦である。

この時、信玄以来の名将といわれるような武田方の老臣たちは、戦いの不利なことを説いて、勝頼になんとか合戦を思いとどまらせようとした。しかし勝頼はそれを聞き入れず、最後は伝来の家宝、源氏の白旗と楯無《たてなし》のよろいかぶとに対して戦いの誓いを立ててしまった。この御旗楯無に対する誓いは絶対で、だれも口出しを許されない。いわば問答無用というわけである。

そして合戦に入った結果、戦いは一方的で、譜代《ふだい》の名将もみな討死、勝頼は辛うじてのがれたのであったが、これを機に武田家は急速に滅亡に向かうのである。

勝頼は一面、父信玄以上の勇将で、個々の戦いにおいては、非常な戦果をあげたことも少なくなかったという。それにもかかわらず、ああした悲惨な最期になったのは、彼が自説に固執し、家臣たちの意見を聞かなかったからではないだろうか。もちろん、戦いの相手の信長も、かつては老臣たちの意見を無視して、今川義元に勝利した経験をもっている。しかし、絶体絶命の境地から死中に活を求めた信長の場合と、みずから戦いを求めていった勝頼の場合とでは、同じように老臣たちの意見を無視するのであっても、大きなちがいがあるといえよう。

やはり大将というものは、あやまりなく事を進めていくためには、できるかぎり人の意見を聞かなくてはいけない。一人の知恵というものは、しょせんは衆知に及ばないのである。人の意見を聞かない指導者はともすれば独断に陥り、あやまりやすい。また人心もそういう指導者からはしだいに離れていってしまう。

それに対して、人の意見に耳を傾けて、衆知を求めつつやっていこうとする人は、それだけ過ちを犯すことも少ないし、そういう人に対しては、みなもどんどん意見をいい、また信頼も寄せるようになってくる。信長でも、桶狭間では独断専行したけれど、いつもいつもそのようにばかりしていたのではなく、やはり聞くべき時には秀吉はじめ家臣たちの意見を求めているのである。まして、ふつうの指導者たるものは、つねに衆知によって事を行なうことを心がけなくてはいけないと思う。

出処進退

●指導者はつねに出処進退を過たないことが大切である

明治維新は近代日本の出発点であるが、その過程には、多くの戦いもあり、また犠牲もあった。しかしまた見方によっては、一国が大きく脱皮し、新しいスタートを切るという大事業が、あの程度の争いや犠牲で達成できたというのは驚くべきことではないだろうか。うっかりすれば、国内が真っ二つにわかれて戦火をまじえ、外国の植民地と化すといったおそれもあったわけで、そうしたことなしに局地的な争いだけですんだことはまことに幸いであった。

その要因は大きくいえば、日本のよき伝統というものが働き、当時の指導者の人びとの多くが意識するとしないとにかかわらず、そうした伝統に則《のっと》り、日本のためということを考えて行動したからだと思う。

その中でも特筆されることの一つとして、いわゆる大政奉還ということがある。今まで徳川幕府がにぎっていた政治の実権を、本来の姿に戻して天皇にお返しするということである。これによって基本的に平和のうちに政権の交代が行なわれることになったわけで、こうしたことは民主主義になってからはともかく、封建時代としては世界にもあまり例を見ないのではなかろうか。

この大政奉還は、いわば当時の衆知の所産であろうが、何といっても最後の断を下したのは、時の将軍徳川慶喜《よしのぶ》その人だったと思う。慶喜については、いろいろちがった評価もあるようだが、この場合の彼のいわゆる出処進退を過《あやま》たない決断が、明治維新を成功させる一つの大きな力になったと思う。

昔から、出処進退を過たないということはきわめて大事なこととされている。進むべき時に進み、退くべき時に退くということが、個人の身の処し方としても、戦《いくさ》を行なうような場合でも必要なのであり、特にそれは指導者にとって大切な心がまえだといえよう。

しかし、それでいてこの出処進退を過たないということはまことにむずかしい。特に、進むことは比較的やさしいが、退くことは人情としてもなかなかできにくい。けれども、やはり退くべき時に退くということができなくては、ほんとうにすぐれた指導者とはいえない。古来、戦でも、名将といわれた人は、退く時にその真価があらわれたという。この場合の慶喜の偉さも、日本全体のことを考え、一慶喜、一徳川家という私《わたくし》を捨て、身をひいたというところにあり、そこに指導者として学ばねばならないものがあると思う。

小事を大切に

◉――指導者は小事をおろそかにしてはならない

三菱の創業者である岩崎弥太郎が、ある時幹部の一人を自室に呼び、机の上にある紙を示して、「きみ、これは何ごとだ」と声荒く叱りつけた。その人が驚いて見ると、自分が前に出した欠勤届で、それは会社の用箋に書かれたものであった。弥太郎はさらに語気鋭く、「いやしくも本社の最高幹部たるきみが、公私をわけず、私用の欠勤届に会社の用箋を使うとはもってのほかだ。厳罰に処する」と、一年間の減俸を命じた。その幹部の人も、自分の非を覚《さと》って深くわび、一年間の減俸を甘受するとともに、以後ますます力を尽くして活躍したという。

今から見ると、これはいささかきびしすぎるような感じもしないではない。まあこの程度のことなら、というので見過ごしたり、せいぜい「きみ、気をつけてくれたまえ」と注意するくらいであろう。それを、きびしく叱るだけでなく、一年もの減俸という重罰を課したほうも課したほうだが、それを喜んで受け、以後大いに発憤、奮起したその幹部の人も偉いと思う。指導者として何よりも見習うべきは両者の火の出るような真剣さだろう。そうした真剣さがあって、大三菱というものが建設されたのだと思う。

同時に、弥太郎がこのような小事ともいえることを叱ったのはそれなりの理由があるのではないかと思う。ふつうであれば、大きな失敗をきびしく叱り、小さな失敗は軽く注意するということになろう。しかし、考えてみると、大きな失敗というものはたいがい本人も十分に考え、一生懸命やった上でするものである。だから、そういう場合には、むしろ「きみ、そんなことで心配したらいかん」と一面に励ましつつ、失敗の原因がどこにあったのかをともどもに研究して、それを今後に生かしていくことが大事ではないかと思う。

それに対して、小さな失敗や過ちは、おおむね本人の不注意なり、気のゆるみから起こってくるし、本人もそれに気がつかない場合が多い。そして、〝千丈の堤も蟻の穴から崩れる〟のたとえ通り、そうした小さな失敗や過ちの中に、将来に対する大きな禍根がひそんでいることもないとはいえない。

だから、小事にとらわれて大事を忘れてはならないが、小さな失敗はきびしく叱り、大きな失敗に対してはむしろこれを発展の資として研究していくということも、一面には必要ではないかと思う。

仁慈の心

●指導者には人をいつくしみ人びとの幸せを願う心が必要である

保科正之《ほしなまさゆき》は、徳川三代将軍家光の異母弟にあたり、会津藩の藩祖として、またのちに幕府の大老として、名君のほまれ高かった人である。

彼は先の藩主が国政を乱し、改易《かいえき》になったあと会津に着任したのだが、早々に未納年貢を免除するなど、いろいろなかたちで貢租《こうそ》の減免を行なった。また、いわば今日の福祉政策にあたる数かずの善政を行ない、領民は非常に喜び、会津藩では代々正之の方策が受けつがれ、幕末まで東北の雄藩として栄えたのである。

正之にかぎらず、江戸時代に名君といわれた領主の多くは、こうしたかたちで、仁慈の心をもって領民を救済し、民を富ますことを心がけていたといわれる。いわゆるお国がえがあって新しく入国した領主が、領民の疲弊しているのを見て、一定期間年貢を減免し、その間は豪商などに借金して財政をまかない、領民が立ち直ってのちはじめて年貢をとったという話も聞く。

さかのぼれば、古代においてすでに、仁徳《にんとく》天皇は、国中に炊事のけむりの乏しいのを見て人民の困窮を知り、三年間課役を中止し、三年たって国中にけむりが満ちてはじめて、「民富めり」と再び租税を課しておられる。その間は皇居も荒れはて、雨がもるほどであっても、修理されなかったという。

そして、「天が君主を立てるのは人民のためであり、君主は人民を本《もと》としなくてはならない。人民が貧しいことは自分も貧しいことであり、人民が富んではじめて自分も富んだというのだ」といわれたと伝えられている。

仁徳天皇の場合は伝説かもしれないが、しかし大事なことは、そのような人民をいつくしむ仁慈の心をもつことが、昔から指導者のあるべき姿だとされてきたことである。そこにいわば日本の一つのよき伝統があり、そうした伝統が受けつがれ、保科正之はじめ数かずの名君を生んだのであろう。

しかも、そうした領民をいつくしむ名君のもとで、領民も、また藩の財政もゆたかに栄えたのである。いわば物心一如の繁栄という姿が生まれたわけである。

封建時代においてさえも、人民をいつくしむということが、自他ともに栄えるもとだったのである。民主主義の今日における指導者は、まず人びとの幸せを願う仁慈の心をもたなくてはならないといえるだろう。

信賞必罰

●指導者は私情を捨て、適切な賞罰を行なわねばならない

三国志で有名な蜀《しょく》の丞相《じょうしょう》の諸葛孔明《しょかつこうめい》が宿敵魏《ぎ》と戦った時、要害の地である街亭《がいてい》の守りを馬謖《ばしょく》という大将に命じた。ところが、馬謖は孔明の注意をおろそかにし、また副将王平の忠告をも聞かず、自分の才をたのんで作戦をあやまり大敗し、そのため、蜀の軍勢は撤退を余儀なくされてしまった。

そこで戦いののち、軍法に照らして賞罰が行なわれたが、全軍を危地におとしいれた馬謖の罪は死刑に値した。孔明は日ごろからだれよりも馬謖をかわいがっており、私情においては殺すにしのびないものがあったが、軍法をまげては全員にしめしがつかないというところから、涙をこらえて首をはねさせたのである。〝泣いて馬謖を斬る〟という故事のゆえんでもある。

このあと孔明は、人の賢愚を見抜けず、大事な部署に彼のような者を起用したのは総責任者としての自分の責任であるとして、みずから蜀帝に乞うて、丞相から右将軍に降格になっ

たのである。こうした孔明の態度に、その心中を思って涙せぬ者はなく、全軍粛然として捲《けん》土重来《どちょうらい》再び魏を討たんとの意気大いにあがったという。

古来、何ごとによらず信賞必罰ということがきわめて大切とされている。功績あればこれを賞し、過ちあればこれを罰する。その信賞必罰が適切に行なわれてはじめて、集団の規律も保たれ、人びとも励むようになる。いいことをしてもほめられず、よくないことをしても罰せられないとなったら、人間は勝手気ままにしたい放題をして、規律も秩序もメチャメチャになってしまうだろう。

だから、信賞必罰ということはぜひとも行なわれなくてはならないし、またそれは適切、公平になされなくてはならない。賞するにせよ罰するにせよ、軽すぎては効果がうすく、重すぎてもかえって逆効果ということになり、まことにむずかしいものである。信賞必罰が適切にできれば、それだけで指導者たり得るといってもいいくらいである。

したがって指導者は、つね日ごろから十分心して、適切な信賞必罰というものを求めなくてはいけない。そして、その際大事なのはやはり私情をさしはさまないということだろう。私情が入っては、どうしても万人を納得させる賞罰はできない。愛する馬謖をあえて死罪に処し、みずからをもきびしく罰した孔明の態度は、そのことを身をもって教えているのだと思う。

人事を尽くす

◉――指導者は失敗は本来許されないというきびしい考えをもちたい

武田信玄がこういうことをいっている。「負けるべきでない合戦に負けたり、亡ぶはずのない家が亡ぶのを見て、人はみな天命だという。しかし自分は決して天命だとは考えない。みなやり方が悪いからだと思う。やり方さえよければ、負けるようなことはないだろう」。戦えば必ず勝ち、戦国時代最高の名将とうたわれた信玄のことばだけに、非常な重みがある。

たしかに、何ごとにおいても、われわれは失敗するとすぐに「運が悪かった」というようないい方をしがちである。それは何も今日の人間だけでなく、〝勝負は時の運〟とか〝勝負は兵家《へいか》の常〟といった格言もあるくらいだから、昔からそういう考えは強かったのだろう。

しかし、そういう考えはまちがっていると信玄はいっているわけである。敗因はすべてわれにありということだろう。きびしいといえばまことにきびしいことばである。しかし考えてみれば、食うか食われるかというような戦国の世を生きぬき勝ちぬいていくためには、それくらいのきびしい自己反省、自己検討が必要だったのであろう。そして、そのことは今日における指導者にとっても根本的に同じだと思う。

たとえば事業経営についても、事業というものは儲かる時もあれば損をする時もあるのだという考え方がある。そういうことも一面考えられるけれども、しかしほんとうは、正しい事業観をもち、正しいやり方で経営を行ない、正しい努力をしていれば、世の中の好不況などにかかわらず、終始一貫適正な利益をあげつつ発展していくものだと思う。それがうまくいかない、損をするというのは、事業観にあやまりがあるか、経営の手法が当を得ていないか、なすべき努力を怠っているか、そのいずれかである場合がほとんどではないだろうか。

かつて、アメリカがアポロ宇宙船を月に向けて打ち上げた時、あらゆる準備、点検を終え、残るは発射のボタンを押すのみという時に、その責任者の人は、「あとは祈るだけだ」とつぶやいたという。いわゆる〝人事を尽くして天命を待つ〟という心境だと思う。こういう意味での天命を信玄は否定しているのではなかろう。彼のいわんとしているのは、天命という前に、どれだけ人事を尽くしているかということではないかと思う。人事を尽くさずして安易に天命を云々《うんぬん》することは、指導者としては許されないといえよう。

辛抱する

◉指導者はじっと時を待つ忍耐心をもたなくてはならない

諸葛孔明《しょかつこうめい》が蜀《しょく》の軍勢を率いて魏《ぎ》を攻めた時、これを迎えた魏の大将は司馬仲達《ちゅうたつ》であった。仲達も名将といわれた人だが、孔明の絶妙な軍略には太刀打ちしがたく、戦っては何度か苦杯を喫してしまった。

そこで仲達は方針を変え、陣をかためて戦闘を避け、持久戦にすることにした。孔明はさかんに兵を出して戦いを挑ませるが、魏の軍は一向に応じない。ついに一計を案じ、女性の衣裳を贈り、「戦う気がなければこれを着よ。もし男として恥を知るなら堂々と合戦してはどうか」と書を届け、辱《はずか》しめた。

これを見た魏の武将たちは、仲達を責め、「こんなに辱しめられては黙っていられません。ぜひ打って出ましょう」とせまった。仲達自身も心中では非常な怒りを覚えていたが、しかしここが大事なところと、じっと辛抱し、たくみな策を用いて武将たちをも納得させて、ついに孔明の挑発に乗らなかった。

そうした持久戦のうちに、やがて孔明は病を得て陣中に没し、蜀は軍を退いた。そして孔明を失った蜀はその後ついに魏の軍門に降《くだ》ったという。

人間というものは、とかく勇ましさを好むものである。だから、退くよりも進みたがり、戦いを避けるよりも、はなばなしく戦うことを勇気ある行為と考えがちである。そして退いたり、戦いを避けたりすると、それを臆病だとか卑怯だとかそしったり非難したりする。

もちろん、進むべき時に進み、戦うべき時に戦う勇気をもたなくてはならないのは当然である。それができなくては、臆病者、卑怯者といわれてもしかたがない。しかし、耐えがたきを忍びつつ、退くべき時に退き、避けるべき戦いを避けて、忍耐強く時を待つということは、実際は非常に勇気がいることである。そういう態度は、その時はおおむね賞賛よりも、非難、軽蔑を招くからである。

そういうことを考えると、指導者というものは非常な忍耐心を一面に要求されているといえよう。私《わたくし》の感情にとらわれず、いかなる非難や屈辱にも耐え、自分の正しいと信ずる方針をつらぬいて、じっと時を待つということができなくては、真にすぐれた指導者とはいえない。「堪忍は無事長久の基。怒りを敵と思え」というのは徳川家康の遺訓の一節だそうだが、指導者として大いに味わいたいことばだと思う。

信用を培う

指導者はつねに身を正し、信用を高めなくてはならない

漢の重臣に季布《きふ》という人がいた。この人ははじめ楚《そ》の項羽《こうう》の大将として、大いに高祖劉《りゅう》邦《ほう》の軍を悩ませ、そのため項羽が滅ぼされると、季布の首には千金の賞がかけられ、彼をかくまう者は罪三族に及ぶとされた。けれども人びとは、彼を保護したのみならず、高祖にとりなしまでしたのである。というのは、彼は非常に約束を重んじ、必ずそれを守ったので、〝季布の一諾〟つまり季布が一度承知したことは黄金百斤よりも値打ちがあるといわれるほど、その人柄が信用、尊敬されていたのである。

そして許されて漢につかえてからも、そうした態度に終始し、また権勢にこびず、つねに是を是とし、非を非としてまげなかったので、ますます信用を得、しだいに重きをなすにいたったという。

われわれが何か事をなしていく場合に、信用というものはきわめて大事である。「あの人なら大丈夫だ」「あの会社の品物ならまちがいがない」といった信用が人びとの間にあれ

ば、容易に事が運んでいくだろう。いわば、信用というのは無形の力、無形の富だということができよう。

だから、指導者たるものはまず人びととの信用を得なければならない。自分が信用しない人にはだれもついていかない。信用している人に対しては、黙ってあの人についていこうということにもなるわけである。

けれども、その信用は一朝一夕に得られるものではない。長年にわたるあやまりのない、誠実な行ないの積み重ねがあってはじめて、しだいしだいに養われていくものであろう。しかし、それでいて失われる時は早いものである。長年にわたって正直だという信用を得たとしても、一度ウソをつけば、せっかくのその信用もたちまちにして雲散霧消してしまいかねない。

昔であれば、名門であるとか老舗《しにせ》であるといった場合は、過去に培われた信用の力がものをいって、少々の失敗や過ちがあっても、ただちにそれが信用の失墜とはならなかったかもしれない。しかし今日は変化もはげしく、情報も一瞬にして世界のすみずみにまで届くというほどの時代である。ちょっとした失敗、過ちでも致命傷になりかねない。

だから、指導者は信用を維持し、高めていくために、過ちなきが上にも過ちなきを期していくことが大切だと思う。

信頼する

●指導者は人を信頼し思い切って使うことが大事である

漢の高祖劉邦《りゅうほう》が項羽《こうう》と天下を争っていた時、最初は項羽の勢いが強くて、漢側は押され気味であった。その時、漢の知謀の士陳平《ちんぺい》は、はかりごとを用い、項羽の軍師の范増《はんぞう》や主な将軍たちが漢に気脈を通じているかのように見せかけた。項羽はまんまとそれに引っかかって、軍師や将軍たちを疑い始め、そのため范増は憤慨し、項羽を見限って去ってしまった。こうしたことから、一時は優勢を誇っていた項羽もしだいしだいに退勢に陥り、敗れ去るのである。のちに高祖は項羽の敗因を、「自分は部下の力をうまく使ったが、彼は范増一人すら使いこなせなかった」ことにあるといっている。

人を使うコツというものはいろいろあるだろうが、まず大事なことは、人を信頼し、思い切って仕事をまかせることだと思う。信頼され、まかされれば、人間はうれしいし、それだけ責任も感じるものである。だから自分なりにいろいろ工夫もし、努力もしてその責任を全うしていこうとする。いってみれば、信頼されることによって、その人の力がフルに発揮されてくるわけである。

　ところが実際には、人を全面的に信頼するということはなかなかむずかしい。「これだけのことをまかせても大丈夫だろうか」「これは最高の機密だが、それを知らせたら他へもらしはしないだろうか」といったように、いろいろな疑念が湧き起こってくる。また事実、人間というものは、すべて一〇〇パーセント信頼できるものではないということもいえるだろう。

　しかし、そこが大事というか妙味のあるところで、人間は、疑いの気持ちをもって接すれば、そのように反応し、信頼の気持ちで接すれば、これまたそのように反応する面があると思う。多少とも疑いの念を抱いて、信ずるがごとく信ぜざるがごとく、したがってまかすがごとくまかせざるがごとくといった姿では、人はとうてい喜んで働くというわけにはいかない。

　やはりまず、強い信頼感をもってのぞまなくてはいけない。たとえその信頼を裏切られても本望だというくらいの気持ちがあれば、案外に人は信頼にそむかないものである。

　特に今日はあらゆる面で不信感が強く、それが精神的葛藤や争いを生み、はなはだしい場合には物の破壊にも結びついている。それだけに、各方面の指導者がまず信頼の念をもって人に接するということがきわめて大事だと思う。

指導者はその仕事が好きでなくてはつとまらない

好きになる

漢の大帝国も建国以来二百年近くたって、政治が乱れ、ついにはいったん滅亡して、国内は再び群雄割拠の様相を呈した。この時に立って、混乱を急速に鎮定し、漢の王室を再興したのが光武帝《こうぶてい》である。その光武帝は、軍事にももちろんすぐれていたが、いわゆる〝柔よく剛を制する〟といった行き方で内政において非常に見るべきものがあったという。実に熱心で朝早くから日暮れまで政務に没頭し、さらに夜半まで家臣たちと勉強や討論などに時を過ごすということもしばしばあった。それで健康を気づかった皇太子が、ほどほどにするようにいさめたところ、光武帝は、「私は楽しんでやっているのだから、いくらやっても疲れることはない」と答えたという。

ことわざにも〝好きこそものの上手なれ〟というものがあるが、この〝好き〟ということは、何をやるにしてもいちばん大切だと思う。好きでないことをいくらやっても、その道で成功するのはむずかしいといってもいいのではないだろうか。芸術家でも運動選手でも、好きであればこそ、はげしい練習、きびしい訓練をも苦とせず精進努力するわけである。それでも一流となり、成功することはなかなかむずかしい。まして、好きでもない人がやって、それでうまくいくわけがない。

指導者でも結局同じことである。指導者としての仕事が好きであるということがいちばん大切だと思う。政治家であれば政治が、経営者であれば経営が好きかどうかである。

だいたい、指導者として人の上に立つということは決して楽なことではない。昔から〝人を使うは苦を使う〟ということばもある。全部の人が自分のいうことを素直に聞いて、こちらの思い通りに動いてくれるならいいが、そんな人ばかりではない。文句をいう人もあれば、こちらのいうことと反対に動く人もある。そういう姿で仕事をしていくのだから、それだけでもずいぶん気の疲れることである。まして、いろいろな困難が次つぎと生じ、それに的確に対処していくといったことは大変なことである。

だから、それを大変だな、苦労だなと思うような人は、指導者にはなれない。そういう、他人から見れば大変な苦労でも、本人は楽しくてしかたがない、疲れを知らない、いいかえればそのことが好きであるということが必要なのである。指導者はまず自分が指導者としての仕事が好きかどうか、たとえば経営者であれば、経営が好きかどうかというところから自問自答することが大事だと思う。

すべてを生かす

◉──指導者はどんな人にも使い道があることを知らねばならない

堀秀政の家臣に、顔つきがいかにも泣き顔のような男がいた。いつも目をうるませ、眉間《みけん》にしわをよせて、見るからにうっとうしい感じである。それで他の家来が、「あの男の顔つきはまことに不吉で、見るのも不愉快です。世間も殿のことをあんな者を召しかかえたと物笑いにしています。早くお暇をやってはいかがでしょう」といった。それに対して秀政は、「お前たちのいうことはまことにもっともだ。しかし、法事とか弔問の使いにやるのに、あれほど適任の者はいない。どんな人でもそれぞれに使い道があるのであって、だから大名の家にはいろいろな人間を召しかかえておくことが大事なのだ」といったという。

人間というものは顔かたち一つをとってみても一人ひとりみなちがっており、全く同じという人はいない。まして、性格、気質、才能、ものの考え方というものを考えれば、いわゆる十人十色、万人万様にちがったものをもっている。したがってまた、あらゆる面ですぐれているという人もいなければ、反対にすべての面で他よりも劣るという人もいない。それぞれに一長一短、なんらかの長所、短所をあわせもっているわけである。

だから、そうしたそれぞれの人の持ち味をよく見きわめて、その長をとり短を捨てて、すべての人を生かしていくことが、指導者にとってきわめて大事である。

しかし実際にはなかなかそれができにくい。ともすれば限られた面だけを見て、人の長短を判断し、あれは有能な人材、これは無用の存在といったふうに決めつけてしまいがちである。秀政の家臣たちは、戦国の世のこととて武勇といったことを中心にものを考え、それで、その泣き顔の男に暇をやれといったのだろう。しかしいかに戦国の時代でも、戦争ばかりしているわけではないし、また戦《いくさ》にしても、単に武勇にすぐれた人だけでなく、いろいろな役割が十分に果たされて、はじめて戦力となるのである。秀政はさすがにそのことを知って、大名の家にはいろいろな人材が必要だといったのだろう。

まして今日の社会は戦国時代とは比較にならないほど複雑多岐にわたっている。それだけ多種多様な人が求められているといえよう。したがって、今日の指導者は秀政以上に、いろいろな人を求めることに意を用いなくてはならない。無用の人は一人もいない。そういう考えに立ってすべての人を生かしていくことがきわめて大事だと思う。

誠実である

◉──指導者はつねに誠心誠意ということを心がけなくてはならない

文禄《ぶんろく》五年、京都に大地震があり、秀吉の伏見城もこわれ、多数の死者も出た。この時、加藤清正は秀吉の勘気《かんき》を受け謹慎の身であったが、「たとえあとで罪を得ても座視しているわけにはいかない」といって、ただちに家来を引き連れてかけつけ、秀吉の警護にあたった。その誠実な働きに秀吉も大いに喜び、怒りもとけ、再び重用されるようになった。

清正はその晩年に、「自分は一生の間、人物の判断に心を尽くし、人相まで勉強したが、結局よくはわからなかった。ただいえるのは、誠実な人間に真の勇者が多いということだ」といったという。これは彼自身が多くの部下を用いた体験から得た結論だろうが、同時に自分自身がまた、誠実を通した人でもあったのだと思う。秀吉が死に、天下の人心がみな家康になびく中で、秀頼を守り、二条城での家康と秀頼の会見にも命がけでつきそっていくなど、終生秀吉の恩顧を忘れず、豊臣家の安泰のために尽くしたことなども、その一つのあらわれであろう。だから、さすがの家康もその誠忠ぶりには賛嘆を惜しまなかったともいわれている。

結局、誠実な人はありのままの自分というものをいつもさらけ出しているから、心にやましいところがない。心にやましいところがなければ、よけいな心配をしたり、恐れたりすることなく、いつも正々堂々と生きることができる。それを、自分をよく見られたい、よく見られようなどと考えて、あれこれ作為をすれば、その作為のためにいらざる気を使うということにもなろうし、そのことが一種のうしろめたさともなって、力強い信念に満ちた活動もできにくいだろう。

これは商売でも政治でも同じことだと思う。商売というとなんとなくかけひきのように考えるかもしれないし、そういうものが全く必要ないというわけではない。しかし根本はやはり誠実にありのままの姿を率直に示して、それを誠意をもって相手に了解してもらうということでなくてはならない。そうではなく、かけひきや術策だけに頼っていたのでは、長きにわたって信用を得、商売を発展させていくことはできない。

政治にしても同じことで、結局は真実を率直に訴えていくことが必要だと思う。いたずらに迎合的に、耳にひびきのいいことばかりいっていても、一時の人気は得られても、真に国家国民のための政治はできない。結局、最後に人を動かすものは誠実さであることを指導者は知らなくてはならないと思う。

責任感をもつ

●――指導者には一身を捨て他を生かす強い責任感がほしい

秀吉が毛利氏と戦った時に、彼は高松城を水攻めにした。長大な堤を築き、近くの川の水を流し込んで城の周囲を湖と化したのである。秀吉の大軍に囲まれ、水のため援軍の手も絶たれた高松城では、食糧も尽きはて、城兵はただ死を待つのみという状態に陥った。

その時、城の守将である清水宗治《むねはる》は、自分の首とひきかえに城兵の命を助けるという、秀吉の講和条件に喜んで応じた。そして、みずから船をこぎ出し、敵味方の見守る中で、従容《しょうよう》として切腹したと伝えられている。

こうした話は他にもたくさんあるようで、そのように自分の命を捨てて、部下の命を救うということが、戦国の武将としての一つの心がまえだったのだと思う。

よく〝一将功成りて万骨枯る〟ということがいわれる。一人の大将が輝かしい功名をあげていくその陰には、多くの兵卒が命を落とすといった大きな犠牲がはらわれているということだろうが、それは一面真実をついていると思う。

しかし、ただ何もなくて万骨が一将のために命を捨てるものではないだろう。そのうらには、清水宗治のように、戦いに利あらざる時は、責任を一身ににない、自分の命を捨てて部下の命を助けるという大将の心意気というか責任感があって、それが部下をして身命を賭してまで働かせる力になったわけである。

このことは今日の指導者にも基本的に通じることだと思う。もちろん、戦国の世とは時代もちがうから、腹を切るというような事態はあり得ない。しかし、大将として一朝事ある時には、自分が命をかけて一身に責任をとるのだという心がまえの大切さは昔も今も変わりがない。

一国の首相であれば国民のために、会社の社長であれば社員のために、さらには一つの部や課の長であればその部下のために、大事に際しては自分の命を捨てるのだというほどの責任者としての心意気をもたなければならない。そういうものがあれば、部下のほうも、長を死なせてはならないということで長をもり立て、一致団結して事にあたるようになるだろう。

〝一将功成りて万骨枯る〟というのも一面の現実だが、〝一将死して万骨生きる〟というのもまた一つの真実である。そういう強い責任感をもたない指導者であれば、その人はしょせん人を使っていくことはできないといえよう。

世間に従う

●——指導者は〝世間は正しい〟という考えに立たなくてはならない

軍師として秀吉の天下統一に大きな力となった黒田如水《じょすい》が、こういうことをいっている。

「神の罰より主君の罰のほうが恐ろしい。主君の罰より臣下領民の罰のほうが恐ろしい。なぜなら、神の罰は祈りによって免れることができる。主君の罰はわびて許しを受けることができる。しかし、臣下領民にうとんじられては、祈ってもわびてもいかんともしがたく、必ず国を失うことになるだろう。だからこれがいちばん恐ろしいのだ」

世間にはいろいろな人がいる。その考えもまちまち、判断もさまざまである。正しい判断をする人もいるし、そうでない人もいる。しかし個々の人をとればそうではあっても、全体としてこれを見れば、世間というか民衆というものは正しいものだと思う。

だから、こちらのやっていることが正しければ、世間はそれを受け入れてくれるが、そこにあやまりがあれば世間の容《い》れるところとならない。そして、非常に多数の人からなる世間だから、いったん信用を失い、うとんじられたら、それを回復することは非常にむずかしい。

これが一人の主君の怒りにふれたというのであれば、その怒りは非常にはげしく、時には首がとぶということにもなりかねないが、相手は一人だから、わびるにしてもとりなすにしても、全く方法がないというわけではない。しかし、相手が多数の世間大衆であれば、わびるすべもない。だから最も恐れなくてはいけないというわけであろう。

西洋のことわざにも〝民の声は神の声〟というのがあるという。また、アメリカの生んだ偉大な政治家であるリンカーンは、「一部の人を長い間だますことはできる。また、全部の人を一時的にだますこともできる。しかしすべての人をだまし続けることはできない」といっているそうである。

要は、神のごとき世間の声を聞き、正直に誠実にそれに従っていくということであろう。そうするかぎりにおいては、世間は温かく受け入れてくれるのであり、決して恐れる必要はない。恐れるべきは、それからはずれることである。

黒田如水といえば、昔の中国の張良という名軍師にも比せられた智将であり、いわゆる権謀術数にたけた人というイメージが強いが、その人にして、根底にこういうものをもっていたのは味わうべきことだと思う。

説得力

◉──指導者は正しい主張でもその訴え方を工夫することが大事である

明治の初めに、日本でも鉄道を敷くことが計画された時に、当時の政府というか、首脳者の中にも、古い考えにとらわれて強く反対する人が少なくなかったそうである。その際に、岩倉具視《ともみ》公は、次のように説得したという。

「今度、東京に遷都になったけれども、皇室の千有余年来の山陵はみな京都方面にあるから、天皇陛下は時々ご参拝にならなくてはならない。けれども行幸が度重なっては、その都度沿道の人民を悩ますことになるだろう。しかし、汽車でご通過になればその心配もいらない。だから、陛下のご孝道のためにも、鉄道は大切だ」

そうするとこれまで反対していた人たちも、「なるほど、それもそうだ」ということで、意見の一致を見、鉄道の建設が実現の運びとなったというのである。

指導者として何か事をなしていくにあたっては、やはり多くの人を使い、あるいは動かすということが当然起こってくる。そしてその場合、自分の考えに共鳴、納得してもらうことがどうしても必要であろう。

そのためには、根本に正しい理念、正しい方針をもたなくてはならないのはいうまでもない。そういうものなくして、真に人を動かすことはむずかしいと思う。けれども、それでは正しい考え、正しい主張であれば、人は何でも受け入れ、共感してくれるかというと必ずしもそうではない。正しい主張であっても、その正しさにとらわれて、それを強引に相手に押しつけようとすれば、かえって反発を招くということもあるだろう。やはり、同じことを訴えるのでも、説き方、訴え方が大切で、いわゆる説得力というものが必要になってくる。

だから、根底に何が正しいかということに基づく信念をもちつつも、同時に時を考え、場所を考え、相手を考え、情理を尽くした十分な配慮というものがあって、はじめてその主張なり、訴えが説得力をもってくるのだと思う。

そのような説得力をもち得ない人は、指導者として人の上に立ち、人を動かしていくことはできにくいといえるだろう。そういう意味において、この岩倉公の説得法は、まことに味わうべきものがあるのではないだろうか。

世論を超える

◉――指導者は時に多数の意見を超える知恵を生み出さねばならない

今川義元の率いる二万の大軍が押し寄せてきた時、織田家の重臣たちはみな籠城してこれを防ぐことを主張した。何しろ味方はわずか二千、まともに戦ってはとうてい勝ち目がないというわけである。

しかし信長は、そうした重臣たちの意見にもかかわらず、城を出て戦うことを決断し、ただ一騎馬を飛ばして打って出たのである。それがあの奇跡ともいえる桶狭間の勝利をもたらしたのであった。

なるほど城にこもって戦えば、ある程度はもちこたえることはできる。しかし、十倍もの敵を迎え、しかもこれといった援軍のあてもない状態では、それも一時のことで、しょせんは敗戦を免れ得ない。とすれば、座して死を待つより、十に一つ、百に一つの可能性であっても乾坤一擲《けんこんいってき》の勝負をいどむほかない。そういう道を選んで成功したわけである。

一般的にいって、指導者というものは世論というか多数の意見を大切にしなくてはいけないのは当然である。世論に耳を傾けず、自分一個の判断で事を進めていけば、往々にして独断に陥り、過ちを犯すことになってしまう。世論を聞き、世論に従うということが、指導者としてあやまりなきを期していく一つの大切な行き方であろう。

しかし、それはあくまで平常の場合のことである。平常時はそういうことで事を処して、まず大きなまちがいはないとも考えられる。けれども、非常の場合にはそれだけでは処し切れない面も出てくる。というのは、世論というものは、おおむね過去の常識なり通念の範囲を出ないことが多い。そうした常識とか通念といったものは、いわば衆知の所産であり貴重なものではあるが、非常の場合にはそういうものを超えた新しい発想、考えが求められるわけである。

だから、そういう時には、指導者は世論を超えて、より高い知恵を生み出さなくてはいけない。いいかえれば、形の上では世論を無視し、世論に反するようなことでもあえて行なわなくてはならない。信長はまさにそれをやったのである。もし信長が世論にとらわれ、それに従っていたら、あの勝利はなかったわけで、それを超えたところに彼の偉大な指導者たるゆえんがあるわけである。

常は世論を大切にし、尊重しつつも、非常の場合には、あえてそれに反しても、より正しいことを行なう、それができない指導者ではいけないと思う。

先見性

◉──指導者はつねに将来を予見して手を打たねばならない

戦国時代、各地に群雄が割拠して覇を競ったが、その中でも特に精強を誇ったのが、甲斐の武田勢であった。名将信玄によってきたえられた、武田の騎馬隊の強さは周囲の国の恐れるところであり、戦って負けを知らないという姿であった。その強さは、信玄が没し、息子勝頼の代になっても変わらぬものがあったが、それが長篠《ながしの》の一戦で織田、徳川の連合軍に大敗を喫し、それがきっかけとなって滅亡への道をたどるようになってしまう。

この長篠の合戦で、信長が用いた作戦は、五千丁もの大量の鉄砲を用意し、それを三手にわけて間断なく撃ち続けるというものであった。しかも、信長は自軍の前に無数のクイを打ち、それに縄をはりめぐらした。そのため武田の騎馬勢はそこで足をとられているところを一斉射撃にあい、ほとんど戦いらしい戦いもしないままに、多くの死傷者を出して惨敗してしまったのである。

これは個々の武将や士卒の強さでなく、完全に武器の差であろう。いくら武田の騎馬隊が強くても、敵陣に行くまでに撃たれてしまっては勝負にならない。結局、「これからは鉄砲の時代だ」ということを察知し、早くから準備していた信長の先見性が、戦う前から勝利を決定づけていたといえるのではないだろうか。

こうした先見性をもつということは、指導者にとってきわめて大切なことだと思う。先見性をもてない人は指導者としての資格がないといってもいいほどである。時代というものは刻々と移り変わっていく。きのう是とされたことが、きょうは時代遅れだということも少なくない。だから、その時代の移りゆく方向を見きわめ、変わっていく姿を予見しつつ、それに対応する手を打っていくということで、はじめて国家の安泰もあり、企業の発展もある。一つの事態に直面して、あわててそれに対する方策を考えるというようなことでは、ものごとは決してうまくいかない。

過去の歴史を見ても、一国が栄えている時は、必ずといっていいほど、それに先んじてその国の指導者の先見性が発揮されているように思われる。また、今日発展している企業を見ると、やはり経営者が先見性をもって的確に手を打っているようである。

時代はますますはげしくゆれ動き、千変万化していくだろう。それだけに指導者は心して先見性を養わなくてはならないと思う。

先憂後楽

◉――指導者はつねに人に先んじて発想しなくてはならない

〝堯舜《ぎょうしゅん》の世〟ということばがある。中国古代の伝説的な聖天子、堯と舜の治世で、理想的な社会のいわば代名詞である。

その堯がある時町に出てみると、一人の老農夫がこんなふうに歌っていた。

日出でて作《な》し　日入りて息《いこ》う
井を鑿《うが》ちて飲み　田を耕して食らう
帝力何ぞ我にあらんや

つまり、自分は朝になれば働き、夜になれば休む、水は井戸を掘って飲み、自分で田畑を耕して食べ物を得ている。帝王に何をお世話になっているだろうか、というわけである。それを聞いて、堯は自分の政治が非常にうまくいっていることを喜んだという。

この老人は、他に何の不安もなく自分の仕事に専念し、自分の生活を楽しんでいる。それは実は政治がそれほどうまくいっているからであるが、そのことすらも意識していない。そういう人民の姿を生み出すことが、帝王としての堯の理想であったのだと思う。

実際、人民が政治に関心をもち、君主なり政治家の存在を意識するのは、政治に問題があり、安心して暮らせない時であろう。政治が悪ければ悪いほど、政治に対する関心は高まらざるを得ない。もちろん、君主が政治を行なう場合と、今日の主権在民の時代の政治は同日の論ではないが、やはり、人びとが安心して自分の仕事、自分の生活に打ち込めるようにすることが大事なのは昔も今も変わらないと思う。そして、これは政治だけでなく、すべての指導者が心がけねばならないことである。

こうした姿を生み出すには、指導者にいわゆる先憂後楽の心がなくてはならない。先憂とは本来、人びとに先立って憂うということだが、これを広くとれば、つねに人びとに先んじてものを考え、いろいろ発想し、それに基づいて適切な手を打っていくということであろう。難局に直面してこれを打開していくところに、指導者の手腕が求められる場合もある。そういうことはもちろんきわめて大切であるが、より大事なのはできるだけそうした難局に直面せずにすむように、あらかじめいろいろと手を打っておくことであろう。

たとえば今日の企業の経営者でも、そのように人びとに先んじて発想し、手を打っていくことが求められている。そういうことの責任を自覚しない人は指導者として不適格だといえよう。

即決する

◉――指導者は即断即行を心がけなくてはならない

秀吉が柴田勝家と戦った、いわゆる賤ヶ岳《しずがたけ》の合戦の折、柴田側の大将佐久間盛政《もりまさ》は、秀吉が大垣に出兵している留守をついて、秀吉側の砦を奇襲してこれを落とし、非常な戦果をあげた。ところが、その報に接した秀吉は、ただちに決断し、全軍を急がせ、五十キロあまりの道をわずか半日ほどでとって返した。そして、秀吉の帰陣のあまりの早さにあわてる佐久間勢を追撃し、勢いに乗って一気に勝家の本陣をも攻め落として決定的な勝利をおさめたのである。

こうした秀吉の機敏さは、たとえば明智光秀を倒し、主君信長の仇を討った山崎の合戦にも見られる。本能寺の変が六月二日で、山崎の合戦は六月十三日、その間わずか十一日しかたっていない。しかも秀吉はその時、岡山で強敵毛利の大軍と四つに組んで対峙《たいじ》していたのである。新幹線ができ、電信電話のある今日ならともかく、すべて徒歩であった時代に、これは大変な早さだったといえる。事実、相手の光秀はもちろん、信長の家臣や盟友の徳川家康にいたるまで、だれ一人こうした秀吉の素早い行動を予想できなかったといわれている。

こうした他人の予測を超えるような機敏さ、いいかえれば決断と行動の早さというものが、秀吉をして数かずの大事な合戦に勝利をおさめ、天下をとらしめた一つの大きな要因ではないかと思う。

昔から〝兵は神速を貴ぶ〟ということばもある。また〝先んずれば人を制す〟ともいわれる。一瞬の勝機を的確につかむかどうかに勝敗の帰趨《きすう》がかかっている場合もある。そういう時にいたずらに躊躇逡巡《ちゅうちょしゅんじゅん》していたのでは機会は永遠に去ってしまう。だから、大将たるものは、即断即行ということがきわめて大事である。

これは何も戦《いくさ》にかぎらず、一国の運営、会社の経営でも同じことである。情勢は刻々と移り変わっていく。だから、一日の遅れが一年の遅れを生むというような場合も少なくない。決断もせず、実行もせずといった姿で日を過ごすことは許されない。

もちろん、熟慮に熟慮を重ね、他人の意見も聞いた上で決断し、しかもきわめて慎重に時間をかけて事を運ぶことが必要だという場合もあるだろう。だからそういうことは一面に十分に考慮に入れておくことは大切であるが、しかし大事にあたって即断即行できる見識と機敏な実行力は指導者に不可欠の要件だといえよう。

率先垂範

指導者は身をもって範を示す気概をもたなくてはならない

真理の探究とそれを人びとに説くことに生涯をささげた哲人ソクラテスは、彼の考えを危険視する時の政府によって、死刑の宣告を受けた。

その死刑の執行を前にして牢獄に日を送るソクラテスに、友人たちは逃亡をすすめ、実際にその手だてを計画した。ところがソクラテスは頑としてそれを拒否したのである。そしてこういったという。

「私はこれまでの半生を通じて、人びとに国法を守るように説いてきた。国法があやまっていたり不当なものである場合、それを言論によって改めることは大切だが、国法である間はそれに従わなくてはならない。そう説いてきた私が、今不正な目にあっているからといって、死を恐れ、自分の言を破ることはできない。人間にとって大事なのは、ただ生きることではなく、よく生きる、正しく生きることなのだ」

そして従容《しょうよう》として死刑の毒杯をあおいだというのである。

立派な教えを説くことは大事である。それによって人びとに正しい道を歩ませ、世の中をよりよいものにしていくのだから、うまずたゆまず説かなくてはならない。しかし、同時に大切なのは、それを身をもって実践し、範を示すようにつとめていくことである。〝百日の説法屁一つ〟というようなことわざもある通り、どんなにいいことを説いても、そのなすところがそれと反していたのでは、十分な説得力をもち得ない。

ソクラテスは、釈迦、キリスト、孔子とともに〝世界の四聖〟といわれている。それはもちろんその教えがきわめて高い哲理であるからでもあろう。それとともに、ソクラテスがみずからの教えを自分の命を捨て、身をもって範を示したことが、それを万古不易のものとしているのではないかと思う。みずからの教えに命をかけて殉じたその態度が粛然として人びとの胸を打ち、限りない尊敬の念を湧き立たせるのである。

指導者というものは、いろいろなかたちでみずから信ずるところ、思うところを人びとにたえず訴えなくてはならない。と同時にそのことを自分自身が率先実践することが大事であろう。もちろん、力及ばずして一〇〇パーセントは実行できないということもあると思う。というよりそれが人間としての常かもしれない。しかし、身をもって範を示すという気概のない指導者には、人びとは決して心からは従わないことを銘記しなくてはならないと思う。

大義名分

指導者はまず大義名分を明らかにしなくてはならない

近江の小谷《おだに》城主浅井《あざい》長政は、織田信長の妹婿で、大いにその信頼を得ていた。しかし、信長が浅井家と旧交のある越前の朝倉氏を攻めた時、突如兵を起こしてその背後をつこうとし、そのため信長は非常な窮地に陥り、木下藤吉郎の決死の働きなどで、辛くも京都へ戻ったのである。

この時に、浅井家の重臣の中には、「信長との姻戚関係は別としても、彼はつねに朝廷をいただき、天下万民のためという大義名分を唱えて戦っています。それに対して、ご当家のしようとしているのは、いわば小義の戦いです。もし朝倉家との旧交を捨てるにしのびないならば、むしろ朝倉家を説いてともどもに信長の公道に従うべきではないでしょうか」といさめる者もいたが、長政はそれを聞き入れなかったという。そして最後まで信長に敵対し、ついに滅亡してしまったということである。

浅井長政は、武将としては勇敢な人であり、終始堂々と戦って立派な最期をとげたといわれる。しかし、結局は周囲の諸国から孤立し、滅亡を招いたのは、その家臣が指摘したように、十分な大義名分というものをもたなかったところに大きな原因があるのではないだろうか。一方の信長は早くから、麻のように乱れた天下を統一し、朝廷を奉じ、万民を安んずることをめざしており、またそれを唱えていた。そうした大義名分が、戦国の世に疲れた人心の共感を呼び、家臣たちもそこに使命感というか働きがいをもって全力を尽くしたのだと思う。

信長にかぎらず、また日本だけでなく、古来名将といわれるような人は、合戦にあたっては必ず大義名分を明らかにしたといわれる。「この戦いは決してわれわれの私的な意欲のためにやるのではない。世のため人のため、こういう大きな目的のためにやるのだ」ということをはっきりと示し、人びとの支持を求め、部下を励ましたわけである。いかに大軍を擁しても、正義なき戦いは人びとの支持を得られず、長きにわたる成果は得られないからであろう。

そしてこれは決して戦《いくさ》の場合だけではないと思う。大義名分というといささか古めかしいけれど、事業の経営にしても、政治におけるもろもろの施策にしても、何をめざし、何のためにやるのかということをみずからはっきりもって、それを人びとに明らかにしていかなくてはならない。それが指導者としての大切なつとめだと思う。

大事と小事

●――指導者は基本を押さえ、あとは自由にまかせるようにしたい

名君として名高い岡山の藩主池田光政が若いころ、京都の名所司代とうたわれた板倉勝重を訪ねて、政治の要諦《ようてい》をたずねた。すると勝重は、「たとえば、四角い器に味噌を入れ、それを丸い杓子《しゃくし》でとるようにすることが大事でしょう」と答えた。光政が重ねて、「それでは、すみずみまでとれないではないですか」とたずねたところ、「そこが肝心です。あなたは聡明で、しかも熱意をもって政治にあたっておられ、国のすみずみまで立派にしたいとお考えでしょうが、あまりこまかいことまで気にしてはかえって国は治まらないと聞いています」といったという。

理想に燃える青年大名に対して、経験を積み、人情の機微を知り尽くした老練政治家の真実をついた忠言というところであろう。

〝千丈の堤も蟻の穴から崩れる〟ということわざもあるから、指導者たるものは決して小事をおろそかにしていいというものではない。たとえば会社の社長が、紙一枚ムダにした部下

を叱りつけるといったことも時には必要な場合もあろう。しかし、何から何までいちいち社長が「ああせい、こうせい」と口出ししていたら、みんなわずらわしくてしかたがないし、やる気をなくしてしまうだろう。第一、小さなところならともかく、大きな会社でそんなことをやっていたら体がいくつあっても足りない。

一国の政治でも同じことである。あれもこれもと考えて、法律をどんどんつくり、いわば網の目のようにびっしりはりめぐらして国民生活を規制したら、それでうまくいくかというと決してそうではない。それでは、国民は息がつまって、窒息同然になってしまい、さかんな活動というものは生まれてこない。

だから、小事をおろそかにしていいというわけではないが、小事にとらわれて、いわゆる重箱のすみをつつくようなことになると、かえって肝心の大事のほうが見失われてしまう。したがってやはり、大切なポイントだけをしっかりと押さえ、あとは自由にのびのびとやらせるということが必要だと思う。結局はそのほうが秩序も立ち、生き生きとした活動が起こり発展も生まれてくるといえよう。

もっとも最近は、こまかいところはもちろん、肝心の押さえるべきところも押さえず、放任放縦《ほうしょう》に堕していているような風潮も見られるようで、これではいけないのは当然のことである。

大将は内にいる

◉──指導者はできるだけ内にいて部下を使うことが大切である

富士川において、いわば戦わずして平家を破った源頼朝は、そのままみずから兵を進めて京都に進撃しようとした。しかし、部下の中に、まず関東の基盤を固めることが先決だとする意見があり、頼朝もそれに従って兵を戻した。そして、その後は自分はおおむね鎌倉にあって幕府の体制を整備し、木曾義仲や平家の追討には、弟の範頼や義経はじめ部下の部将を派遣してそれにあたらせたという。

実は私は、事業を始めて何年かたったころ、あるお坊さんから、「大将は内にいるものだ。外へ行くことは番頭にやらせなさい。それがいちばんいい姿だ」といわれたことがある。その時は、そんなものかと思っただけだったが、その後いろいろ経験を積んでみると、これはなかなか味わうべきことばではないかという気がするようになった。

最高指導者が内にいたほうがいいのか、それとも、外に出ていってみずから陣頭指揮をとったほうがいいのか、実際のところはなかなかむずかしい問題で、一概にその是非は論じられないと思う。ある場合にはやはり大将が率先第一線に出ていくことが必要であろう。桶狭間の織田信長のごときはその典型的な例である。

しかし、概していえば、やはり大将は内にいて、部下を外に派遣して事にあたらしめるということのほうが、よりスムーズに運ぶのではないかと思う。聞くところによると、中国の毛沢東主席は若い時に一度海外に出たきり、あとは中国を離れたことがないという。外国へ出るのは、周恩来首相以下の人びとである。そのような姿において、ああした広大な領土と八億（昭和五十年当時）という世界一の人口をもち、しかも開発途上にある中国を、いろいろ問題があるにせよ、ともかくも一つにまとまった姿で治めているわけである。そういったところにも、指導者のあり方に対する一つの示唆が得られるのではないだろうか。

特に今日はいろいろと文明の利器も発達してきている。だから、たとえば会社の社長でも、居ながらにして、全国どころか全世界の支店なり出張所にでも電話などで指示ができるし、情報を集めることもできる。だから、何か事ある時には、みずから陣頭に立つ心がまえはもっていなくてはならないが、原則としては指導者は内にあって、外の仕事は部下にさせるということも一面に考える必要があると思う。

大将は大将

◉——指導者は指導者としての主座を保っていなくてはならない

前田利家の所領にある末森城を佐々成政《さっさなりまさ》が大軍をもって囲んだという知らせが入った時、利家はすぐさま救援のため出陣しようとした。その時一人の家臣が、「占いの上手な山伏がいるので、出陣の吉凶を占わせましょう」とすすめた。利家も一応それに従ったが、山伏がやってきて書物をとり出し、筮竹《ぜいちく》で占おうとすると、「自分は卦《け》がどうあろうと出陣する決意をしているから、そのつもりで心して占え」と申しつけた。するとその山伏は、即座に書物を懐にしまい、「きょうは吉日で、しかも今が吉時でございます」と答えたので、利家も「お前はまことに占いの上手だ」と喜び、勇んで打ち立って、勝利を得たという。

これが大将というか指導者のあり方だと思う。指導者にとって、部下なり他の人のことばに耳を傾けることはきわめて大切である。また、ある場合には、この利家の占いのように、一つの神秘性をもった権威を活用して、士気を鼓舞するということも大いにあっていいと思う。しかし、どんな時でも、自分みずから〝このようにしよう〟〝こうしたい〟というもののはもっていなくてはならない。そういうものをもった上で、他人の意見を参考としてとり入れたり、占いのようなものを活用することが大事なのであって、自分の考えを何ももたずして、ただ他人の意見なり、占いの結果に従うというだけなら、指導者としての意味はなくなってしまう。

昔から、大将にはおおむね軍師というものがついている。そういう軍師をもつことによって、成功をおさめた大将は少なくない。しかしその場合も大事なのは、最後の決定は大将がするということである。軍師の意見を聞くことは大いにあっていい。しかし、その意見を用いるか用いないかは大将が決めるべきであって、何もかも軍師のいう通りになっていたのではいけないのである。意見を用いないのなら軍師は必要ないではないかという見方もあろうが、そうではない。結果的にそれを用いないとしても、その意見を聞くことによって、より周到な配慮もでき、それだけ万全の準備ができやすいわけである。

要は指導者としての主体性というか主座というものをもたなくてはいけないということである。そういう指導者としての主座をしっかりと保ちつつ、他人の意見を聞き、ある種の権威を活用していく。そういう指導者であってはじめて、それらを真に生かすことができるのだと思う。

大所高所に立つ

●——指導者には大局に立ち小異を捨て大同につく心がまえが大切である

明治維新は近代日本誕生の一大ドラマだともいえるが、何といっても最大のヤマ場は江戸の無血開城であろう。もし、この時に両軍が一戦をまじえていたら、その犠牲ははかりしれないばかりでなく、その後の日本の歩みというものもあり得たかどうかわからない。

この時の立役者はいうまでもなく、勝海舟と西郷隆盛である。互いに尊敬し、信頼しあうこの二人の大人物を国家の一大事に際して得たことは、日本と日本人にとってまことに幸せだったといわねばならない。

当時、官軍にも旧幕府側にも、戦いを主張する人は少なからずあった。また、それぞれに勝算をもっており、実際に戦えば勝敗の行方はなお予断を許さないものがあったようである。しかも、官軍にはイギリスが、旧幕府側にはフランスがそれぞれ力をかそうとしていた。まことに複雑な情勢であった。

だから、もしこの時期に、両者が、官軍としての権威とか、一徳川家の将来ということだけにとらわれていたら、その交渉は決裂し、それぞれが強大な外国の武力を背景に徹底的に争うことになったかもしれない。

しかし、勝海舟も西郷隆盛も、そういうことを決して軽視はしなかったけれども、それ以上に、日本の将来ということを深く考えたわけである。当時アジアの諸国は続々と欧米列強の植民地と化しつつあった。だから、もし日本人同士が国内において争えば、どちらが勝っても国は乱れ、疲弊し、外国の乗ずるところとなって、ついには滅びてしまうかもしれない、それは何としても避けねばならぬ、今はお互いに小異を捨て大同につくべき時だ、そう考えたわけである。そういう両者の一致した思いが、江戸無血開城を可能にしたのだと思う。

もちろん、そういった思いは、この二人だけでなく、当時の心ある人びとの多くがひとしく抱いていたものであろう。そういう思いが、多少の曲折や争いはあっても、あの維新の大業を比較的スムーズに遂行せしめ、近代日本を誕生せしめたのだと思う。

結局、指導者が目先のこと、枝葉末節にとらわれず、大所高所からものを見、大局的に判断することが、いかに大切かということである。何がいちばん大事であり、何が真に正しいか、そういうことをたえず自問自答し、見きわめつつ、大局的な見地に立って、小異を捨て大同につく、それが指導者としてきわめて大切な心がまえだと思う。

正しい信念

◉――指導者は何が正しいかを考えつつ信念を養い高めなくてはならない

ケネディがアメリカ大統領だった時に、ソ連がキューバにミサイル基地をつくりかけたことがあって、それが九〇パーセント近く完成したころにアメリカの知るところとなった。その時ケネディは、ソ連の当時のフルシチョフ首相に、「アメリカの目と鼻の先にあるキューバに基地をつくられては、アメリカ国民としては非常に不安であり、困る。だからこれを撤去してもらいたい」と申し入れた。さらに、「もし、あなたのほうでいついつまでに撤去されないのであれば、アメリカの手でみずから行ないます」ということを断固として伝えた。その結果、いろいろないきさつはあったのだろうが、フルシチョフも「自分のほうで撤去しましょう」ということになったのである。

これがいわゆるキューバ危機であるが、この折ケネディは、場合によっては一戦も辞せずという覚悟で、艦隊を出動させ海上封鎖を行ない、臨戦態勢までとった。しかし、結局、戦争にはならず、アメリカは一兵も損せずしてミサイル基地の撤去に成功したのである。

これはやはり、ケネディ大統領の決意がきわめて強かったからであろう。そしてその決意は、何が正しいかということを考え、それを信念をもって行なうというところからきているのだと思う。「キューバにミサイル基地ができれば、アメリカの国家と国民の安全は根本からおびやかされる。これは断じて許すことができない」ということから、場合によっては武力行使も辞せずという強い信念が生まれてきたのだろう。その信念がさすがのフルシチョフをも動かし、基地撤去となったのだと思う。

もちろん、そうした信念の背景にはアメリカの強大な軍事力があるのはいうまでもない。それなくして、「撤去してくれ」といっても、無視されるのが関の山だろう。しかし、ソ連もアメリカに劣らぬ強国である。武力だけではおいそれとはゆずらないだろう。やはり、何が正しいかということに立った強い信念とあいまって、はじめて軍事力がものをいったのだと思う。そういうものなしの武力が必ずしも真の力を発揮できないことは、その同じアメリカがソ連よりはるかに弱小国といえる北ベトナム相手に、大きな犠牲を払いながら、ついに勝利を得ることができなかったのを見ても明らかである。指導者にとって正しい信念ということがいかに大切かがわかると思う。

ダム経営

●指導者はあらゆる面にダム経営を心がけることが大切である

上杉治憲《はるのり》、のちの鷹山公《ようざんこう》が十七歳で米沢十五万石の家督をついだ時、藩の財政は窮乏のドン底にあった。彼が相続する前の大飢饉《ききん》に際しても、藩として領民救済のすべもなく、多数の餓死者を出すという悲惨な事態になってしまっていた。

そこで治憲はみずからも率先節約の範を示しつつ、家中に大倹約令を出すとともに、有為の人材を抜擢して殖産興業をはかり、また不時にそなえて、救荒米《きゅうこうまい》の備蓄につとめた。

その結果、十年ほどのちには備荒倉《びこうそう》に米が満ちるようになり、天明《てんめい》三年、浅間山の噴火による奥羽地方の未曾有の大飢饉に際しても、米沢藩では、先の悲惨な姿をくり返すことなく切りぬけ得たという。この後殖産興業もしだいに実り、かつては数百万両の借財にあえいでいたのが、ゆとりある財政となり、治憲は江戸時代の代表的名君の一人として長くその名をたたえられている。

治憲のしたような救荒米の備蓄というものは、名君といわれる領主は多くやっているようである。これはいわば一つのダム経営というものではないかと思う。河川の水を流しきりにせずに、ダムを建設して、水の多い時はこれをたくわえ、乾期に放流して水量の調節をはかり、さらにはそれを発電とか灌漑《かんがい》に利用している。そうした考え方は、国家の運営なり、企業の経営、その他社会、人生の各面に応用できるものであり、そうすることによってその時どきの情勢に左右されない堅実にして安定的な発展を生み出すことができる。だから、特に指導者はこうしたダム経営を心がけなくてはならないと思う。

ダム経営というのは、いいかえればある程度のゆとりをあらかじめもつということである。企業の経営であれば、百の資金が必要な場合は百十の資金を用意する。これが資金のダムである。あるいは設備は九〇パーセントの稼働率で適正な採算がとれるようにして、一〇パーセントの余裕をもつことによって、需要が急にふえても支障なく供給できるような設備の面でのダムをつくる。さらには、つねに適量の在庫をもって、製品のダムとするなどが考えられよう。そういうことが、景気、不景気に左右されない安定経営を生むことになる。

それと同じようなことが、国家経営、自治体、各種団体の経営にも要求されてくると思う。そしてそういうことをしていくためには、まず指導者が自分の心のうちに、いわば心のダムというものを築くことが肝心ではないかと思うのである。

調和共栄

●指導者は人間みな兄弟の思いをもたなくてはならない

四方《よも》の海みなはらからと思ふ世に
など波風のたちさわぐらむ

明治天皇の有名な御製《ぎょせい》である。天皇がこれを詠まれたのは明治三十七年のことであるから、ちょうど日露戦争の年になる。そのように国同士が銃火をまじえて戦わんとしている時に、当時のわが国の名実ともの最高指導者であった明治天皇がこうしたお歌を詠まれたということを、お互い日本人は銘記しておかなくてはならないと思う。

つまり、ロシアと戦いはしたが、明治天皇のお気持ちとしては、いささかも相手憎しというようなものはないのである。不幸にして、やむにやまれぬ理由から敵味方とわかれて一戦をまじえることになってしまったが、ほんとうはお互いに同じ人間として兄弟のごときものであり、調和共栄していくべきものであるということがお心のうちにあったのだと思う。

そして、これはひとり明治天皇のお心であるだけでなく、いわば日本の伝統精神だと思うし、さらに広く考えれば、人間共通の思いであり、願いであると思う。

しかし、ひるがえって今日の社会なり世界というものを見る時、こうした日本の伝統精神なり、人間共通の願いに反した姿のなんと多いことだろうか。それはまさに、〝四方の海みなはらから〟であることを忘れた姿だといわなくてはならない。

だから、世の指導者の人びとは、今こそこの〝みなはらから〟という思いに立ち返る必要があると思う。そして、兄弟としてどうあるべきかということを考えなくてはならない。

すべての指導者がそういう思いに徹し、そのように行動していったら、この世の中の争いはほとんどなくなっていくであろう。経済界の過当競争もなくなるし、労使がツノつき合わせて相争うということもなくなる。政党同士もいたずらに対立に終始することなく、国家国民のために協調していくことになる。そして何よりも、非常に大きな不幸の原因である戦争というものが、この世界からしだいに姿を消していくのではないだろうか。

もちろん、明治天皇がこういうお心であっても、なおその御代《みよ》に二度の大きな戦争があったのだから、実際に調和共栄の姿を実現していくことはきわめてむずかしい。しかしそれだけに、指導者は、この〝みなはらから〟の思いを強くもたなければならないと思うのである。

使われる

◉――指導者は一面部下に使われるという心持ちをもたねばならない

北条氏康《うじやす》は、早雲《そううん》の孫にあたる戦国の武将だが、父祖の業績をついで、ついに関八州《かんはっしゅう》を平定した。彼はよく民を治めるとともに、戦って百戦百勝という、いわゆる文武両道に秀でた名将であった。

その彼が隠居して息子の氏政《うじまさ》に家督をゆずったのち、ある時氏政に、「お前は国をゆずられて、今何を楽しみとしているか」とたずねた。それに対して氏政が、「部下を選び、その能力を判断することを楽しみとしています」と答えたところ、氏康は、「それはけっこうだ」といったあと、「が、しかし」といって次のようなことをつけ加えたという。

「大将として部下を選ぶのはふつうのことだ。けれども、部下が大将を選ぶ時もある。日ごろ部下を愛し、民をいつくしまないと、一朝事あった場合は、他に名君良将を求めて去っていってしまう。だから大将たるものは、つねにそのことを心がけなくてはいけない。富貴の家に生まれ、不自由なく育つと、そういうことがわからなくなるから、お前も十分心しなくてはいけない」

不幸にして氏政はせっかくの父の教えを十分には生かせず、またその子氏直《うじなお》もいわゆる小田原評定といったようにいささか優柔不断なところがあって、ついに秀吉の軍門に降《くだ》るにいたるのである。しかしながら、秀吉の大軍相手に半年の籠城にたえ、しかもその間よくありがちな裏切り者は少なく、そして氏直が許されて高野山に赴いた時も、命を捨ててもこれに従おうという者がきわめて多かったという。それだけ人材が育っていたわけで、それはやはり早雲以来、特に氏康の代に培われたものが大きかったのであろう。と同時に、そうしたせっかくの人材も、大将に人を得なくては十分に生かされないということでもあると思う。

実際のところ、形の上では一般に指導者が人を使って仕事をしているように見えるが、見方によっては指導者のほうが使われているのだともいえる。だから、口では「ああせい、こうせい」と命令しても、心の奥底では、「頼みます」「お願いします」、さらには「祈ります」といった気持ちをもつことが大事だと思う。そういうものをもたずして、ただ命令しさえすれば人は動くと思ったら大変なまちがいである。こうした心境があって、はじめて部下に選ばれる大将になり得るのである。

特に大きな組織、集団の指導者ほど、この心がまえに徹することが必要だといえよう。

適材適所

◉──指導者はそれぞれの人の持ち味を考えて用いることが大切である

徳川八代将軍吉宗《よしむね》は、いわゆる享保《きょうほう》の改革によって、乱れかけていた社会を正し、家康の再来とも、徳川幕府中興の祖ともいわれた名君である。吉宗は、非常に思い切って人材を抜擢した。有名な江戸町奉行大岡越前守もその一人で、彼が伊勢山田奉行だった時、その裁きがまことに公明正大だったのを、当時紀州藩主だった吉宗が見ており、将軍就任と同時に登用したということである。

もっとも、吉宗以前の将軍も、たとえば五代綱吉における柳沢吉保《よしやす》のように、人材をとり立てていないわけではない。しかし、それはどちらかというと、ごく一部の人を〝寵臣《ちょうしん》〟というかたちで重用した傾向があるようで、その点吉宗の場合は、大岡越前守にかぎらず多くの人材をすべて人物本位、能力本位に登用しているところに大きなちがいがあるといわれている。いわゆる適材適所を心がけたわけで、それが吉宗の政治を封建時代にあって非常に新鮮なものにし、また成果も多いものにしているのだと思う。

人間は一人ひとり精神的にも肉体的にもみなちがっている。それぞれにちがった才能、異なった持ち味をもっている。だから、そのそれぞれに適したところにつけることによって、その人の持ち味が生かされ、その力がいちばんよく発揮されることになる。そういう意味で、適材適所は、その人を生かし、幸せにすることになるわけだが、それだけではない。適材が適所につくことによって、その職責が最もよく果たされるから、それは他の人びと、ひいては全体としてもプラスになるのである。いってみれば、大岡越前守が江戸町奉行になったことにより、彼自身も生かされ、また江戸の人びとも非常な恩恵を受けたわけである。

だから、適材適所によって、自他ともの幸せが生まれてくるともいえよう。したがって、指導者は人を用いるにあたっては、それぞれの人の持ち味というものを十分に考え、適材適所をつねに心がけなくてはならない。

それとともにまた、指導者みずからがはたして適材であるかどうか、自分より以上の適材はないかということもたえず自問自答しなくてはならない。一兵卒が適材適所を欠いたとしても影響するところは小さいが、大将が適材でなかったら、これは全軍の敗退ということになってしまう。そのような意味において、指導者はつねに自他ともの適材適所ということを考えることが大切だといえよう。

敵に学ぶ

◉――指導者は競争相手にも学ぶ心がまえが大切である

徳川家康は〝海道一の弓取り〟といわれたように、戦《いくさ》の名手で、ほとんど戦って負けを知らない人である。秀吉でさえも、小牧《こまき》・長久手《ながくて》の合戦では、局地戦において一敗地にまみれている。が、その家康にして完敗を喫したのが武田信玄であった。三方ヶ原《みかたがはら》の合戦がそれで、彼我《ひが》の軍勢にも差があったとはいえ、名人芸ともいえる信玄の戦いぶりの前に、善戦むなしく家康自身が九死に一生を得るといった姿で打ち破られたのである。

ところが、それから間もなくして、信玄は陣中に没してしまった。それを聞いた家康は家臣にこういったという。

「まことに惜しい人を亡くしたものだ。信玄は古今の名将で、自分は若い時からその兵法を見習ってきた。いわば私の師ともいえる。その上、隣国に強敵があれば、政治でも軍事でも、それに負けないようにと心がけるから、自分の国もよくなる。そういう相手がいないと、つい安易に流れ、励むことを怠って弱体化してしまう。だから、敵ではあっても信玄のような名将の死は、まことに残念であり、少しも喜ぶべきことではない」

さすがに家康という人は、天下をとるだけあって、ものの見方が卓越している。非常に強力な敵が隣国にいて、つい先ごろその相手に散々に負かされたばかりである。その強敵が突然に死んだのだから、手を打って喜びたいところである。しかし家康は、そんな目先のことだけでなく、もっと大きな観点から、信玄を自分の師とも励みとも受けとり、だから信玄のような相手がいてくれることが、自国の長久の基礎をつくるのにプラスになると考えたわけである。

今日、たとえば企業などにおいて、非常に力もあり、立派な経営をしている相手と競争していくというような場合、ともすれば、困った、大変だと考えがちではないだろうか。しかしこれを家康のような見方に立てば、「相手の経営のいいところは大いにとり入れてやろう。また、こういう相手と競争していくのは一面大変だけれども、同時に非常な励みにもなる。結局自分のところの発展のプラスになるのだ」と考えられるのではないだろうか。そうなれば、相手のよさも素直に吸収でき、さらに心ものびのびとして、相手に負けないような知恵も出てくるかもしれない。

家康という人は素質ももちろん立派だったのだろうが、そういう、敵からも学ぶといったところに大をなした一つの要因があるのではないかと思う。

天下のもの

●——指導者はものごとを公の立場で考えなくてはならない

明智左馬介光春《あけちさまのすけみつはる》が、坂本城で秀吉の軍勢に囲まれていよいよ最期という時に、城内にあった数かずの秘蔵の名器を滅ぼすにしのびないといって、城外につりおろし、寄手《よせて》にことづけた。吉川英治氏の『新書太閤記』には、光春が寄手の大将堀監物《けんもつ》に、「それがしの思うところは、かかる重器は、いのちあって、持つべき人が持つあいだこそ、その人の物なれ、決して、わたくしの物ではなく、天下の物、世々の宝と信じ申す。——人一代に持つ間は短く、名器名宝のいのちは世々かけて長くあれかしと祈るのでござる。これを火中に滅すのは、国の損失、武門の者の心なさを、後の世に嘆じられるを口惜しと、かくはお託し申す次第」と伝えている光景が描かれている。

こうした光春の態度には、秀吉も、「かつて松永弾正《だんじょう》が信貴山《しぎさん》の城滅亡の日、秘蔵の平蜘《ひらぐ》蛛《も》の茶釜を他人の手に渡すのは惜しいと砕いたのとは天地のちがい。心の涼しさ、天晴《あっぱれ》というか、惜しい侍であった」と賛嘆を惜しまなかったという。

今日、もろもろの財貨にはすべて持ち主がある。これはだれだれの所有であるということが決まっており、それは法律でも保証されている。しかし考えてみれば、それらは形の上では個人のものであっても、本質的には光春のことばにあるようにすべて、世のもの、天下のものではないだろうか。

たとえば企業というものを考えてみれば、一定の資本を集め、土地を占有し、物資を使い、人を使って事業を営んでいる。それらは形の上、法律の上では、個人のものであり、企業のものであるかもしれない。しかし、資本にしろ、土地にしろ、物資にしろ、人にしろ、本来は私《わたくし》のものでなく、天下のものである。ただ、それをよりよく活用することにより社会にプラスをもたらすために、便宜的に形の上で私有ということが許されているわけである。これは何も企業にかぎらず、すべてのことについていえるであろう。

指導者はそのことをよく知らなくてはいけないと思う。何ごとも天下のもの、公《おおやけ》のものなのであり、したがって自分のなすところは本質的にはいわば公事である。この自覚が大切だと思う。

中国では、その昔の聖天子堯《ぎょう》がやはり聖天子の舜《しゅん》に国をゆずったといわれているが、孟子はこのことについて、「これは堯が舜に与えたのではなく、天が舜をして天下を治めしめたのだ」といっている。指導者として味わうべきことばではないだろうか。

天地自然の理

◉指導者は天地自然の理を知り、これに従うことが大切である

老子のことばに、「侯王がよく道を守れば、すべてのものごとはおのずとうまくいくだろう」という意味のものがあるという。老子のいう〝道〟とは、いわゆる道義道徳ではなく、もっと広い〝自然の摂理〟というか〝天地自然の理〟といったもののだそうだから、要するに、指導者が天地自然の理に従った行ないをすれば、すべてがうまくいくという意味であろう。

これは全くその通りだと思う。この宇宙には大きな天地自然の理というものが働いており、万物はそれに従ってそれぞれの営みをしている。人間もその例外ではない。ただ人間は他の万物にはない知恵才覚に恵まれており、それによって、すぐれた文明、文化というものを築きあげてきている。

そうした文明、文化というものは、ちょっと考えると人間が自分の力だけでつくりあげたもののようだが、実際はそうではない。もともと大自然の中に仕組まれていたというか存在

していたものをみつけ出し、活用したにすぎないのである。いいかえれば、天地自然の理に従い、これを人間の共同生活の上に具現したものが文明であり、文化なのである。

ところが、人間はそのことを忘れて、すべてを自分の力でやったように考えてしまう。そこから、往々にして小さな人知だけにとらわれて、天地自然の理に反するような考え方や行ないをしがちである。人間社会の不幸とか争いといったものは、結局すべてそうしたところから起こるといっていいだろう。だからこそ、お互い人間、特に指導者は、天地自然の理というものを知って、これに従うことが大切なのである。

天地自然の理に従うというのは、平たくいえば、あたり前のことをあたり前にやることである。卑近な例でいうと、〝雨が降れば傘をさす〟ようなものではないかと思う。雨が降っても、傘があればぬれずにすむ。きわめてあたり前のことである。そのあたり前のことを怠りなくやっていけば、失敗は少なくなり、成功、発展の道を歩むことができる。

事業経営であれば、いいものを開発し、安く売り、しかも適正な利潤を確保する。さらに集金はきっちりやる。それだけのことで、原則は別にむずかしいことでもなんでもない。

しかし、これを実行していくことはなかなかむずかしい。人間はとかく自分の意欲や感情にとらわれて、そのあたり前のことを見忘れてしまう。それだけに指導者たるもの、天地自然の理に従うことを銘記しなくてはならないと思う。

天命を知る

●指導者は自分の力を超えた運命というものも考えてみたい

孔子が諸国を旅して、匡《きょう》というところへ来た時、人ちがいから、そこの人びとにとり囲まれ、危害を加えられそうになった。その折に不安におびえる弟子たちに、孔子はこういっている。

「現在、古《いにしえ》の聖人の道を受けついでこれを世に広めようとしているのは私である。そしてそれは天命である。天が私をして道を伝えしめているのであって、天が道を滅ぼそうとしない以上、匡の人が私をどうこうできるものではない。だから決して心配はいらない」

天命とか運命といったものがあるかないかというのは、まことにむずかしい問題である。科学的に証明できるものではないから、そんなものはないという見方もできるし、そう考える人もいるだろう。しかし、孔子はそういうものがあるとして、自分は五十歳にして天命を知ったとはっきりいっているのである。

つまり、孔子は古の聖人が説き、実践した正しい道というものを研究し、それを現世に生かし、後世に伝えることを生涯の仕事としたが、それは単に自分一個の意志や考えでやっているのではなく、それを超えたもっと大きな力、すなわち天命によって、いわばやらされているのだと考えたわけである。そこに孔子の非常な強さがあるのだと思う。

人間は自分の考え、自分の意志だけで事をなしていたのでは、いかにそれが正しいことでも、周囲の情勢などによって動揺したり、迷ったりしがちである。しかし、自分がこれをやっているのは、一面自分の意志でやったことだが、それだけではない、大きな運命のめぐりあわせによってそうなったのだ、だからこれはいわば自分の天命だと考えるならば、そこに一つの安心感が湧き、少々のことでは動じない度胸といったものも生じてくるのではないかと思う。

考えてみれば、お互いが人間として生まれたことも、この日本の国に生まれたことも、自分の意志ではない。だからこれを一つの運命と考えてもいいと思う。そのような意味において、指導者としての立場に立ち、ある種の責任を課せられるということの中にも、自分の意志で進んだというほかに、世の動き、時の動きといった運命的なものが働いているという見方もできると思う。

理屈で割り切れることではないが、そうした天命とか運命といったものを考えることによって、そこに指導者としての強い信念を養っていくことも大切ではないだろうか。

徳性を養う

◉──指導者に徳があってこそ、はじめてもろもろの力が生きてくる

大東亜戦争が終わった時、当時の中国国民政府の蔣介石主席は、〝怨みに報いるに徳をもってする〟ということを声明し、日本に対して報復的なことや賠償の要求をしなかった。これはお互い日本人としてはまことにもって多としなければならないところであると思う。

このことはもともと中国の昔の聖人である老子のことばだという。それが二千五百年にわたって中国では、指導者としての一つの心がまえとされ、よき伝統となっていたのであろう。たとえば諸葛孔明《しょかつこうめい》が辺境の蛮族を帰順させるのに、単に武力をもってするのではなく、七たび捕えて七たびこれをはなち、ついに完全に心服せしめたというような話も伝えられている。そうした中国のよき伝統を蔣介石主席みずから実践したのだと思うが、これは指導者にとってきわめて大事なことだと考えられる。

というのは、人間が人間を動かすことは、実際はなかなか容易ではない。力で、あるいは命令で、あるいは理論で動かすということも、それはそれでできないことではない。「これ

をやらなければ命をとるぞ」といわれれば、たいていの人は命が惜しいから、不承不承でもやるということになるだろう。しかしいやいややるのでは、何をやっても大きな成果はおさめられない。

やはり、武力とか金力とか権力とか、あるいは知力といったものだけに頼っていたのではほんとうに人を動かすことはできない。もちろんそれらの力はそれなりに有効に活用されるべきではあろうが、何といっても根本的に大事なのは徳をもって、いわゆる心服させるということだと思う。

お釈迦様は偉大な徳の持ち主で、その徳の前には狂暴な巨象までひざまずいたといわれるが、そこまではいかなくても、指導者に人から慕われるような徳があってはじめて、指導者のもつ権力その他もろもろの力も生きてくるのだと思う。

だから、指導者はつとめてみずからの徳性を高めなくてはならない。指導者に反対する者、敵対する者もいるだろう。それに対してある種の力を行使することはいいが、それだけに終わっては、それがまた新たな反抗を生むことになってしまう。力を行使しつつも、そうした者をもみずからに同化せしめるような徳性を養うため、つねに相手の心情をくみとることにつとめ、自分の心をみがき高めることを怠ってはならないと思う。

独立心

◉──指導者は自他ともの独立心の涵養を心がけねばならない

鉄鋼王といわれたカーネギーが成功の秘訣をたずねられた時に、こういうことをいったという。

「それは、まず貧しい家に生まれることである。というのは、この社会の荒波に身を投ずるにあたっては、やはり自分の力で泳ぎ切る覚悟がなくてはならない。最初は一個の浮袋、一個の救命具、一粒の食物といえども携帯せずに進まなくてはいけない。さもないと依頼心が起こってくる。大切なのは独立心だが、貧しい家の子は、最初からそういう境遇にあるわけで、むしろ金持ちの子ははなはだ不幸だといえる」

貧困な移民の家庭の子として、使い走りから身を起こし、巨万の富を築きあげたカーネギーが自分の体験を通してつかんだことだと思う。

実際、何ごとをなすにあたっても自主独立の心をもたず、他をあてにし、他に依存していたのでは真の成功はおぼつかないだろう。個人はもちろん一つの会社でも、他の金をあてにし、他の技術をあてにしてみずからをたのむところが少ないようでは堅実な発展はあり得ない。一国にしても同様で、他国の金、他国の資源、他国の善意といったものに依存して国家の存立をはかろうとすれば、その基盤はきわめて脆弱《ぜいじゃく》なものになってしまうだろう。いわゆる石油危機の時に、日本の国が政府も企業も一般国民も国をあげてあわてうろたえ、非常な混乱を招いたのも、お互いの間にいつの間にか自主独立の気風がうすれ、依存心が高まっていたからにほかならない。それは、隣邦中国が自主独立、自力更生の国是をかかげ、いまだ貧しいとはいえ力強い着実な歩みをしているのといささか対照的である。

だから、指導者はまずみずから自主独立の精神を養い、しっかりともたねばならない。それと同時に、人びとにもその独立心を植えつけていかなくてはならない。いかに指導者一人が自主性をもっても、人びとがいたずらにその指導者に依存していたのではいけない。

明治の先覚者福沢諭吉は、「独立の気力なき者は国を思うこと深切ならず」と喝破《かっぱ》している。独立心なき者が何千人、何万人集まったとて、それはしょせんいわゆる烏合《うごう》の衆にほかならない。国だけではない。会社でも社員に独立心がなければ、同じことである。

独立心の涵養《かんよう》こそ、その会社、その団体、その国家の盛衰を左右する重大なカギであることを指導者は知らなくてはならない。

とらわれない

◉――指導者は何か一つのものごとにとらわれてはならない

徳川の時代も末になると、指導階級である武士たちも、長年の太平になれ、かつてのような尚武の気風がうすれてきた。長州藩でも、攘夷《じょうい》の旗印をかかげながら、ひとたび外国の攻撃を受けると、「武士というものは、あのように弱くなり役に立たなくなってしまったのか」と農民、町人が嘆くような惨憺《さんたん》たる有様を露呈してしまった。

そういう時に、高杉晋作は、奇兵隊というものを創設し、志あり力量ある者ならば身分を問わないということで隊員を募集した。その結果、下層の藩士はもちろん、農民、町民、猟師などで入隊する者が相次いだ。そして、その隊士たちに厳重な規律を課し、きびしい訓練を行なった結果、第二次長州征伐において、この奇兵隊は武士ばかりからなる幕府軍を各地で打ち破り非常な戦果をあげたのである。

いかに太平になれて武士が柔弱になっていたといっても、戦《いくさ》は本来武士が行なうものということは、当時としてはいわばぬきがたい常識であったと思う。現に明治に入って、はじめて徴兵制がしかれ、一般庶民による軍隊がつくられることになった時、非常な危惧《きぐ》と反対があったといわれている。明治に入ってからでさえそうだとすれば、それより十年近く以前、まだ時代の行方もわからない時にあっては、思いもよらないことだったと思う。

それをあえてやったというのは、高杉晋作が、当時の世界の情勢、外国の軍隊のあり方を見、また日本の姿を見て、これまでの固定観念にとらわれずに、いかにあるべきかということを考えたからであろう。そうしたとらわれない見方に立つと、もうこれからは今までのように武士を中心にしていたのではやっていけない、もっと広く有為の人材を集めなければならない、ということになったのだと思う。

人間というものは、ともすれば一つの考えにとらわれがちである。特に過去の常識とか通念というものからなかなか離れられないものである。しかし、時代は刻々と移り変わっていく。きのう是とされたことが、きょうもそのまま通用するとはかぎらない。

だから、指導者は、過去の常識、固定観念、そのほか何ものにもとらわれることなく、つねに新しい目でものごとを見ていくように心がけなければならない。そして、そのとらわれない心で次つぎと新たな発想をしていくところに、進歩も発展もあるのだと思う。

努力する

◉指導者は徹底した努力こそ成功の要諦《ようてい》であることを知らねばならない

発明王エジソンは、ある時その天才をたたえられたのに対してこういったという。

「天才とは、一パーセントの霊感と九九パーセントの汗のことである」と。

白熱電球、蓄音機、活動写真その他数かずの画期的な発明をなしとげたエジソンを天才と呼ぶことに躊躇《ちゅうちょ》する人はだれもいないだろう。そうした発明は、われわれの目から見れば天才的頭脳の所産としか思えないすばらしいものばかりである。しかし、エジソン自身は、それは決して先天的なものではなく、汗すなわち努力の所産だといっているのである。

実際、彼がいかに努力家、勉強家であったかを示す話は枚挙にいとまがないくらいである。ひとたび実験にとりかかれば、文字通り寝食を忘れ、時間を超越してそれに没頭した。「成功の秘訣は」と聞かれて、「時計を見ないことだ」といったとも伝えられている。だからまた、夜が来て暗くなり実験に支障が出るのを非常にきらい、それが電灯を発明する大きなきっかけになったともいわれている。知的障害児[3]と思われ、小学校を退学させられたエジソンが発明王といわれるまでになったのは、やはりそうした努力につぐ努力の結果だろう。

われわれは、ともすれば自分の才能の不足を嘆いて、事の成就しないのをそのせいにしたりする。たしかに素質とか才能といったものは一面非常に大事であろう。たとえば相撲などでも、やはり横綱になるほどの人はそれなりに恵まれた素質をもっているように思われる。しかし同時に、あたら立派な素質をもち、将来の横綱と期待されながら、それほどの成績をあげ得ずに終わる人も少なくない。そしてその原因は往々にして十分な稽古をしないこと、いいかえれば努力の不足にあることが指摘されている。

だから個人としてももちろんだが、特に指導者は、素質、才能の不足をいう前に、どれだけの努力をしたかをまずみずからに問うことが大事だと思う。エジソンのいうように、霊感すなわち、ひらめきというか発想ということも大事であろう。そういう発想なくしては何ものも生まれてこない。しかしどんなすぐれた発想をしても、ただ座して待っていたのではそれは生きてこない。その発想を生かすものは、徹底した努力につぐ努力である。

エジソンは科学者であるが、その徹底した努力については、指導者たる人は大いに学ばなくてはならないと思う。

長い目で見る

指導者は目先の利害にとらわれず長期的にものを考えることが大事である

本能寺で信長が明智光秀に討たれた時、秀吉は備中高松城を囲んでいたが、その報が入るや、すぐさま毛利氏と和睦し、とって返した。この和睦のあとで、本能寺の変を知った毛利方では、これを絶好の機会として、和睦を破棄して秀吉の軍を追撃すべきだという主張が強かった。

その時、毛利方の副将小早川隆景《こばやかわたかかげ》は、それに反対してこう主張した。

「戦乱の時代が百年も続いたが、それもだんだんおさまりつつある。そうした時代ということを考えて、秀吉を見ると、まことに立派な人物で、信長亡きあとの天下は自然この人に帰すると思われる。もしここで、和睦の誓いにそむいて秀吉の怨みを買えば、後日当家の滅亡は免れない。だから、むしろ和睦の心をますますあつくし、この人と将来ともに栄えていくことを考えるべきだ」

そういって、自分の甥であり、主君でもある毛利輝元《てるもと》や、兄の吉川元春《きっかわもとはる》を大いに説き、ついに和睦の方針を堅持することにした。はたせるかな、秀吉は光秀を破り、天下統一への道を進んだが、このことを深く感謝し、毛利家にも隆景にもあつく報いたという。

人間は、ともすれば目先の利害とか損得にとらわれて、長い目での利害、損得というものを見失ってしまいがちである。もちろん、当面どうするということは刻々と起こってくるわけで、それを的確に行なっていくことがきわめて大事なのはいうまでもない。しかし、それを的確にあやまり少なく行なっていくためには、やはりいわゆる長い目でものを見、ものを考えたその上で、当面どうするかを決定することが大事だと思う。

一時的には得するようでも、長期的に見れば失うところが大きいということもあろうし、反対に、今は損失になるが、先ではプラスになって返ってくるということもあろう。そのようなことは、わかりきっているようではあるが、実際になると、とかく目先だけでものを決してしまいがちなものである。

現に、隆景はこのように毛利家の長き安泰を考え、遺言までしているのだが、毛利輝元はそれを聞かず、関ヶ原の合戦で西軍の大将にまつりあげられ、封地《ほうち》を大きく失うといった結果を招来している。だから、指導者はつね日ごろから、長い目でものを見ることを考え、長期的な観点からものごとを判断し、行なっていくということに徹しなくてはならないと思うのである。

なすべきをなす

◉――指導者はどんな事態にあってもなすべきをなさねばならない

明治の先覚者福沢諭吉は、彰義隊の戦いのあったその当日も、騒然たる世間をよそに、上野からほど遠からぬ自分の塾で、英書で経済の講義を続けていたといわれる。そして当時、こういうことを塾生たちに語って励ましたという。

「かつてオランダがナポレオン戦争で領地を占領された時、世界でわずか長崎の出島のオランダ人居留地だけにオランダ国旗がひるがえっていた。それをもってオランダ人は、自分の国はかつて滅びたことがないと誇っている。それと同じように、われわれも世の中にいかなる騒動があっても、変乱があっても、日本の洋学の命脈をたやしたことがない。だからこの塾あるかぎり、大日本は世界の文明国だ。世間に頓着するな」

治《ち》にいて乱を忘れずということがある。太平の時でも、乱にそなえて物心とものの準備を怠ってはいけないということで、指導者としてきわめて大切な心がまえである。

と同時に、乱にいて治を忘れずというか、混乱の中にあって、それに巻き込まれることなく心静かになすべきをなすということもきわめて大事だといえよう。

福沢諭吉はみずから外国へも行き、時代の方向というものを見定めていた。そして、これからは大いに西洋の学問をとり入れ、実地に役に立つ人を育て、それによって日本を興していかなくてはならない、それこそ自分がやるべきことだと考えたのだと思う。

だから、上野で戦いがあろうと、各地で風雲急をつげるものがあろうと、寸刻を惜しんで洋学に励み、子弟の教育に打ち込んだのであろう。

人間というものは、とかく周囲の情勢に流されやすい。治にあれば治に溺れ、乱にあえば乱に巻き込まれて自分を見失ってしまいがちなものである。そういうことなしに、つねに信念をもって主体的に生きるためには、やはり、われ何をなすべきかを考え、そのなすべきことをひたすらなしていくということが大切だと思う。そして、そうしたことは個人の生き方でも大切ではあるが、やはり指導者がしっかりとそれをつかまなくてはならない。

いかなる事態にあっても、指導者がそれにまどわされることなく、淡々としてなすべきことをなしていくという態度をもてば、みなもそれについてくる。指導者の要諦《ようてい》とは、見方によっては、この〝なすべきをなす〟ということに尽きるともいえよう。

人間観をもつ

◉指導者は人間について正しい認識をもたねばならない

秀吉が天下をとっていた時、秀吉の養女で宇喜多秀家の夫人となっていた女性が病気になった。いわゆる〝狐つき〟である。

この時、秀吉は稲荷大明神あてに、次のような朱印状を出したという。

「このように人間に見入ったことはけしからんが、今度だけは許そう。しかし、もしこの後こうしたことがあれば、日本中で毎年狐狩りをするよう命ずるだろう。自分はこの天下の有情無情のすべてについて心にかけている。だから、すみやかに秀家の夫人から立ち退くようにせよ」

為政者として、神社仏閣の神主や住職の人に対して朱印状を出すことは珍しいことではないが、このように稲荷大明神というような神そのものに命令したのは秀吉だけだという。ふつうであれば、神仏に対しては祈願文といったかたちをとるだろう。見方によっては、これはまことに不遜《ふそん》な態度である。

しかし、おそらく秀吉はこう考えたのではないだろうか。すなわち、自分は天皇の命《めい》によって関白の職を奉じ、天下万民を安んじる責任がある。だからこの国土にある以上、たとえ神といえども人びとの幸せに反するような姿があれば、それを正すのは政治の責任者としての自分のつとめである、と。このようなこと、特にそのやり方の是非についてはいろいろ論もあると思うが、こういったところに、いわば人間を主座においた、秀吉なりの人間観とでもいうものがうかがわれるようで、まことに興味深い。

お互いが、この社会をよりよいものにし、人間の幸せを高めていくためには、まず人間が人間自身を知ることが大切だと思う。いいかえれば、人間とはどういうものであり、どういう歩み方をすべきであるかという正しい人間観をもつということである。そうした人間に対する正しい認識を欠いたならば、いかにいろいろ方策を講じ、努力を重ねても、それは往々にして実り少ないものになってしまい、時にはかえって人間自身を苦しめることにもなりかねない。

そういう意味において、指導者はまずそのような正しい人間観を求め、みずからそれをもつことが大事だと思う。そしてそこから一つの人生観、社会観、世界観といったものを生み出し、それに基づく指導理念を打ち立てていくならば、それはきわめて力強いものになっていくと思うのである。

人情の機微を知る

◉――指導者は人情の機微に則して事を行なわなくてはならない

〝衣食足りて礼節を知る〟ということをよくいうが、もともとは〝倉廩《そうりん》実《み》ちて則ち礼節を知り、衣食足りて則ち栄辱《えいじょく》を知る〟というのだそうで、中国古代の斉《せい》の国の大政治家管仲《かんちゅう》のことばだという。

管仲は、道義道徳が衰えれば国は滅びるとしてこれを大いに重視したが、同時にそれは、倉に穀物が満ち、人民が衣食に事欠かないという、物の面での豊かさに裏づけられなくてはいけないということを考えたわけである。そこで、道義道徳を奨励する一方、経済を盛んにし、国を富ませることをはかった。その結果、一小国であった斉をして、天下の最強国にまで発展せしめたのである。

管仲という人は、結局、人間というものをよく把握していたというか、いわゆる人情の機微に通じていたのだと思う。だから、こういうことをいったり、行なったりできたのだろう。実際彼は、「政令というものは民心にそって下さなくてはならない」といい、すべての政令をわかりやすく、実行しやすいものにしたともいわれている。

人間の心というものは、なかなか理屈では割り切れない。理論的には、こうしたらいい、こういうことが望ましいと考えられても、人心はむしろその反対に動くということもあろう。一面まことに厄介といえば厄介だが、しかしやはり、ある種の方向というか、法則的なものがあるとも考えられる。そうしたものをある程度体得できるということが、人情の機微を知るということになるのだと思う。

そのような人情の機微を知ることなしに、理論や理屈だけで事をなそうとすれば、人びとの反発を受けたりして、なかなかうまくいかず、労多くして功少なしという結果に終わりがちである。また、そうしたことを無理に力をもってやろうとすれば、人びとを苦しめたりすることにもなると思う。古来、すぐれた政治家、すぐれた指導者といわれる人の業績を見ると、やはりみなこうした人情の機微というものをよく把握し、それに則してものごとを行なっているようである。

人情の機微を知るためには、やはり何といっても、いろいろな体験を通じて、多くの人びとと実際にふれあうことである。その意味で、指導者になる人は、できるかぎり実社会の体験を多く有している人が望ましい。そうした体験に立ちつつ、つねに素直な目で人間というものを見、その心の動きを知ることが大切だと思う。

熱意をもつ

●——指導者は熱意においては最高のものをもたねばならない

中国の戦国時代、蘇秦《そしん》という人がいた。一民間人にすぎなかったが、自分の学び修めたものを世の君主に用いてもらおうと考え、各地を訪れたものの、最初はどこでも相手にされなかった。けれどもそれにもめげず、ついに燕《えん》の国王に用いられた。当時の中国には、燕をはじめ、秦、趙《ちょう》、斉《せい》、魏《ぎ》、韓、楚《そ》の七国があったが、西方の秦がしだいに強大になり、他は圧倒されつつあった。そこで蘇秦は、燕を足がかりに、趙、韓、魏、斉、楚を順次訪れ、各国の王に、共同して秦に対抗するよう熱心に説いた。各王ともそれに動かされ、ついに蘇秦は、六カ国の宰相の地位を兼ねるにいたり、さすがの秦も、十五年間は他国に攻め入ることができなかったという。

戦国の時代には、各国とも進んで人材を求める風潮が強く、したがって、志を抱いて王公を説き、登用された人は少なくないようである。しかしその中で、六カ国の宰相の印綬を帯び、天下に号令した蘇秦の業績はきわ立っている。

これは、蘇秦の策が当を得たものであり、また弁舌がきわめて鮮やかであったこともあろうが、同時に、そのことに対する彼の熱意がきわめて強かったこともあるのではなかろうか。昔の不便な時代に、広い中国中を説いてまわるのはずいぶん大変なことだったであろう。また、燕の国で国王に謁見《えっけん》を許されるまで、一年あまりもかかっているともいう。ふつうでは諦めてしまうところを熱意をもってやり通したところに、彼の成功があったのだと思う。

実際、熱意こそものごとをなしとげるいちばんの要諦《ようてい》だと思う。なんとなくやりたい、という程度ではなかなか事はなるものではない。なんとしてもこれをやりとげようという熱意があって、はじめて知恵も湧き工夫も生まれてくるのである。

特に指導者は、こと熱意に関してはだれにも負けないものをもたなくてはならない。知識なり、才能なりにおいては、人に劣ってもよいが、熱意については最高でなければならない。指導者に、ぜひともこれをやりたいという強い熱意があれば、それは必ず人を動かすだろう。そしてその熱意に感じて、知恵ある人は知恵を、才能ある人は才能をといったように、それぞれの人が自分のもてるものを提供してくれるだろう。

指導者は才能なきことを憂うる必要はないが、熱意なきことを恐れなくてはならないと思う。

ひきつける

●指導者は何かしら人をひきつける魅力をもつことが望ましい

秀吉が北条氏を攻めた時、伊達政宗は招請を受けながら、形勢を観望してなかなか出かけなかった。しかし秀吉軍の優勢を見て、自分の非を覚《さと》り、叱責を覚悟の上、遅まきながら小田原にやってきた。

すると秀吉は、遅参に対しては詰問したものの、そのあと「一度この陣営を見せてやろう」といって、山の上にのぼり、いちいち指さして説明した。その時、秀吉は自分の刀を政宗に預け、小姓を一人連れただけだったが、全くそれを気にする様子はなかったという。のちに政宗はこの時のことを人に、「あの時はただ恐れ入るだけで、太閤を害しようというような気は少しも起きなかった。全く、大器というか天威をもった人だ」と語ったという。さすがの政宗も完全に秀吉に心服してしまったわけである。

政宗だけでなく、九州の島津義久をはじめ秀吉に敵対した多くの人びとが、のちにはみな秀吉に心服している。徳川家の重臣であった石川数正ほどの人が、家康のもとを去り秀吉の臣下となったような例さえある。秀吉という人には、それほど人をひきつける魅力があったようである。それは秀吉の天性の人柄か、あるいは幼い時から諸国を流浪し、人情の機微というものを身をもって知り尽くしたことによるのか、それはわからない。が、いずれにしてもそうした秀吉の魅力が、あたかも磁石が鉄片をひきつけるように、多くの人を彼のもとに集めたのだろう。

そのような、ひきつける魅力というものをもつことが、指導者にとって、きわめて望ましいことだと思う。指導者に「この人のためなら……」と感じさせるような魅力があれば、期せずして人が集まり、またそのもとで懸命に働くということにもなろう。そういうものをもたずして、よき指導者となることはなかなかむずかしいと思う。

もっともそうはいっても、人柄といったものはある程度先天的な面もあって、だれもが身につけることはむずかしいかもしれない。しかし、人情の機微に通じるとか、人を大事にするとかといったことも、努力次第で一つの魅力ともなろう。また、自分自身でなく、自分の会社、自分の団体というものになんらかの魅力をもたすことでもいいと思う。

いずれにしても指導者は、そうした〝ひきつける魅力〟の大切さを知り、そういうものを養い高めていくことが望ましいと思う。

人の組合わせ

●指導者は適切な組合わせにより人を生かすことが大事である

武田信玄は、生涯自国に城というものを築かず、〝人は石垣、人は城〟という考えに徹して、人を重視し、人を最大限に生かして地歩を築いたが、人を使うについて、こういうことをいっているという。

「自分は部下に釣合《つりあい》ということを考えている。たとえば馬場信房《のぶふさ》は寡言《かげん》で気位が高い。だから、よくしゃべりものごとをテキパキとやる内藤昌豊《まさとよ》と組ませる。山県昌景《やまがたまさかげ》は性急で、敵を見ると自分の軍勢だけでも攻めかかるようなところがある。そこで、高坂《こうさか》昌信のように、まずじっくり考えてから行動する者と一緒に働かせる。強情な者には柔和な者を組ませれば、水と火とが物を煮るようにうまくいくものだ」

つまり、人を使うにあたっては人の組合わせということが大事だというわけである。これはその通りだと思う。よく適材適所ということがいわれる。それぞれの人をそれぞれに適した場所に用いることによって、人も生き成果もあがるということで、これはきわめて大事なことであるが、その際に、適所というものを仕事それ自体とともに、人の組合わせといった面もあわせて考える必要があると思う。

人にはそれぞれに長所短所がある。だからその長短補いあうような組合わせをすれば、それによってどちらもより生きてくるだろう。また、そのようにはっきりしたものでなく、なんとなくウマが合わないといった微妙な問題もある。もちろん、そういうものはそれぞれが努力してある程度は解消していくことが望ましいが、やはり人の組合わせよろしきを得て、それをなくしていくということが大切であろう。

実際、世間にはそういう実例を見ることが多い。三人の人に仕事をさせていたが、それぞれに優秀な人なのにどうもうまくいかない。それで思い切って、その中の一人を他のところに移して二人でやらせてみたら、わずかの間でこれまでの倍以上の成果があがるようになり、その一人の人も、新しいところで非常な活躍をしている。そういったことが、お互いの経験の中に必ずあると思う。

立派な人、賢い人ばかりを集めたからといって必ずしもものごとがうまくいくとはかぎらない。反対に平凡な人たちでも組合わせよろしきを得れば、非常な成果があがる。そうした人の組合わせの妙というものを指導者は知らなくてはならないと思う。

人をきたえる

●指導者はきびしく人をきたえることによって人を育てなくてはならない

水戸光圀《みつくに》がまだ幼いころの話である。江戸小石川の水戸藩邸の近くに、桜の馬場という刑場があって、ある日そこで罪人の処刑があり、その首がさらし首になった。すると、その晩になって、父の頼房《よりふさ》は、「あの罪人の首を持ってくるように」と光圀に命じた。

桜の馬場というのは、昼でも木立がうっそうと繁り、気味悪いところなので、家来たちも心配したが、光圀は別に恐れる風もなく、「かしこまりました」と出かけていった。そして、手さぐりで首をみつけ、持って帰ろうとしたが、重くて手に余るので、引きずりながら屋敷に帰ってきた。それを見て、頼房もわが子の胆力を非常に喜んだという。

これはいわゆる肝だめしであろう。幼い子供に生首をとってこさせるなどというのはずいぶん乱暴なようだが、昔は大名の若君でもこのようにしていろいろなかたちで、心身ともにきびしくきたえたのだと思う。

人間というものは、何ごとによらず、きたえられることによって成長していくものである。たとえば、スポーツの競技などを見ていても、まるで神業ともいえるような見事なプレーを見受けるが、そういうものもすべて、きびしい練習の積み重ねによって生まれたものであろう。身体的というか、技能的な面だけでなく、心の面でも同じことだと思う。禅宗の戒律というものは非常にきびしくて、ふつうの人ではとても耐えられないもののようだが、修行を積んだお坊さんは、なんら苦痛を感ぜずして、その戒律に従った生活ができる。

そのように人間は、きびしくきたえられれば、心身ともにいくらでもといってもいいほど向上していく。反対に、いかにすぐれた素質をもっていても、きたえられることがなくては、その素質も十分に発揮されないまま終わってしまうだろう。

だから指導者は、人間の偉大さを発揮させるという意味からも、人をきたえることに大いに意をそそがなくてはならないと思う。もちろん、昔のようなやり方をそのまま今日にあてはめろというのではない。そんなことはかえって逆効果になってしまうだろう。したがって、そのやり方は今日の時代に即したものでなくてはならないが、しかし方法はちがっても、なんらかのかたちできびしく人をきたえつつ、人を育てることを決して怠ってはならないと思うのである。

人を育てる

◉――指導者は真の人間教育をめざさなくてはならない

吉田松陰は二十三歳の時、海外へ密航をくわだてて失敗し、捕えられて入獄の身となった。この時牢内には十一人の囚人がいたが、松陰はすぐにみなと親しくなるとともに、そこをお互いの教育の場としたのである。すなわち、松陰自身はみずからの得意とする、いわゆる四書五経の講義を行なうとともに、俳諧にくわしい人には俳諧を教えさせ、書道に秀でた人には書道を教えさせ、自分もそれを学ぶというようにした。それによって、今まで絶望的な雰囲気だった獄内が、みなそれぞれに自信と勇気をとり戻し、活気にあふれてきた。それが藩当局のみとめるところともなって、ついに松陰を含めて全員が解放されるにいたったという。

牢に入れられてなお志を失わないということだけでも、実際にはなかなかできないことであろう。その上に松陰は同囚の人びとの教育までもした。しかもそれはただの教育ではなく、真の人間教育だったのだと思う。つまり、みずからも講義し、またそれぞれの人に自分の得意とするところを教授させ、互いに教えあい、学びあう中で、その人びとが獄中生活の中で見失っていた、人間としての価値、人間の尊厳といったものにめざめさせたのだと思う。

松陰が有名な松下村塾をひらいたのは、この出獄ののちのことであるが、そこから明治維新の偉大な志士たちが輩出したのは、こうしてみると決して偶然ではないといえよう。

松下村塾には、高杉晋作などのような名門、上士の子弟もいるが、同時に伊藤博文とか山《やま》県有朋《がたありとも》のような足軽の子もいる。封建時代にあっては、ふつうであればまず重く用いられることのない人びとである。それがのちに国家の柱石となり、位人臣《くらいじんしん》をきわめるというほどにまでなったのは、もちろん本人がすぐれていたからにはちがいないが、やはり松陰の人間教育によって、いわば魂の底からゆり動かされ、その秘められた素質が引き出されたからではないかと思う。

松陰は、〝かくすればかくなるものと知りながら、やむにやまれぬ大和魂〟という歌を詠んでいる。そうした国の将来を憂うるひたむきな思いが、囚人であろうと軽輩であろうと、わけへだてなく、人間としての価値にめざめさせずにはおかなかったのであろう。指導者が人を育てるにあたって、知識よりも何よりも、まずそうした人間の尊厳を教えることが大切なのだと思う。

人を使う

◉指導者は自分よりすぐれた才能の人を使うことが大事である

漢の大帝国をひらいた高祖劉邦《りゅうほう》が、ある時部下の名将韓信《かんしん》とこんな話をしたという。

「私はどれぐらいの兵の将になれるか」

「陛下ならせいぜい十万人の軍隊の将でございます」

「それならきみはどうだ」

「私は多いほどよろしゅうございます」

「それだけ有能なきみが、なぜわしの部下になっているのだ」

「陛下は兵の将ではございませんが、将の将となれる方だからです」

つまり、大軍を指揮して勝利をおさめるという才能では、韓信のほうがずっとうわ手だが、高祖はその韓信を使いこなせる人だというわけである。そのことは高祖自身が部下に次のように語っている。

「自分ははかりごとをめぐらすという点では軍師の張良に及ばない。また、行政といった面では宰相の蕭何《しょうか》に及ばない。さらに軍隊を指揮して、戦えば必ず勝つということでも将軍の韓信にはかなわない。この三人はいずれも非常な傑物である。ただ自分は、この三人をよく用いることができる。それが天下をとれた理由だ」

これは非常に面白いところだと思う。個々の才能をとってみれば、高祖はそれほどすぐれたものをもっていない。むしろずっと立派な人がたくさんいる。にもかかわらず、一介の庶民から身を起こした高祖が、あの広大な中国を統一し、前後数百年に及ぶ大帝国の基礎をひらいた。そうした偉大な事業をなしとげた秘訣は、自分よりすぐれた才能をもつ部下を十分に用いたからだというわけである。

高祖と最後まで覇権を争った項羽《こうう》という人は、〝力山を抜き、気世を蓋《おお》う〟という希代《きたい》の英雄であった。個人としての才能、力量においては、一面項羽のほうが上であった。しかし「項羽は軍師の范増《はんぞう》一人さえよく用いることができなかった」と、高祖は相手の敗因を指摘している。

いかにすぐれた人でも自分一人でできることはわずかにすぎない。だから人を使うことのできない人は、しょせんは指導者として大事をなせない人である。人を用い、人の言に耳を傾けてこそ、自分の力を超えた大きなことができる道がひらけてくる。力ある者ほどとかく自己の力を過信しやすく、人を使えない場合が少なくない。心したいことである。

人を見て法を説く

◉――指導者は同じことでも相手により説き方を変えることが大事である

三国志の中に有名な赤壁《せきへき》の大戦というのがある。魏《ぎ》の曹操《そうそう》百万の大軍が呉を攻め、呉の国内は戦うか和を乞うかで大きく二つに割れた。この時、劉備玄徳《りゅうびげんとく》を主君にいただく諸葛孔明《しょかつこうめい》は、ここで呉が降《くだ》れば天下はこのまま曹操のものになってしまう。なんとか合戦にもち込ませようと、みずから呉王孫権《そんけん》説得のため、呉に乗り込んだ。

すると呉の主戦論者である魯粛《ろしゅく》は、孔明に、「主君に戦いを決意させるためには、魏の戦力を実際より少なめにいってください」と頼んだ。ところが、孔明は孫権に魏の兵力をたずねられると、「百万といっていますが、ほんとうはもっと多く、しかも精鋭ぞろいです。だからこの際和を求められたほうが賢明でしょう」と答えた。孫権も驚いて、「それならなぜ玄徳は呉よりも弱体なのに、あえて曹操と戦おうとするのだ」と反問した。すると孔明は、「私の主君は漢の帝室を復興するため、逆臣である曹操と戦うのです。いわば大義の戦いで、勝敗は二の次です。しかし呉が自国の安泰を中心に考えるのでしたら、和睦をおすすめします」と答えたので、孫権も大いに発憤して一戦を決意し、両者力を合わせて史上に残る大勝利をおさめたのである。

孫権も一世の英雄であるから、敵の兵力を少なめにいうという程度の小細工では容易に動かないと見た孔明の思い切った説き方が成功したわけだが、これはいわゆる〝人を見て法を説け〟ということを地でいったものであろう。

どんないい考え、すぐれた方策をもっていても、それが他の人によって受け入れられ、実行されなければ、それは価値なきにひとしい。そして人は必ずしもつねに最善の考え、最善の方策を受け入れるとはかぎらない。やはり、そこに説得力というものが必要であり、その説得力を生む一つの大きな要素は、その相手相手にふさわしい説き方をする、いわゆる人を見て法を説くということであろう。だれかれかまわず同じことをいっていたのでは、決してうまくいくものではない。人により相手によって、あるいは大義を説き、あるいは利を説き、時に情に訴え、時に理に訴えるというように、適切に説いていくことが大切である。

ただ相手により説き方を変えるには、やはりそれだけの知識なり体験をもっていなくてはならない。だからそういうことのためにも、指導者はつねづね、いろいろと経験を積み、知識を養い高めていくことがきわめて大切だと思う。

人を求める

◉——指導者は人を得るためにはまず強く人を求めることである

三国志に出てくる劉備玄徳《りゅうびげんとく》は、漢の帝室の末とはいえ、家は落ちぶれて貧しく、むしろを織り、それを売って糊口《ここう》をしのぐという姿であった。そうした彼が漢室再興の志を立て、ついに蜀《しょく》帝となるにいたったのは、一つには多くの人材がそのもとに集まったからであろうが、その中でも諸葛孔明《しょかつこうめい》を得たことがいちばん大きいとされている。

孔明は若くしてその才が高く評価されていたが、大志を抱きつつもみずからは主君を求めず、草深い地に住み、いわゆる孤高を保っていた。その草廬《そうろ》を劉備は三たび訪れ、礼を尽くし、誠を訴えて自分に力をかしてくれるよう頼んだのである。その劉備の熱意と誠意に孔明も感激して、ついにそのもとにはせ参じた。劉備は「自分が孔明を得たのは、魚が水を得たようなものである」といって喜んだ。

劉備があまり孔明を優遇するので、武勇に秀でた部下たちは最初は不満を抱いたが、孔明のすぐれた軍略が次つぎと勝利をもたらすのを見て心服し、孔明を得て、劉備の事業は急速に進んだのである。

何も劉備の場合にかぎらず、〝国を興すも人にあり、国を倒すも人にあり〟とか〝事業は人なり〟といわれるごとく、事をなすにあたって、人を得るかどうかはきわめて大事なことである。それによって事の成否は決まるといってもいいほどである。

それでは、その〝人〟はどうしたら得られるのだろうか。これは大きくいえば、運とか縁ということが考えられるが、やはり求めのあるところに人は集まってくるのだと思う。ただなんとなくすぐれた人材が集まってくるというようなことはまずあり得ない。すべてのものは要求のあるところに生まれてくるのであって、だから指導者に強く人を求める心があってこそ、人材も集まってくるといえよう。

劉備はそういう求める心の強い人だったのだろう。だから、他の家臣が「それほどまでにしなくともいいではないか」というのに、あえてみずから草深い茅屋《ぼうおく》を三たび訪れ、孔明を誘ったのだと思う。そうした劉備の人を求める心が孔明を動かし、またその他あまたの勇将、賢臣をして彼のもとにはせ参じさせたのだといえよう。

世上、人材の不足を嘆く指導者も少なくないようだが、その前にまずみずからどれほど強く人を求めているかを自問自答してみる必要もあるのではなかろうか。

日に新た

●──指導者はつねに日に新たな思いをもたねばならない

中国古代の殷《いん》王朝をひらいたといわれる湯《とう》王は、仁慈の心をもって善政をしき、孔子も代表的な名君としてその徳をたたえているほどの人である。その湯王が使った盤《ばん》(洗面器のようなもの)に、「苟《まこと》に日に新たにせば、日々に新た、また日に新たなり」ということばがほってあったという。むずかしい意味は別として、要は日に新たということを心がけ実践していくことが大切で、ほんとうにそれを行なえば次つぎと自分が新しくなっていくということだと思う。そういうことを自分自身へのいましめとして、日々使う盤にほったのであろう。

湯王というのは、実在したとすれば今から三千年あまりも昔の人だそうである。そのころであれば時代の変化というものはきわめてゆるやかで、文字通り十年一日のごとしという状態だったと考えられる。そうしたテンポの遅い時代に、王たる自分は日に新たでなければならないと考えた湯王は実に偉大な指導者だといわなくてはならない。

この世の中は早い遅いの差はあっても、刻々と変化している。だから、きのうは是であったことが、そのままきょうも是とされるかどうかはわからない。それを十年一日のごとく同じことをくり返していたのでは、とうてい成功はおぼつかない。

だから、指導者はそうした世の動きというものを敏感に察知し、刻々と新しい指導理念を生み出し、またそれに基づいた適切な方策を講じていくことが大切である。そのためには、やはりみずから日に新たであるよう心がけなくてはならないだろう。過去の考え方、これまでのやり方にとらわれることなく、日に日に新たな観点に立ってものを考え、事をなしていく、それが指導者として欠かすことのできない大切な要件である。

湯王より時代は下るが、今から二千五百年前に、お釈迦様は、諸行無常ということを説いておられる。また時を同じくしてギリシャのヘラクレイトスという哲学者は、「万物はすべて流転している。太陽ですらも日に新たで、きょうの太陽はもはやきのうの太陽ではない」と喝破《かっぱ》しているということである。

そのように洋の東西を問わず、古《いにしえ》の聖人、賢人がひとしく日に新たということの大切さを説いているのである。まして今日のような日進月歩の時代にあって、指導者たるものが旧態依然というような姿にあることは許されないといっていいと思う。

広い視野

指導者は視野を広くもつように心がけなくてはならない

西郷隆盛がまだ若いころ、主君の島津斉彬《なりあきら》に、「このごろ、殿様は外国かぶれだとみなが噂しております」といったところ、斉彬はこう答えたという。

「今日の日本は国内疲弊し、外国はそのすきを狙っており、危急存亡の秋《とき》なのだ。今、西洋の文明は非常に進んでおり、日本のとても及ばぬ実力をもっている。だから自分は広く世界に目を向け、外国の長をとり、わが短を補いつつ、日本を世界に冠たる国にしたいと思っている。第一、今の日本の文化といっても、もともと中国からいろいろとり入れ、それをわがものとしたのではないか。だから井の中の蛙《かわず》のような狭い視野での批評は少しも気にならない。お前ももっと視野を広くもたなくてはいけない」

島津斉彬は志半ばで倒れたが、多くの人が彼を幕末第一の名君だとしており、勝海舟は、「開国の基礎をつくったのは島津公だ」と絶賛しているという。西郷隆盛が明治維新に大活躍したのも、斉彬の腹心として働き、その薫陶を受けたことによるところがきわめて大きいといわれている。

その斉彬の名君たるゆえんは、自分の藩の治政もさることながら、その範囲にとどまらず、ここに見るように、当時の世界情勢を見、その中で日本の将来を考え、また藩のあるべき姿を考えた視野の広さにあるといわれる。そういう見地から、彼は朝廷や幕府にも提言し、他の大名を説き、藩士を訓育したのであり、先の勝海舟のことばも、そのようなことをいったものであろう。

そうした視野の広さというのは、指導者にとって、欠くことのできないものであろう。自国の範囲だけ、自分の会社、団体の範囲だけの狭い視野で事を考え、なしていたのでは、往々にして過ちを犯すことになってしまうと思う。特に今日は、世界の一隅に起こったことでも、それが瞬時に全世界に伝わり、さまざまな影響を及ぼすようになっている。その点では幕末、明治維新のころの比ではない。

だから、指導者はみずから世界全体、日本全体といったように広い範囲でものを見るようつねに心がけつつ、一国の運営、会社や団体の経営を考えなくてはいけないし、また人びとにそうした広い視野をもつことの大切さを訴えていかなくてはならないと思う。

不可能はない

◉指導者は天地自然の理にかなったことはすべて可能だと考えたい

ナポレオンの有名なことばに「余の辞書には不可能ということばはない」というものがある。これは一見まことに不遜《ふそん》なことばのように思われる。早い話が、人間、自分がいつか死んでゆくのをどうすることもできない。不可能なことはいくらでもあるし、見方によっては人間に可能なことのほうが少ないともいえる。実際、そういったナポレオンみずからが、ロシアに遠征して散々な目にあい、さらに連合軍に敗れ、絶海の孤島に幽囚の身となって悲運のうちに死んでいるのである。

だから、不可能はない、などというのは、単なる自惚《うぬぼ》れのことばにすぎないというのも一つの見方だと思う。しかし、考えようによっては、これはやはり一つの真理をついたことばだといえるのではないだろうか。

なるほど、人間には不可能なことがたくさんある。それではどういうことが不可能かといえば、いわゆる天地自然の理に反したことである。たとえば人間いつかは必ず死ぬというのが天地自然の理である。だから、それに反して不死をいくら願ったところでそれは絶対にかなえられない。

けれども、そのことは逆にいえば、天地自然の理にかなったものならば、すべて可能だということである。たとえば、事業というものは天地自然の理に従って行なえば必ず成功するものだと思う。いいものをつくって、適正な値段で売り、売った代金はきちんと回収する、簡単にいえばそれが天地自然の理にかなった事業経営の姿である。そしてその通りにやれば一〇〇パーセント成功するものである。成功しないとすれば、それは品物が悪いか、値段が高いか、集金をおろそかにしているか、必ずどこかに天地自然の理に反した姿があるからである。

孫子は「彼を知り己を知らば、百戦してあやうからず」といっているが、それが天地自然の理にかなった戦《いくさ》の仕方だからだろう。

そのように考えてみれば、不可能はない、ということばは、一面正しいといえる。天地自然の理に従い、志をもって、なすべきことをなしているかぎり、人間には不可能はないのである。不可能があるとすれば、それは自分で不可能にしているのだろう。

もっとも先にものべたが、ナポレオン自身がそういいつつも、失敗を招いているのである。それだけによくよく心してこのことばを味わわなくてはいけないと思う。

方針を示す

●――指導者は何が正しいかを考えつつ進むべき方針を示さなくてはならない

備中岡山の毛利氏を攻めるべく信長の命《めい》を受けた明智光秀の軍勢一万三千人は、亀山城を出て丹波路を進んだ。そして老の坂を越え、桂川にいたった時に、光秀は「敵は本能寺にあり」ということを全軍につげた。それまでは、信長を討つということはごくわずかの重臣しか知らず、他の者は備中に出陣するものとばかり思っていた。それが、ひとたび命が下るや、一万三千の兵が雪崩をうって京都に押し寄せ、つい先刻まで夢にも考えなかった謀叛《むほん》の挙に成功するわけである。

光秀がなぜあした主殺しに走ったのか、またそのことの当否は別として、このように大将が一つの決断を下し、方針を示せば、部下はみなその通りに動くものだということを、指導者はよく知っておかなくてはならないと思う。中には、主君である信長を討つことはよくないことだ、大きな罪悪ではないかと考えたり、疑問をもった者もあったと思う。しかし、結果としては一万三千の大軍がほとんど一糸乱れずという姿で下知《げじ》に従ったのである。これはもちろん、光秀が日ごろよく人を養っていたことにもよろうが、しかし本来集団というものは、そのように、だいたいにおいて指導者の考える通りに動くものだといえよう。

指導者の立場からすると、なかなか人間は自分の思う通りに動いてくれないという面があるのも、これは一つの事実である。しかし、指導者が東へ行くと決めた場合に、心からそれに従うかどうかはともかく、「自分はそれに反対だ、自分は西へ行く」という人はほとんどないといっていいだろう。

だから、指導者にとって、進むべき方向を定め、それをはっきり示すということがきわめて大切である。その方針によって、全体が一つの方向に動いていくわけである。けれども、それだけに大事なことは、そうした方針にあやまりがないか、その良否の判断を的確にしなくてはならないということである。

謀叛というような当時の道徳に反することでも、ひとたび方針を示せばそれが行なわれるのである。〝一匹狂えば千匹狂う〟というのは何も馬にかぎったことではない。人間でも、指導者が判断をあやまり、まちがった方針を示せば、そういう姿になってしまうのである。

だから指導者は、つねに何が正しいかを考えつつ、それに基づいてあやまりのない方針を示していくことを心がけなくてはならないと思う。

包容力をもつ

◉指導者は自分に敵対する者をも受け入れる大きな度量をもちたい

群雄が割拠した中国の春秋時代において、随一の覇者と目されているのは斉《せい》の桓公《かんこう》だが、その成功は宰相である管仲《かんちゅう》の力によるところが大きいといわれる。ところが、この管仲は以前に斉の国の公位継承争いの際、桓公に敵対し、その命をも狙った人間である。そこで桓公は、即位に際して管仲を処刑しようとしたのだが、家臣の「天下に覇を唱えようと望むなら管仲を用いるべきです」との忠言を入れ、これを宰相に登用した。そして管仲もその知遇にこたえ、大いに手腕を発揮し、富国強兵の実をあげ、桓公をして天下の覇者たらしめたのである。

もし桓公が、自分に敵対した者は許せないという小さな考えで、部下の忠言を受け入れていなかったら、彼の成功はあり得なかったかもしれない。それを許しただけでなく、いわば政治の実権を与えるというほどに思い切って用いた桓公の度量の大きさ、包容力といったものが、成功に結びついたわけである。

秀吉が、「信長公はまことに立派な方だが、ただ、一度敵対した者は徹底して憎み、非常にきびしく報いた。そうしたことが光秀の反逆を生む原因ともなったのだと思う。だから自分は、いったん敵対しても、降参してきた者は従来の家臣同様にねんごろに迎えている。それで早く天下を平定できたのだ」という意味のことをいっているが、これなども同じことだと思う。敵対した者は許さないとなれば、「しょせん助からないなら徹底的に戦おう」というような気持ちになるが、「降参すれば優遇する」ということなら、無益な戦いはやめようと考えるだろう。

そうした敵対するとかしないとかいうことだけでなく、自分の好ききらいとか、あるいは主義主張といったようなことにとらわれて、人を受け入れたり、しりぞけたりすることも当然好ましくないわけである。

そうした小さな考えや感情にとらわれずに、すべてのものを受け入れ、用いるべきところに用いるという、大きな包容力を指導者はもたなくてはならない。そういう人のもとには、おのずといろいろな人が集まってくるだろうし、またそれぞれが適所について生かされるということにもなりやすいと思う。〝大将の器〟というようなことばもあるが、どれだけの人を受け入れることができるか、といったいわば心の広さ、度量の大きさといったことも、その器であるかどうかを決める大事な条件だといえよう。

ほめる

●指導者はほめるべき時にほめることを惜しんではならない

加藤清正の家老に、飯田覚兵衛という武勇軍略にすぐれた士があった。その覚兵衛は、清正が死に、加藤家が改易《かいえき》になったあと、再び仕官することなく、京都で隠居生活を送ったそうだが、ある時こういうことを語ったという。

「自分が初めて戦場に出て、軍功を立てた時、多くの朋輩が敵の弾に当たって死ぬのを見て、〝恐ろしいことだ、もう武士はやめよう〟と思った。ところが帰陣するや否や清正公から、〝きょうの働きはまことに見事であった〟と刀まで賜ったので、やめそびれてしまった。その後も合戦に出るたびに、〝今度こそ〟と考えるのだが、いつも時を移さず陣羽織や感状を与えられ、周囲の人もそれを羨んだり、ほめそやすので、それに心ひかれてとうとう最後まで自分の本心通りにいかず、ご奉公してしまった。考えてみれば、清正公にまことに巧みに使われたと思う」

飯田覚兵衛という音に聞こえた勇者でも、戦《いくさ》のたびに、その恐ろしさに武士をやめようと考えたというのは興味深いことだが、それが清正にほめられ続けた結果、とうとう侍奉公を続けてしまったというのは面白いことだと思う。人間というものは、ほめられることによって、それだけ感激もし、発憤もするものなのだということであろう。

もちろん、清正という人は誠実な人情のあつい人だから、単に手練手管《てれんてくだ》でほめたのではないと思う。やはり覚兵衛の働き、軍功が抜群であったから、心からそれをほめたのであろう。それも、覚兵衛が〝時を移さず〟といっているのを見ると、陣地に帰ってきた覚兵衛の顔を見るなり、「きょうの戦いぶりは全く立派であった、他の範となるものである」というようにほめ、その場でほうびや感状を与えたのだろう。その気持ちが胸にビンビンひびいてきて、覚兵衛も終生忠誠を尽くしたのだと思う。

やはり人間だれでもほめられればうれしい。自分の働きが人にみとめられないほど淋しいことはないと思う。ほめられればうれしくもあり、自信もつく。今度はもっと成果をあげてやろうという意欲も起こって、成長への励みともなる。

もちろん、失敗や過ちに対しては、大いに叱ることは必要である。しかし、何かいいことをした時、成果をあげた時には、心からの賞賛とねぎらいを惜しまないことが、指導者としての一つの要諦《ようてい》であろう。

まかせる

◉―指導者は自分の力より人の力を使うことが大切である

孔子が、子賤《しせん》という若い弟子のことを、「あれは立派な男だ」とさかんにほめている。というのは、子賤はある地方の代官になって赴任したが、自分はいつも琴を弾いていて、それほど仕事をしていない。それでいて、その地方はピシッと治まっている。彼の前任者は、それこそ朝から晩まで一生懸命やったけれども、なかなかうまく治めることはできなかった。そこでその人が不思議に思って子賤に、「どうしてそんなにうまくいくのですか」とたずねたところ、彼は、「あなたは自分の力を使ってやろうとするから骨が折れるのです。私は人を使って、やってもらっているのです」と答えたという。

こういうことは、今日でもよく見かける姿ではないだろうか。事業経営などにおいても、悠々とやりながら成功している人もいれば、見ていて気の毒なほど一生懸命に仕事をしているのに、もうひとつ業績があがらないという人もいる。そしてその原因は多くの場合、人の力をうまく使うか使わないかにあるように思われる。

自分には 自分に与えられた道がある
広い時もある せまい時もある
のぼりもあれば くだりもある
思案にあまる時もあろう
しかし 心を定め
希望をもって歩むならば
必ず道はひらけてくる
深い喜びも そこから生まれてくる

–The Way–
Every person has a path to follow.
It widens, narrows, climbs and descends.
There are times of desperate wanderings.
But with courageous perseverance
and personal conviction,
the right way will be found.
This is what brings real joy.

自己有自己选择的道路
有时宽广、有时狭窄
既有上坡、也有下坡
还会有束手无策的时候
但是，坚定决心，怀抱希望向前走
道路一定会越走越宽
并随之产生深深的喜悦

– 길 –
자신에게는, 자신에게 주어진 길이 있다
넓을 때도 있다. 좁을 때도 있다.
오르막길도 있으면, 내리막길도 있다.
힘에 버거울 때도 있을 것이다.
그러나, 마음을 정하고, 희망을 가져서
걸으면, 반드시 길은 열어 온다.
깊은 기쁨도, 거기에서 생겨나게 된다

松下資料館のご案内

- 所在地
  〒601-8411
  京都市南区西九条北ノ内町１１番地
  PHPビル3階
- 電　話 075-661-6640
- ＦＡＸ 075-661-6701
- 開館日
  月曜日～金曜日 および 第一土曜日
- 開館時間
  午前9時30分 ～ 午後5時
  (入館は午後4時30分まで)

＊第一土曜日が祝日にあたる場合は休館いたします。

- 入館料　無料
- 入館予約
  事前にお電話をお願いいたします。
- 予約受付時間
  午前9時30分 ～ 午後4時30分

ホームページ
https://matsushita-library.jp/

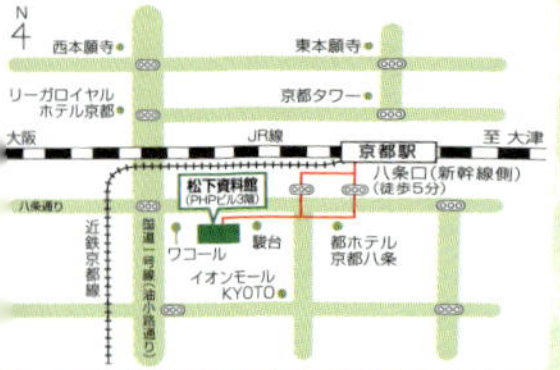

京都駅・近鉄京都駅 八条口より徒歩5分

子賤という人は、孔子がほめるくらいだから、才能も手腕もあり、自分が直接やってもうまくやれる人だったのだろう。しかし、えてしてそういう人ほど、つい自分の力を誇り、それを見せようと、何でも自分でやろうとしがちである。

ところが、自分の力だけに頼ろうとすると、それには限りがあるから、いくら時間を使っても十分なことはできない。かりに人を使うにしても、それを全部見ようとして、こまかいところまであれこれ口出ししたり指図したりしていたのでは、部下のほうもわずらわしくて、意欲を失ってしまう。結局、労多くして功少なしということになりがちである。

人間はある程度責任を与えられ、仕事をまかされると、だいたいにおいて、その責任を感じ、自分なりの創意工夫を働かせてそれを遂行していこうとするものである。だから、指導者は、大綱というものをしっかりつかんだ上で、基本的な方針を示して、あとは他の人びとに責任と権限を与えて自由にやらせるという行き方が望ましい。それによって、それぞれの人の知恵が自由に発揮され、全体として衆知が集まって仕事の成果もあがってくる。

みずから何ものもたずして、ただ人にまかせるというのではもちろんいけないが、仕事のかなめを心のうちにしっかりとにぎりつつ、形の上では大いに仕事をまかせ、人を使い、いわば居ながらにして成果をあげることも、指導者としてきわめて大切だと思う。

見方を変える

◉——指導者は自由自在な発想の転換を心がけなくてはならない

秀吉の時代に大雨で淀川の堤が切れ、非常に危険な状態になった。秀吉自身も現場に出て家臣たちを激励するけれども、何分にも決壊箇所をふさぐ土嚢《どのう》がなかなかできず、そのうち雨はますますはげしく、水かさもましてくる。みな、どうしよう、こうしたらどうかと議論ばかりしている時に、石田三成がかけつけ、即座に近くの米蔵をひらき、数千俵の米俵を運び出させて山積みすることによって、あっという間にさしもの洪水もせきとめることができた。

やがて雨があがって、水がひいた時に、今度は近在の百姓町人に、本物の堅固な土嚢をつくって運んできた者には、報酬として先の米俵を一個につき一俵与えると呼びかけた。それで人びとは競って丈夫な土嚢をつくって持ってきたので、わずかの間に堤防は以前以上に立派に修復された。これを見て、さすがの秀吉も感嘆してやまなかったという。

堤防は土でできている。だからそれが切れたら、土嚢を積んで修復する。だれでもそう考えるのは当然である。しかし、それでは間にあわないという時に、三成はともかく多くの人命を救うために、まず何かによってふさぐことが先決だという観点から考えたのだろう。いわゆる発想の転換を行なったのである。

しかし、ただ米俵で決壊を防いだだけだったら、人によっては〝もったいないことだ〟と思うだろう。何といっても当時にあっては、米はいちばんの貴重品である。ところが三成はそれをうまく使って、堤防を直した。いずれ堤防は修復しなくてはいけない。それには莫大な人手と費用がいる。それでも人びとは喜んで働くとはかぎらない。それを、喜んで働かしめた上、非常に立派なものができあがったわけである。単なる才知といったものを超えた、自由自在な発想の転換をそこに感じるのである。

そうした自由な発想の転換ができるということは、指導者にとってきわめて大事なことである。しかし、発想の転換ということはさかんにいわれるが、実際はなかなかむずかしい。それはみずから、自分の心をしばったり、せばめているからである。

だから大事なことは、自分の心をときはなち、広げていくことである。そしてたとえば、今までオモテから見ていたものをウラから見、ウラを見ていたものをオモテも見てみる。そういったことをあらゆる機会にくり返していくことである。そうした心の訓練によって、随所に発想の転換ができるようにしたいものである。

みずからを励ます

●——指導者は日々自分を励まし勇気を奮い起こすことが大切である

山中鹿介《しかのすけ》といえば戦国時代の有名な豪傑である。その鹿介はいつも「七難八苦を与えたまえ」と神に祈っていたという。それをある人が不審に思って、その理由をたずねると、鹿介は、「人間の心、人間の力というものは実際にいろいろなことに出あってみないと自分でもわからない。だから、いろいろな困難に直面して自分をためしてみたいのだ」と答えたという。

憂《う》きことの　なおこの上につもれかし　限りある身の力ためさん[4]

という歌が彼の作として伝えられている。

人間が神仏に祈るという場合、その内容はいろいろあるだろうが、概していえば、いわゆるご利益《りやく》を願うのがふつうだと思う。幸せを祈ったり、健康を祈ったり、あるいは金儲けを祈るということはあっても、困難や苦労を与えてほしいと願う人はまずほとんどいないのではなかろうか。だから、七難八苦を与えたまえという鹿介の願いを周囲の人が不思議に思うのは当然だといえよう。しかし、鹿介はあえてそれを祈った。それは困難によって自分をためし、自分をきたえたいと考えたのでもあろうが、同時にそのようにみずから祈ることによって、われとわが心を励ましていたのではないだろうか。

鹿介の主君尼子《あまご》氏は毛利氏によって滅ぼされた。その主家を再興し、宿敵毛利氏を倒すことを彼は終生の宿題として誓ったのである。しかし毛利氏は日の出の勢いの大国、それに対して味方の尼子残党はわずかにすぎない。とうてい勝ち目のある戦いではない。望みはほとんどないといっていい。そう考えれば、ともすれば心もくじけそうになったのではないかと思う。そうした自分の心を励まし、新たな勇気を日々奮い起こすためにも、七難八苦を与えたまえと祈ったとも考えられる。

英雄豪傑というと、何だか鋼鉄のような強い心の持ち主ばかりのように思えるが、必ずしもそうではないと思う。たとえばあの西郷隆盛でも、一時は前途に絶望して、僧月照《げっしょう》と相擁して海中に身を投げ自殺をはかっている。またキューバ危機（一四六頁参照）の際のケネディ大統領もああした大胆な決断を下すまでには非常に苦悩したと伝えられている。

事にあたり、不安を感じ、動揺することはあっていいのである。むしろそれが人間としてふつうの姿である。ただ、そこから自分で自分を励まし、勇気を奮い起こすということが、指導者にとってきわめて大切なのだと思う。

無手勝流

◉指導者は戦わずして勝つことをめざさなくてはならない

孫子にこういうことばがある。

「およそ用兵の法は国を全うするを上となし、国を破るはこれに次ぐ。軍を全うするを上となし、軍を破るはこれに次ぐ。（中略）この故に百戦百勝は善の善なるものに非ざるなり。戦わずして人の兵を屈するは善の善なるものなり」

孫子の兵法といえば、いかにすれば戦《いくさ》に勝つかということを説いたもののように思われるが、実はこのように、戦いに勝つこともさることながら、戦わずして勝つことが最上だと孫子自身はいっているわけである。

なるほどいわれてみればその通りである。戦争をするのは何かしら目的があってのことであって、それ自体が目的ではない。だから要はその目的をいかに合理的に犠牲を出さずに達成できるかということが大事なのである。そう考えれば、戦わずして勝つ、いわゆる無手勝《むてかつ》流がいちばんいいのであって、戦って勝つというのはその次になる。

秀吉が天下を統一した過程を見てみると、たとえば光秀との合戦のように、自分の中軍を戦闘の渦中に進め、双方に多大の死傷者を出すようなはげしい戦いをしている時ももちろんある。しかし彼はそれ以上に、いわば外交政策とでもいうものによって、次つぎと相手を味方につけており、またどうしても戦うという場合も、周到な準備をした上で圧倒的な兵力を動員し、その勢いに恐れて相手が降伏するといったように、ほとんど兵を損せずして勝利をおさめている場合が少なくない。結局秀吉も無手勝流を心がけたわけで、だからこそあれだけの短い間に天下を統一できたのであろう。一つひとつ実際に戦っていたのでは、いかに百戦百勝しても日暮れて道遠しということになってしまっただろうし、日本の国としても非常に大きな損失になったと思う。

そうしたことは、今日の企業経営などについてもいえることである。企業間の競争にはどこも負けるわけにはいかない。しかし問題はその勝ち方である。力でもって相手を倒すといったいわゆる過当競争に陥れば、相手を傷つけ、また自分も傷つき、ひいては社会を混乱させることにもなってしまう。そういう勝ち方は許されない。やはり自他共栄ということを考え、相手も栄え、自分もそれ以上に栄えるというような正しい競争をしていかなくてはならない。

具体的方法はどうあれ、無手勝流のできる人こそ、真の名指導者といえるだろう。

命令する

◉――指導者は命令が相手に遂行されるよう十分配慮しなくてはならない

島原の乱の時、徳川幕府ははじめ板倉重昌《しげまさ》を大将としたが、九州の諸大名は小身《しょうしん》の重昌の下につくことを喜ばず、なかなか命令を守らなかったため、重昌は非常に苦戦し、最後はみずから無理な城攻めをして、戦死してしまった。

その後任になったのが〝知恵伊豆〟といわれる松平信綱《のぶつな》である。しかし、老中筆頭とはいえ、彼も二万六千石の小大名にすぎないから、諸大名も最初は前任者同様軽んじていた。

そこで信綱は、まず「軍令にそむく者は、あとで幕閣においてとりあげ、きびしく処断する」と申しわたした。そして将軍家光から花押《かおう》入りの白紙を大量にもらい、軍令はいちいちそれにしたためた上、それに対して必ず請書《うけしょ》をとった。それによって、諸大名も責任を自覚し、信綱の命令が行き届くようになって、間もなく乱を鎮定することができたという。

指導者という立場にある者は、次つぎといろいろな命令を出していかなくてはならない。

しかし、命令というのは、ただ命令すればそれで事が進んでいくというようなものではない。その命令を自分の意図通りに遂行してもらうについては、それなりの配慮が必要なわけで、さもないと、命令はしたが事は進まないといった姿にもなりかねない。

つまり、命令というものは、受ける側にそれを遂行していこうという強い気持ちを起こさせることによってはじめて、生きてくるものである。だから、指導者は相手を考えつつ、効果的に命令することを考えなくてはいけない。

一般的にいえば、上の立場の者は単に命令するよりも、相談的に相手の納得を得つつ自分の意図するところを遂行してもらうというほうがうまくいく場合が多い。単に命《めい》これに従うというより、自主性をもって行なうようになるからである。

しかし、この信綱の場合のように、相手がむしろ自分の権威を軽んじているような場合には、なまじ相談的にやったのでは、かえってますます軽んじられてしまうことにもなりかねない。だから、将軍の権威を背景に、みずからを権威づけつつ、相手に責任を自覚させていった信綱のやり方は、この場としては最も当を得たものであったといえよう。

いずれにしても、単に命令すればそれで事足れりということでなく、いかに相手にそれを責任をもって遂行してもらうかということを考えつつ、適切に命令していくことが大事なのである。

目標を与える

●指導者は次つぎに適切な目標を与えなくてはならない

一九六九年七月二十日、三人の飛行士を乗せたアメリカの宇宙船アポロ十一号は、月への着陸に成功、人間ははじめて月面に足跡を印《しる》したのであった。こうした人間の月到達というようなことは、ついしばらく前まではいわば夢物語としか考えられなかったことである。それが実現したことは、アメリカを中心とした非常に多くの科学者、その他の人びとの苦心の結晶だといえよう。

しかしここで見落としてはならないのは、こうした一連のアポロ計画は、一九六一年に当時のケネディ大統領が、「六〇年代の終わりまでに、アメリカは人間を月に着陸させる」と発表したことからスタートしたということである。つまり、ケネディが人間の月着陸という目標を示したことにより、多くの人の知恵と力がその目標に向かって結集され、アポロ十一号の成功となって実を結んだわけである。ここが非常に大事なところだと思う。

すなわち、指導者にとって必要なことは、一つの目標を与えることである。指導者自身は別にそのことに対する知識とか技能といったものはもっていなくてもいい。ケネディとて、宇宙衛星に関する科学的な知識や技術をもっていたわけではないと思う。そういうものは、それぞれの専門家を使えばいいのである。しかし、目標を与えるのは指導者の仕事である。その仕事は他のだれかがやってくれるわけではない。指導者みずからやらなくてはならない。もちろん、その目標自体が適切なものでなくてはならないのは当然である。だからそのためには、指導者はそういう目標を生むような哲学、見識というものを日ごろから養わなくてはならない。

目標が与えられれば、その目標に対して、知恵ある人は知恵を、技能ある人は技能をといったように、それぞれの人がもてるものを提供してくれる。だから人びとの知恵と力とが結集され、月着陸という偉業も達成されるわけである。けれども、目標が示されなければ、いかにすぐれたものをもった人びとがいても、それをどのように発揮したらいいかがはっきりしないから、みなの働きがバラバラになって、大きな力とはなり得ない。

だから指導者は、自分の哲学なり体験に基づいて、その時どきに応じた適切な目標というものを次つぎと与えることが必要である。いささか極端にいえば、指導者はそのことさえ的確にやっていれば、あとは寝ていてもいいといってもいいほどである。まず目標を与えること、それを指導者は忘れてはならないと思う。

持ち味を生かす

●――指導者は自分の持ち味によって事をなさなくては失敗する

後漢の世祖光武帝《こうぶてい》が、国内統一の過程で隴西《ろうせい》の地を平定した時のことである。まだそのとなりの蜀《しょく》の地は、独立して光武帝に対抗していた。そこで光武帝は、「人間というものは足ることを知らないものだ。今自分は隴を得たが、さらに蜀を望もう」と宣言し、間もなくあらためて兵を起こして蜀をも得たのである。

ところが、それから二百年ほどたったいわゆる三国時代に、魏《ぎ》の曹操《そうそう》がやはり兵を進めて隴西を手に入れた。その時に部下がさらに蜀をとることをすすめたところ、曹操は、「自分は光武帝ではない。すでに隴西を得たのだから、その上になぜ蜀を望む必要があろうか」といって、兵をおさめたという。

これは非常に面白いと思う。光武帝も曹操もどちらも卓越した英雄である。それが一方は、「隴を得て蜀を望む」といい、一方は「隴を得て蜀を望まず」といっている。いったいどちらが正しいのかということになるが、これはどちらも正しいというのがほんとうだろう。つまり、その時の情勢とかいろいろなことから総合的に判断して、光武帝は蜀を攻めることを是とし、曹操は非としたのだと思う。

ひところ山岡荘八さんの『徳川家康』が大変に読まれ、各界の指導者の間で家康ブームが起こったことがあった。たしかに家康は日本の歴史上最もすぐれた指導者の一人であり、その考え方なり業績に学ぶべきものが多々あるのはいうまでもない。しかし、だからといって他の人が家康の通りにやったらうまくいくかというとそうではない。むしろ失敗する場合が多いと思う。というのは、家康のやり方は家康という人にしてはじめて成功するのであって、家康とはいろいろな意味で持ち味のちがう別の人がやっても、それはうまくいかないものである。だから、家康のやり方をそのまま真似るというのではなく、それにヒントを得て自分の持ち味に合わせて生かすことが大事なのである。

人にはみなそれぞれにちがった持ち味がある。一人として全く同じということはない。徳川家康はあくまで一人なのである。だから、それぞれがその持ち味を生かした指導者としてのあり方を生み出していかなくてはいけない。

そういう意味において、光武帝の故事を知りながら、それとはちがう自分というものを自覚して、あえて反対の行き方をとった曹操は、やはり偉大な英雄だといえよう。

勇気をもつ

●――指導者に必要なのは匹夫《ひっぷ》の勇《ゆう》ではなく、正義に立った大勇である

孔子がある時門弟たちと話をしていて、顔回《がんかい》という弟子の徳を非常にほめた。すると、それを聞いていた子路《しろ》という武勇にすぐれた弟子が、「それでは先生は軍隊を率いて戦おうという時、だれと一緒に行きますか」とたずねた。暗に、「体の弱い顔回じゃだめでしょう。私のような勇敢な者でないと」というつもりである。

ところが孔子は、「虎に素手で立ち向かったり、大河を徒《かち》で渡ったりして、まかりまちがえば命を捨てるような無鉄砲なことをする人間とは、私は行動をともにしない。綿密に計画して、慎重にそれを遂行するような人間でなくてはだめだ」と答えたという。子路は一本とられたわけである。

もちろん、孔子は決して勇気というものを否定しているわけではない。別の機会には、「仁者は必ず勇あり」ともいっているのである。ただ、その勇気は一つの道というか正義に基づく大きな勇気であって、単なる向こう見ずの勇気ではない。というより、そういったも

のは勇気とはいえないということだと思う。

実は私自身こういったことで人から教えを受けた経験がある。戦前のことである。競争相手の会社が非常に無茶な安売り競争を始めた。こちらも若かったから、「よし、こうなったら徹底的に安売り競争をやってやろう。やる以上は絶対負けない」と考え、それをあるお坊さんに相談した。そうするとその人は、「そりゃ面白いですな。あなた一人だったら大いにやるのもいいでしょう。しかし、今のあなたには大勢の社員もいるし、その人たちには家族もいる。あなたは大将です。この際ひとつやってやろうというのはいわば匹夫の勇でしょう。大将は自分一個の怒りにかられて、そういう匹夫の勇をふるってはいけません」というのである。それを聞いて、私もなるほどその通りだと考え直し、安売り競争に巻き込まれず、自分の是とする道を行き、結果的にはそれがお得意先の信用もまし、成功に結びついたのであった。

だから、指導者は勇気をもたなくてはいけないが、それは単なる匹夫の勇、無鉄砲な勇気であってはならない。つねに何が正しいか、何をなすべきかということを考えつつ、その正しいこと、なすべきことを行なっていくについては、たとえ千万人といえどもわれ往《ゆ》かんというような真の勇気、大きな勇気をもつことが大切なのである。

乱を忘れず

◉――指導者は〝治にいて乱を忘れず〟の心がまえが大切である

朝鮮で戦っていた加藤清正が、秀吉から召喚の命《めい》を受けて、前線から引き返す途中、密陽というところで、友将戸田高政の接待を受けることになった。そのあたり二、三十里（注：一里＝約四キロメートル）は日本側が制圧し、相手方の軍勢も全くなく、治安も安定していたので、高政や家臣はみな平生《へいぜい》の服装で出迎えた。ところが、清正の軍は全員戦場に出向くようないかめしい姿で到着した。そして城中に入った清正が腰につけていた袋をとりはずしたので、見ると、米三升に干味噌と銀銭が入っていた。

そうした姿に、高政がやや機嫌を損じ、「このあたりに敵もいないのに、どうしてそんなものものしい格好をするのだ」とたずねると、清正は、「たしかにその通りだが、しかしとかくものの大事は油断から起こる。敵がいないからと油断して備えを怠っていて、万一に急変が起こったら、これまでの戦果も全く水の泡になってしまう。そうでなくても、下の者はつい油断しがちになるもので、まして大将の自分が少しでもくつろげば、下これにならうということもあるように、みな大いに油断してしまう。そうならないために、自分は面倒をいとわず、こうしているのだ」と答えたので、高政も非常に感ずるところがあったという。

人間はとかく易《やす》きにつきがちで、だから無事太平の姿が続くとついそれになれてしまい、何か事が起こってはじめてあわてるといった姿に陥ることが少なくない。そういう姿に対して昔の人は〝治《ち》にいて乱を忘れず〟ということばをもっていましめている。

波風のない安定した状態がいつまでも続けばいいけれど、世の中というものは変転きわまりなく、いついかなる事態が起こるかもわからない。だから、平和で順調な時にあっても、つねに混乱、逆境というものに思いをいたし、心がまえの上でも、実際的な点でも、いわば物心両面の備えを怠ってはいけないということである。

このことは、人間一人ひとりの処世の心がまえとしてももちろん大切であろうが、やはり清正のいうように、何といっても、まず指導者が心すべきことである。指導者が治にあって治に溺れるというような姿でありながら、下の者に「乱を忘れるな」といっても、それは無理というものである。たとえ下の者は乱を忘れても、指導者がこの心がまえをしっかりもっていれば、それなりに乱に対処する道は生まれてくると思うのである。

理外の理

●――指導者はふつうの理を超えた、より高い理を知らなくてはならない

中国の戦国時代、趙《ちょう》の国に趙奢《ちょうしゃ》という将軍がいた。ある時、秦《しん》の軍隊が趙の一地方に進攻し、そこを包囲したので、趙王は将軍たちに、「あそこを救えるかどうか」とたずねたところ、みな「あの地方までは道も遠く、また険阻な土地ですからむずかしいでしょう」と答えた。ところが趙奢は、「道が遠く険阻だから、そこで戦うのは二匹のねずみが穴の中で争うようなもので、勇敢なほうが勝つでしょう」といったので、王は彼を派遣し、趙奢は自分のことば通り、秦軍を打ち破り、その地方を救ったという。

理外の理ということばがある。理論的には一たす一はつねに二になるが、現実には必ずしもそうはならない。一たす一が十になったり、時にはマイナスになったりする場合もある。それを知らずに理屈だけで考えて事をなしたのでは往々にして失敗してしまう。

もっとも理外の理といっても、ほんとうはそこにより高度な理というか、いわば目に見えない高い摂理が働いているのであろう。そういうものをつかむことが、理外の理を知るとい

うことだと思う。

道が遠くけわしいところだから救うのはむずかしいというのは、だれもが考えることで、ふつうの理だといえる。けれども、だからこそ勇敢なほうが勝つ、というのはそうしたふつうの理を超えた、理外の理であろう。そういうものを趙奢という人はつかんでいたわけである。

彼の息子の趙括《ちょうかつ》は頭もよく、兵法も勉強していた。ある日親子で軍事を論じたところ、息子の論に父親の趙奢は反駁《はんばく》できなかったが、しかし彼は息子をほめなかった。妻がそのわけを聞くと、「戦《いくさ》というものは命がけのものだ。それを趙括は理屈だけで軽く考えている。もし、あれが将軍になったら、この国を滅ぼすことになるだろう」といったという。

はたせるかな、彼が死んで数年ののち、再び秦との戦いが起こった時、趙括が将軍に任ぜられた。そして、自分の考えで今までの軍令をすべて改めて戦った結果、数十万の大兵を失うという大敗北を喫し、趙の国運を大きく傾ける結果になってしまったのである。

結局、学問もあり、理論的にものを見る人ほど、ともすればそれにとらわれて、理外の理を軽視しがちである。学問も理論ももちろん大切ではあろう。だが、やはり指導者はそれだけにとらわれず、より高い理外の理というものをはっきりとつかむよう心したいものだと思う。

再び謙虚と感謝

◉——指導者はその団体でいちばん謙虚で感謝を知る人でなくてはならない

指導者の条件について、歴史上の人物にその例を求めて考えてきた。けれども、そうした先人もさることながら、今日においてもそれに劣らない立派な指導者が各界におられると思う。実際、私が最近お会いする機会があった人びとの中にも、指導者としてすぐれた成果をあげている方が何人かおられた。その中には企業の経営者もあれば、団体の指導者の立場にある人もある。いずれも、その業績も立派であり、また人柄もまことに好もしいという人ばかりである。

私は、その人びとが指導者として日々どのようなことを考え、実践しておられるかくわしくは知らない。ただ、お話のはしばしなどから、これまでにのべてきた百一カ条の内容を、それぞれの人なりに考え、行なっておられるように思われた。そして、その中でも特に共通して強く感じられることがある。それは、どの人もまことに謙虚であるということである。そして、きわめて感謝の念にあつい人でもある。そのことが、私がお会いした今日のすぐれた指導者の人に共通していえるように思う。

経済界の不況の中にあって、着実に業績を伸ばしておられる経営者の人がある。ところが少しもそれを誇らない。「ありがたいことですが、あまりうまくいきすぎて、自分でも恐ろしい」といわれる。そして私に、衆知の集め方を教えてほしいとたずねられる。

また、隆々と発展しているある団体の指導者の人は、私が訪問すると、約束の時刻の十分も前から玄関に出て待っておられる。そしてこちらが恐縮するほど辞を低くして迎えてくださる。その隆盛にいささかもおごるような気持ちが見られない。

結局、それらの人びとは、その会社なり団体の最高指導者でありながら、いちばん謙虚で、だれよりも感謝の心が強いように思われる。そして内外の人につねにそうした謙虚な心持ちと態度で接しているのであろう。それで、だれもがその人に好感をもつから、そこにおのずと内外の衆知が集まってくる。それが会社を発展させ、団体を隆盛に導く最大の力になっているのだと思う。

謙虚ということも、感謝についてもこれまでにのべたことではあるが、最近の体験から指導者にとってのその大切さがあらためて痛感されるので、あえて最後にくり返して強調したしだいである。

あとがき（旧版）

以上、日本と中国を中心に先人に学びつつ、私なりに指導者のあり方について、百二カ条にわたってのべてまいりました。何分にも歴史に関して十分な知識ももたないままに多くの事例を引きましたので、その解釈などには当を得ていない面もあろうかと思いますが、私自身読み返してみますと、そうした先人の足跡には興味尽きないものがあるように思われます。「なるほど、こういう時にはこのように考え、行動しなくてはいかんな」と考えさせられる点がいろいろあるのを感じます。ですから、解釈はいろいろにできるでしょうし、またその応用の仕方はさまざまであっていいと思いますが、やはり指導者としては、ここにのべたようなことを重んじ、自分なりにそれについて考え、生かしていただくことが好ましいのではないかと思うのです。

もとより指導者として大切なことは、これに尽きるものではありません。けれども、ここにのべた百二の項目は、どの一つをとっても指導者として欠くことのできないものではないかという感じがします。もちろんそれぞれの項目はお互いに独立しているというよりは、相関連しているものだと思います。そして、どの一つをとっても、それを完全に行なうことはきわめてむずかしく、また勇気のいることです。したがって、このすべてについて完璧であるということは、神様でもないかぎり不可能だといってもいいでしょう。私自身、こうしたものを書きながら、自分がいかに実行できていないかをあらためて感じさせられてもいるのです。

けれども、同時に、私自身のささやかな体験なり見聞の範囲で考えても、やはり指導者である以上、あるものは八〇パーセント、あるものは三〇パーセントというように程度の差はあっても、この百二カ条すべてについて、多少とも考え実行できているものがなくてはならないという気がします。ある項目については全くゼロだという人があれば、いかに他の点ですぐれていても、その人は指導者としての資格に欠けるものがあるといわなくてはならないと思います。

指導者というものは、たとえ三人の人の上に立つような立場でも、それほどの重い責任を一面になっているのではないでしょうか。まして、大きな団体、大きな企業、さらには一国の指導者ともなれば、その責任はまことに重く大きなものがあると思います。その重大な責任を、指導者の立場にある人は強く感じなくてはならないと思うのです。

今、日本において、各界の指導者の方がたのあり方というものを考えてみますと、政治の面でも、教育の面でも、企業経営その他の面でも、必ずしも適切とはいえない点もありはしないかと思われます。指導者の責任ということが一応は考えられていても、それに徹するという点に欠け、ものの見方に妥当でない面があるのではないか、信念に力強さが足りないのではないか、そこから今日の混沌とした状態が生まれてきているのではないか——。そうしたところに反省すべきものがあるような気がします。

もともと、国といわず、団体といわず、企業といわず、指導者が一つの理念なり使命感、信念をもって運営していくならば、おおむね指導者の思い通りに進めていけるものだと思います。指導者が正しい指導理念、正しい使命感、正しい信念をもっていれば、指導者の思うままにその団体は動き、成果もあがり、発展も生まれてくるでしょう。だから指導者の責任はきわめて重いわけで、指導者はつねに自分の指導理念にあやまりがないか、正しい使命感、信念をもっているか、自分のやり方は適切であるかといったことを自問自答し、また他の人にも問いたずねていきつつ、検討を怠ってはならないと思うのです。

ですから、指導者は最もよく他人に意見を聞き、いわゆる衆知を集めそれを生かせる人でなくてはなりません。同時に指導者は自分の集団、団体の欠点にとらわれてはならないと思います。自分に対してはきびしいものをもつことが必要ですが、他人に対しては、いわゆる清濁《せいだく》あわせ呑むといいますか、寛容な心をもつことが大切だと思うのです。

また、私欲にとらわれないことも、心しておくべきでしょう。指導者といえども人間ですから、いろいろな欲望をもつのは当然です。しかし、自分一個の欲望にとらわれるのは指導者としては好ましくないことであり、極力避けなくてはならないと思います。もっと大きな、団体のこと、国のことを思う、いわば大欲というものをもちたいと思うのです。

こうしたことは、すでに本文の各項目の中でいろいろとふれたことですが、あらためて考えてみて大切だと思われますので、あえてここでものべたしだいです。

いずれにいたしましても、本書の多くの引例にもありますように、すでに千年も二千年も昔に、人間として指導者としての非常に立派な教え、すぐれた業績を残した人びとがたくさんおられるのです。にもかかわらずそれがなお今日に十分生かされてはいないわけで、そういう意味では人間というものはあまり進歩していないともいえましょう。

立派な教え、すぐれた手本はいくらでもあるのですから、われわれは素直にそれをとり入れ、自分の持ち味に従って応用し、生かしていったらいいだけです。それができていないのは、結局、人間、特に指導者が、自分の利害とか感情、欲望、一個の知恵などにとらわれて、素直な心を失っている面があるからではないでしょうか。素直な心なしには、どんな立派な教えも生かせないと思います。

ですから、世の各層の指導者の人びとは、まずこの素直な心になることをみずから念じ、これを養い高めていくことが大事ではないかと思うのです。素直な心こそ、指導者にとって、またこれから指導者たらんとする人びとにとって、さらには人間としていちばん大切な基本の心がまえだといえましょう。私自身もそういうことを考えつつ、日々素直な心になるようつとめ、自分なりに本書の一条一条について勉強し、少しでもそれを生かしていければと思っております。

主な参照図書

饗宴（筑摩世界文学大系3　プラトン　所載）プラトン著　鈴木照雄他訳　筑摩書房刊
謙信と信玄　井上鋭夫著　至文堂刊
現代人の日本史　河出書房新社刊
黄河の水　鳥山喜一著　角川書店刊
語録永遠の言葉　大内兵衛編　平凡社刊
三国志演義上・下　羅貫中著　立間祥介訳　平凡社刊
史記　貝塚茂樹著　中央公論社刊
史記Ⅰ・Ⅱ　司馬遷著　小竹文夫他訳　筑摩書房刊
思想の歴史　平凡社刊
修養全集　大日本雄弁会　講談社刊
新訂中国古典選　朝日新聞社刊
人物逸話辞典　森銑三編　東京堂刊
人物・日本の歴史　読売新聞社刊
西洋故事物語　阿部知二他編　河出書房新社刊
諸子百家　世界の名著10　金谷治責任編集　中央公論社刊
現代に生きる孫子の兵法　岡村誠之著　産業図書刊

大世界史　文藝春秋刊
高杉晋作　奈良本辰也著　中央公論社刊
中国故事物語　後藤基巳他編　河出書房新社刊
定本名将言行録　岡谷繁実著　人物往来社刊
日本逸話大辞典　高柳光寿他編　人物往来社刊
日本史の人物像　筑摩書房刊
日本の歴史　中央公論社刊
日本の歴史　読売新聞社刊
兵部大輔大村益次郎先生　高梨光司著　大村卿遺徳顕彰会刊
仏・親鸞・人生：普賢大円集　普賢大円著　教育新潮社刊
無門関上・下　村瀬玄妙著　浪速社刊
明治人物逸話辞典　森銑三編　東京堂出版刊
名臣言行録　安藤英男著　時事通信社刊
解題注釈毛沢東選集第五巻〈第一・二・三分冊〉毛沢東著　中国研究会訳　三一書房刊
要約近世日本国民史　徳富蘇峰原著　時事通信社刊
論語物語　下村湖人著　講談社刊
日本の名君　中沢圣夫　ＰＨＰ誌所載

MATSUSHITA
KONOSUKE
SENSHU

決断の経営

まえがき（旧版）

われわれは、日々、さまざまな面で決断を迫られている。仕事上の問題もある。また人生上の問題もあろう。経営にしろ商売にしろ、また家庭や学校、その他社会のあらゆる面の生活、活動の上において、決めなければならないことが次つぎと出てくる。

決めにくい問題もある。決めたくない問題もある。決めることがむつかしい事柄もあろう。けれども、だからといって、決めないままで日をおくっていては、事は進まない。問題は解決しない。よりよい姿は生まれない。

だから、われわれ人間は、決めなければならないときには決めなければならない。勇気をふるって決断を下さなければならない。それが日々、われわれに求められているのである。

迷うときもあろう。どうしたらいいかわからないときもあろう。それは人間だれしも同じだと思う。だから、お互いに、他の知恵に耳を傾け、衆知を集めて、のぞましい判断、決断を求めていきたい。

そうして、それぞれが日々の生活、活動において適切な決断を下すことによって、お互いによりよい人生、活動を進めていきたい。それがお互い人間の共同生活の向上につながり、やがてきたるべき二十一世紀への新しい歩みにもつながるのではなかろうか。
本書は、私のこれまでの経営上の体験の具体例をとりあげ、それを決断という観点から改めて見直したものである。こうしたものが果たしてお役に立つかどうかわからない。が、あるいはこうしたものもみなさんの日々の決断にあたってなんらかのご参考となるのではないか、という気もする。そういうことから本書をまとめてみたわけであるが、ご高見いただければまことに幸せである。

松下幸之助

昭和五十四年二月

『決断の経営』目次

第二章　迷いと確信

第三章

正しい道

第四章

求める心

第五章　人を動かす　395

【おことわり】

本作は旧版（最新版＝PHP研究所、二〇〇七年）の内容を原則として踏襲していますが、一部、修正を加えた箇所があります。巻末の解説、注釈、索引、略年譜は新たに付しています。旧版発刊（オリジナル版＝PHP研究所、一九七九年）当時の時代状況に関する記述については、現代では必ずしも事情が同じでないものや、やや適切さを欠くと思われるものもありますが、本書ではそのままの表現で残しています。また、本書の中に言及されている歴史上のエピソードについては、一部史実と異なる可能性もありますが、本書の趣旨に鑑み、原文のままとしています。

序章

私の決断のしかた

決断とひらめき

企業経営を進めていく上でつねに大切なことの一つは、事にあたって正しく判断し、決断を下すということである。その場合、どういうことが大切かは人それぞれによってちがう。ある程度インスピレーションのようなものが働いて決断を下すという人もあろうし、また自分の体験の中で身につけてきた判断なり決断のノウハウといったものにもとづいて、判断し決断するという人もあろう。

私の場合、これまでどのように判断し、決断してきたか。それについてのべる前に、あらかじめ私の決断のしかたについていうと、それは私自身の生活体験にもとづいている。

たとえば、昔、まだ松下電器が小さな町工場であったころには、私はみんなに相談せずに決断していた。仕事を進めていく上での大事な問題の決断にしても、交渉先へ行って相手と話しているうちに「これはこうすればよい」というようにひらめいて決断する、というやり方をしていた。

これは一つにはその方がはやかったからであった。しかし同時にもう一つの事情によるものでもあった。今日の松下電器であれば、判断し、決断を下す前にみんなの意見を聞いたり、衆知を集めることもできる。また、みんなの意見はどうであろうかということをつね日ごろから察知しておくことも必要である。しかし、昔まだ松下電器が町工場であったころには、そういうこと自体ができなかった。会社で働く人たちの人数も少なく、また年齢の若い者ばかりで、人が育っていなかった。だから、みんなに相談しても、いいとか悪いとかいう意見が出る状態ではなかった。この状態の中にあっては、その時どきの私個人のひらめきによって判断し、決断するほかなかったともいえるわけである。

私は九歳の年から実際の仕事についた。そして商売のことはもちろん、人間や社会のことについて多くの人びとから教えをいただき、学びつつ歩んできた。そういう実世間の仕事を通じて身につけた生活体験がある。その生活体験から物事に対する直観力というものがおのずと生まれてくる。そこで、私は私個人のその時どきのひらめき、直観力にもとづいて判断し、決断を下すというやり方をおのずと身につけたのであろう。しかし、その時どきのひらめきだけでつねに適切妥当な判断をし、決断を下すというわけにはいかない。やはり、判断する場合にはおのずとそれなりの基準がある。その基準によって判断することになるわけである。

それでは、私の場合、どういう基準があるのかというと、これはいろいろな面があるから一概にはいえない。けれども、一ついえることは、なにが正しいか、ということである。すなわち、こうしたら自分の得になるとか、損だとかという利害で判断するのではない。つねになにが一番正しいかを考える。そして、その正しさを基準にするわけである。だから私の判断の基準としては、自分の商売の損得というものはおのずと第二になっている場合が多かったように思うのである。

一方、私が物事を判断し、決断する場合には、〝生成発展〟という点を念頭におくことも少なくないように思われる。

生成発展とは、一口にいうと、〝日に新た〟ということである。すべてのものはたえず動き、たえず変わりつつある。これはいわゆる自然の理法であり、宇宙の姿である。すなわち万物いっさいは、この生成発展の姿の中にある。したがって、会社の経営も基本的にはこの姿につながるものであって、松下電器もたえず日に新たな歩みを進めなければならない。

私はたえず、この生成発展の理法にもとづく経営を目ざしてきた。したがって、この生成発展ということも物事を決断する際の一つの基準というか、考え方の拠りどころとなるように思われるのである。

もっとも、生成発展が決断の拠りどころとなるといっても、それだけで決断を下すことができるわけではない。

やはり決断を下す場合には、一応常識的に損得というものを考えるのがふつうである。しかし常識的に損得を考えると判断がつかないという場合もある。そういう場合、それを運否《うんぷ》天賦《てんぷ》とするのではいささか頼りない話である。やはりそこには期するものがあるべきだと思う。

自分のやっていることは正しいのだとか、自分はこういう使命に立っているのだからこれをやるのだ、もしうまくいかなくてもそれはしかたがない、というような心境が大切だと思う。そしてそのことは私心にとらわれない、ということに通じると思う。そのことで心に浮かぶのは、あの山崎の合戦にかけつけた羽柴秀吉のことである。

私心をはなれる

主君である織田信長が本能寺で明智光秀に討たれたことを知った秀吉は、とるものもとりあえず、ただちに光秀と一戦を交えるべく京都にかけつけた。当時、秀吉は、信長の下の数多くの武将の中でも最も遠方で戦っていたうちの一人である。京都の近辺には、信長の息子もいた。ところが、有力な武将たちも、信長の息子も、信長のかたきである光秀を討ちに立ち上がらない。かけつけない。いわば形勢を観望しているわけである。

しかし、秀吉は、ただちに決断を下した。すなわち、戦っていた相手の毛利と和睦し、不眠不休で京都へかけ戻ってきたのである。そして有名な山崎の合戦に勝利をおさめ、光秀の軍勢を討ち負かし、みごと主君のかたきを討った。

秀吉はなぜすぐにかけ戻ったのか。これについてはいろいろな見方がある。天下を手に入れるチャンス到来とばかりに喜び勇んで帰ったという見方もあるようだ。しかし私は、そういう利害や打算ではないと思う。

当時の社会の良識というものからして、主君のかたきは不倶戴天《ふぐたいてん》のかたきであり、ともに天をいただかない、ともに生きてはいない、という考えがあった。だから、秀吉はそういう良識に素直に従って、これは主君のかたきを討たなければならない、そうするのが当然の行動だ、ということで京都にかけ戻ったのだと思う。

天下を自分のものにしてやろうなどという野心が先に立っていたのであれば、なかなかあのように事がスムーズに運ばなかったであろう。自分の利害を超越し、そしてなすべきことに一心にとり組んだ、そういう私心をはなれた態度、行動であったからこそ、秀吉にあの成功がもたらされたのではなかろうか。

勝つだろうか負けるだろうかなどと心配して、なすべきことから逃げていたのでは事は成らない。やはり大切なことは、なすべきは私心をはなれて断固行なうということである。そういう態度から、より適切妥当な決断も生まれてくるのではないかと思う。

常識にとらわれない

秀吉の主君であった織田信長についても、興味深いことがある。それは、あの桶狭間の戦いのときの信長の決断である。今川義元が上洛を目ざして二万の大軍をひきいて進んできた。

そして信長の居城清洲《きよす》城へ向かって進撃し、桶狭間まで軍を進めて休止した。そのとき、信長は、今川勢を迎え討つか、それとも籠城して戦うかということを軍議にかけた。そうすると、老臣、家来たちは、わが軍二千ではとても今川の大軍には立ち向かえない、歯が立たないから籠城した方がよい、という意見である。

籠城すれば、やがてどんな情勢がおこってくるかわからない、あるいは援軍が来るかもわからない、だから時を待った方がよい。こういう意見を老臣、家来たちがのべたわけである。

家来たちがみなそういう意見であれば、それでは籠城しようか、と考える殿様もいたかもしれない。しかし、信長はそうではなかった。信長は老臣たちの意見に反対した。そして、「お前たちは勝手に籠城せよ。わしは坐して死を待つようなことはできない。同じ死ぬのであれば、いさぎよく討って出て力の限り戦って死ぬ方がよい。わし一人でも討って出るから、見ておれ」ということで、ヨロイ、カブトに身を固め、馬にうちまたがって出陣していった。

もう家来たちも議論どころではない。主君が一人で出陣していくのを見送ってはおれない。やはり主君を見殺しにすることはできない。一も二もなく主君に続いて出陣するのが家来の道であるということで、あわてて家来たちも馬を引き出して出陣した。そして信長のあとを追いかけたわけである。

その結果、桶狭間の戦いで、みごと信長は敵の大将今川義元の首を討ち取ることができた。大勝利である。常識から見ると、考えられないような信長の行動であったが、その信長の決断、行動があったからこそ、大軍を相手にして当然負けるような戦いに勝利を得たのである。

もちろん、ちょうど折よく激しい雷雨があって、敵の目をくらますことができたとか、敵が全く油断していたとかいったことはあった。うまく敵の本陣をみつけることができたということもあった。しかし、そういう幸運を呼びよせたのも、常識にとらわれない信長の決断の力づよさがあったからだともいえるのではなかろうか。

家来たちが籠城を主張したのは、いわば世論である。信長はその世論に反したのである。常識的な考え方にとらわれなかった。その世論に従わなかった信長が、とうてい勝ち目のない戦いに勝ちをおさめたわけである。

こうした信長の姿を考えてみると、これはもちろん歴史の上でも特殊な例だとは思うが、非常な困難に直面した非常の際には、常識にとらわれないというか、たとえ世論に反しても自己の信念に従って是なる行動をとるといったことも、一面必要な場合があるのではないかという気がする。

ふつう一般の場合には、やはり世論に従い、常識の範囲内で物事を考え、決断し、行動することが大切であろう。けれども、時と場合によっては、世論に反するような決断も必要ではないか、ということである。

自分中心が迷いのもと

いずれにしろ、やはり実際問題として、その時その場合にふさわしい決断を正しく下すのはむつかしいことである。すぐに決断を下せる場合も多いが、反対に、いくら考えてもどうすればよいかわからない、考えれば考えるほどむつかしくなって、なかなか事が決められない、という場合もある。

私自身も、今もって迷うことが少なくない。むつかしい問題については、いろいろと心が迷う。昼も考え、夕方も考え、夜になってもまだ考えて、それでもなかなかこれはという答えがみつからず、フトンに入っても眠れない。なかなか眠りにつけない。こういう場合も少なくない。

なぜこのように迷うのか、なぜスッキリと決断できないのか、ということを自問自答する。そうすると、一ついえることは、自分を中心に考えている場合に心が迷いやすい。自分を中心に考えると、心が迷いに迷って、なかなか決められない、ということがあるように思う。

すなわち、自分の利害がどうだとか、自分の立場がどうこうとか、自分の評判、声価といったものを中心に考えていると、なかなか物事が決められない。どのように決めても、なかなか自分に都合よくはならない、どこかになにかマイナスが生じかねないということで決断がためらわれる、迷いに迷うということである。

だから、こういう場合には、これではいけないと考え直して、しばらく自分というものを考えから抜いてみる。そして素直に全体のためにはどうあるべきか考えてみることが大切である。そうすれば、迷ってばかりいたという状態からぬけ出して、これはこうすべきである、という答えがハッキリとわかってくる。しかも、その答え、決断というものは、おおむねあやまちの少ない、正しいものである場合が多いのではないかと思う。

そういうことを考えてみると、お互いに、自分を中心に物事を考えないように気をつければよいわけだが、しかし、それがなかなかむつかしい。ついつい、われわれは自分を中心に考えてしまう。なぜそう考えるか。それはやはり、人間には欲望があるからであろう。

ああしたい、こうしたい、あれはこうあってほしい、といった願望、欲望がある。その欲望によって物事を考える場合に、どうしても自分中心的な考え方が出てきがちである。

ところが、この欲望というものは自分だけにあるのではなく、お互いそれぞれに欲望がある。自分の欲望を満たしたいと考えても、他人も自分の欲望を満たしたいと考えている。だからそれが互いに衝突する。それで、なかなか自分の思うようにはいかない。そういうことで迷いはますます深まってしまう。

だから、そういう姿を避けるためには、やはり自分にとらわれずに、素直な心で物事を考え、決断していくことが大切だと思う。それは具体的にいえば、たとえば第三者の意見を聞いてみることも必要であろう。自分はこう考えているが、あなたはどう考えるかということを聞いて、相手なりの意見を求める。その意見に自分が得心すれば、そこで決断する。

得心できない場合は、さらに別の人の意見も聞く。二、三人の意見を聞いてみて、その上でなお自分なりによく考え、そして決断を下す。人の意見には、賛成もあれば反対もある。賛成は賛成で結構だが、反対意見も貴重である。反対意見には、自分の気がつかなかった点の指摘もあって、広く衆知を集めることからいっても、まことに大事である。

要は、そのように、素直な心で広く衆知を集めて物事を考えれば、自分中心に考えるという姿を避けることもできやすくなる、ということである。そこからは、あまり迷うこともなく、比較的スムーズに適切な決断を下すこともできるようになっていくのではないだろうか。

決断はゴールではない

なお決断ということについて、もう一つ考えておかねばならない点は、決断が最後のゴールではなく、むしろ物事の始まりだということである。決断さえ正しく下したら、それで事が終わりということではない。むしろ決断は物事の始まりであり、決断したあとが大事である。たとえば、本文中でもふれるけれども、私は明治四十三年、数えで十七歳のときに五代自転車店の奉公をやめて電気関係の仕事にかわろうと決断したが、その際も、それを決断したあとの方が大変だった。

またこれも本文中でふれるが、ラジオを発売したときでも、ラジオをつくろうという決断はすぐにできたが、その決断を実際の姿にあらわしていくのに、なかなか手間がかかった。

だから、大切なことは、決断そのものよりも、決断したことをいかに辛抱づよく実現していくか、ということだとも思える。

問題が複雑な場合には、一つの決断を行なえば、さらにまた次の決断を迫られ、そのあとも続いて決断すべきことが出てくるといったように、決断が決断を生むというような姿も出てくる。だから決断をすればそれで万事が終わり、といった簡単なものではないわけである。

けれども、そうはいっても、はじめに決断がなければ、なにをしていいかわからないということにもなりかねない。決断があってはじめて、なにをなすべきか、どういう方向へ歩んでいけばよいか、といったことが明らかとなるのである。だから、そういう点からいえば、決断というものは非常に大事であり、いかに正しい決断を行なうかが、やはりきわめて大切な問題といえるわけである。

以上、私の決断のしかたについて、日ごろ考えていることの一端をのべてきたが、そういう決断のしかたの具体例というか、実際の例について、以下五章にわたってのべてみたい。

第一章　事をおこす

人生に失敗などはない

【独立自営への決断】

自分の身のふり方を決める。これは場合によってはお互い人間一生の大事である。だから簡単には決められない。あやまった身のふり方をしては、自分も周囲もマイナスになる。しかし、だからといって、それを恐れてばかりいたのでは、新しいことはなにもできないし、自他ともの向上発展も得られにくいであろう。

私は、大正六年六月に、それまで七年ほどつとめていた大阪電灯会社を退職して独立し、自分で商売を始めた。これは今日でいうところの脱サラである。自分で新しい道を選んだわけである。

なぜ私は独立にふみ切ったのか。そのきっかけは三つある。一つは会社生活の物足りなさ、それと父親のことば、それに自分で工夫してつくったソケットである。まず会社生活の物足りなさであるが、これは別にわるい意味ではない。それまで一般の工事人として働いていたのが検査員に昇進した。それでその仕事なり自分の立場としては、いわば大変恵まれた、楽なものとなった。しかし、しいていえば、楽すぎたのかもしれない。半日働けばあとの半日は遊んでいてもよいといった状態である。だから、人によってはこんな好ましい仕事はないとも考えたであろう。

が、私自身は、そうは考えなかった。検査員になったはじめのうちこそ喜んでいたが、一、二カ月もすると、物足りなくなってきたのである。若くて元気があったということもあろう。全力を注いで仕事をしてこそ充実感もあるが、半日ブラブラしているような状態では、なんとも物足りない。いわゆる生きがいの問題である。つまり、恵まれた会社生活ではあったが、仕事にハリがうすく、生きがいが十分に感じられなかった。これが一つの理由である。

次は父親のことばである。父は私が会社をやめたときには、すでにこの世を去っていたのであるが、私の小僧時代にこんなことがあった。すなわち、私が自転車屋で奉公していたときに、私を大阪貯金局の給仕に出さないか、という話があった。そのとき、母や私はのり気になったのだが父は反対した。父は私に向かって、「商売で身を立てるのが一番お前のためだ。商売で成功すれば立派な人をやとうこともできるのだから、給仕などするのではない」と言ってくれた。この父のことばが、私の胸の中にずっと残っていたのである。

私としては、奉公をやめて会社づとめはしたものの、その会社づとめに物足りなさを感じてきた今となっては、この父のことばに従うことが、やはり自分にとって一番よいことではないか、という気がつよくしてきたわけである。これが二つ目の理由である。

ソケットについては、私はかねがね、自分で電灯の配線工事などを担当してきていたので、もっと使いやすい便利で安定したソケットができないものかと、自分なりに工夫し、改良品を試作していた。そして、自分としては相当自信をもてる改良見本をつくることに成功していた。

ところが、この改良ソケットを会社で採用してもらおうと考えて、主任に見せたところ、意外なことに主任から一蹴された。「こんなものは使えない」というわけである。私は、主任には目がない、こんないいものがわかっていない、としきりに憤慨した。といっても、あとになってからは主任の言う通り、プラスもあればマイナスもある改良であることがわかったのだが、そのときには自信があっただけに、なんとかしてこの改良ソケットを製造し、みんなに使ってもらいたい、ということを考えた。

そこで、会社をやめてこのソケットの製造に専念してみたいと考えたわけである。これが三つ目の理由である。こういう三つの理由によって、私は他から見れば恵まれている会社生活からぬけ出し、独立の道を歩むことを決断したわけである。

もとより、七年間つとめた会社に対する愛着もあった。また、独立をしてからあとに不安を感じなかったわけではない。会社をやめて果たしてうまくやっていけるかどうか、十分な自信があったわけではない。未知の世界、未経験の道への歩みをふみ出すことになるだけに、一面、迷いもあったし、心もとないものも感じてはいた。

しかし、なんといっても二十二歳の若さがあった。失敗の不安よりも成功への希望がつよかった。たとえ万一失敗するようなことがあっても、そのときは再び大阪電灯でやとってもらえばよい。そしてもう独立などは考えずに、一生コツコツと働いていくことにしよう。こういうように考えると、独立への勇気も一層つよくなったわけである。

つまり、〝失敗してもともと〟というようなことばもあるが、万一失敗したとしてもそれはそれでよい、そのときはそのときでまたコツコツやろうというような心境になったとき、独立に対する不安はうすくなり、また迷いも少なくなって、ついに独立への決断を下すことができたわけである。

その結果、いろいろな困難はあったけれども、幸いにして私は再び大阪電灯へ戻らなくても、なんとか自分で仕事を続けることができた。そして、その後会社が大きくなっても、基本的には私のこの考えは変わらなかったように思う。というのは、あるとき人から、「松下さん、あなたは事業に失敗したらどうしますか」という質問を受けた。

そのとき私がとっさに答えたのは、「そうですな、そのときはうどん屋にでもなって、屋台を引いて商売します。どこよりもおいしいうどんをつくって必ずお客に喜ばれるようになってみせますよ」というようなことであった。つまり、その後もずっと、失敗してもともと、裸一貫からやり直す、というような気持ちがあったようである。だから、本当は人生に失敗などはないともいえよう。そして、こうした気持ち、心境というものがあるならば、不安や迷いはうすれて、比較的、決断への勇気も出てきやすいのではないかと思うのである。

身をすててこそ浮かぶ瀬も

〔自転車ランプの無料配布〕

商売には、一面危険が伴う。場合によっては、それが命とりになってゆきづまったり、倒産してしまうことにもなりかねない。だから、ふつうは危険を避けて歩むことが大切だと思う。けれども、時と場合によっては避けるべきでない危険というものもあるのではなかろうか。

松下電器は大正十二年三月、自転車用の電池ランプの製造を始めた。当時の自転車用のランプといえば、ロウソクを使ったもの、アセチレンガスのもの、それと電池のランプがあった。しかし、その三つとも、それぞれに問題があったのである。すなわち、ロウソクのランプは風が吹けば消えるので、自転車に乗っているとたえず降りてまたマッチで点火することのくり返しとなる。まことに不便である。これは私自身がいつも体験していたことであった。

また、アセチレンガスはとり扱いに手数がかかり、高価でもあった。電池のランプについては、わずか二、三時間で電池の寿命が来てつかなくなってしまう。当時の自転車ランプというものは、こういった状況にあったのである。

そこで私は、この三つのうちの電池ランプの改良を思い立った。というのは、電池ランプなら電気屋の仕事としてふさわしいのではないかと考えたからである。そこでさっそく試作品づくりにとりかかったが、これがなかなかむつかしい。なかなか満足できるようなものができない。それでとうとう六カ月間ほど試作につぐ試作を重ねて、およそ百個ほどの試作品をつくったのであった。その結果、ようやく、砲弾型の電池ランプをつくることができた。

このランプができたとき、私は自分でこのランプなら大丈夫だと思った。というのは、当時の電池ランプの寿命が二、三時間であったのに比べて、この砲弾型ランプは実に三十ないし五十時間も点灯が続いたのである。ケタちがいの寿命である。まさに画期的新製品が誕生したわけである。しかも、値段の点も、ロウソクのランプよりずっと安くつく計算である。

これだけ優秀なランプが売れないはずはない。大いに製造し販売して、世の多くの人びとに喜んでもらおうと考えた。

ところが、世の中というものは、そう簡単にこちらの思うようにいくとは限らない。この電池ランプの販売を開始してみると、非常に大きなカベにつきあたったのである。それはどういうカベかというと、世間一般の人びとはみんな、これまでの電池ランプにコリゴリしている。すぐ寿命が切れるあんなランプは使えない、という気持ちがつよい。

だから、この砲弾型電池ランプを問屋さんに持っていって、従来のものとはちがうその優秀性をよく説明し販売を依頼しても、けんもほろろである。「だめだめ、松下さん、こんな電池ランプをつくっても売れませんよ。持って帰ってください」というわけである。

これには困った。困ったけれども、私はこの電池ランプの優秀性を一〇〇パーセント信じているだけに、こんなバカなことはない、という気持ちがつよかった。冷静に考えてみると、結局、最大の問題は、この新しい電池ランプが従来のものとちがって優秀なものだということが認識されていないということである。

だから、私の次にとるべき道は、この電池ランプの優秀性をいかにして知ってもらうか、認識してもらうか、ということになる。これはもう、いくら口でながながと説明していてもはじまらない。実物で実際にその優秀性をたしかめてもらわなければならない。しかも、工場では次から次へと製造しているのだから、在庫もふえ、事は急を要する。一刻もはやく、多くの人びとに広く知ってもらわなければならない。

方法については必死に考えて、やがて結論が出た。何人かの人をやとって、この新しい電池ランプを自転車屋さんに置いて回るということである。しかも、ただ置くのではなく、ランプのスイッチを入れて点灯したまま置く。実際にどれだけ長くもつか、販売店さんに見てもらおうということである。これが一番よい方法だとの結論である。

問題は、それをただ置いて回るだけで売ったわけではないから、代金がもらえるかどうかわからないということである。結果を見て、よければお客に売っていただくこともお願いするから、全くのぞみがないわけではない。けれども、一応は無料で見本を大量に配布するのだから、当時の資金の乏しい松下電器としては、これは非常に危険なカケである。冒険である。

もしも失敗すれば、それはこの新製品だけの失敗ではなく、松下電器の経営の失敗である。ゆきづまりをきたすことは火を見るよりも明らかである。見本を配布したけれども少しも売れず、代金ももらえないとなれば、これは仕事を続けていくことはできない。店を閉めなければならなくなる。

しかし、私は、その危険に挑戦した。あえて無料配布の実行にふみ切ったのである。なぜふみ切ったか。その理由の第一は、もちろんそれが現状打開のための唯一の方法であり、道はそれしかないと考えたからである。同時に、新製品の優秀性に対する確信があった。それさえ知ってもらえば必ず売れる、ということをつよく信じていたからである。

そして心に浮かんだことばは、〝身をすててこそ浮かぶ瀬もあれ〟というものであった。危険を恐れていてはなすべきこともできない。自分の身の安全ということを一応度外視し、危険にあえて立ち向かう、そうしてこそ道がひらけることにもつながってくる。だからこの際は、自分は身をすててかかろう。そのように考えて、決断したわけである。

そこで、その結果であるが、これは非常な成功であった。この新しい電池ランプが本当に何十時間ももつことがわかった販売店さんは、大いにお客さんにもおすすめくださり、販売してくださった。松下電器への注文も日を追うごとに増加していった。そのため、前にはけんもほろろであった問屋さんたちも、販売店さんからの注文を受け、この新しい電池ランプのとり扱いを申し出てくださるようになった。そして、この自転車ランプは、やがて広く全国の人びとにお使いいただくようになり、大変喜ばれたのであった。

こうした体験によって、私は〝身をすててこそ浮かぶ瀬もあれ〟という古いことばは本当なのだな、とつくづく感じたのである。そして、大事を決断するときには、このことばも非常に勇気づけてくれるものの一つではないかと、改めて感じたのであった。

需要をどう見るか

〔アイロンの大量生産〕

新製品の製造、発売にあたっては、よいものを安く出したいと考えるのはだれしも同じであろう。けれども実際にはそれがなかなかむつかしい。よいものをつくれば、どうしても値段は高くなる。安くしようと思えば、品質を落とすか大量につくることである。しかし、品質を落とすのは好ましくないから、品質を維持しようとすれば、大量につくるしかない。けれども、大量につくってもそれが果たして売れるかどうか、これはわからない。

松下電器は昭和二年一月に電熱部を新設し、第一回製品としてアイロンをつくることを考えた。当時、アイロンは全国で一年に十万個足らずしか売れていなかった。その値段は当時としては高く、一流品の小売価格が四、五円であった。この価格では一般家庭が購入するのはちょっとむつかしく、どちらかというと余裕のあるハイカラな家庭だけが購入できるといった姿であった。

松下電器が電熱部を新設してアイロンをつくることを考えたのは、この便利な商品をもっと安い値段にして、より広く使われるようにしなければならないというところからである。

すなわち、このアイロンという便利な商品は、今は限られた一部の人しか使えない。それは値段が高いからである。だから、もっと値段を手ごろなものにすることさえできれば、より多くの一般大衆も買えるようになるはずである。

もちろん、それはただ値段さえ安くすればよいということではない。品質を落として安くつくるのでは、これはなんにもならない。人びとにも喜ばれない。品質は落とさず、現在の一流品と同じかそれ以上の品質のものをつくる。しかも値段は、今ある他の一流品のものの三割以上は安くしなければ出す意味がない。こういうように考えたのである。

こうした点をいろいろ検討し、松下電器として製造を開始する方向を大体決めたのであるが、やはり一番の問題点は、そういう条件を満たす新しいアイロンをつくるためには、数量を多くしなければならない、ということである。月に一万個はつくらなければ安くできない。もちろん、そのためには従来のものとは異なる新しい設計による製品を生み出さなければならないわけだが、それができたとしても、月に一万個という数をつくるのでなければ、やはり三割も安い新製品はとうていできないというのである。

問題はただ一つ、一万個もつくって果たして売れるのかどうか、ということである。当時の販売数は年に十万個だから、月になおせば一万個にも足りない。そのくらいしか売れていない日本の市場に、松下電器が一社で月一万個もつくった場合、それだけの数量が本当に売れるのかどうか。

常識的に考えれば、これはいささかムリがある。一挙に現在の販売数が二倍以上になるということは、ちょっと考えられない。ふつうに考えれば、これはやはり危険がある。つくっても売れない、ということにもなりかねない。そのおそれは多分にある。

しかし、そのおそれはあるかもしれないが、だからといって大量生産にふみ切らず、少量生産を行なうのであれば、それでは値も安くならない。安くならないのであれば、そもそもなんのために松下電器がアイロンの製造にのり出すのかわからなくなってしまう。

私は、どうすべきかいろいろ考えた。そして、このアイロンをなぜ松下電器が製造、発売するのかという原点に立ちかえってよく考えてみた。やはり一番の問題は値段が高いことではないか。この便利なものを使いたいと考えている人は多くいるが、しかし値段が高いのでなかなか簡単には買えない。だから、もっと値段が安くなりさえすれば、必ず多くの人びとが買うにちがいない。多くの人が買うようになれば、月に一万個は一見多いようだけれども、これくらいの数は十分こなせるであろう。それにはまず、買いやすいように値段を安くすることが先決である。

そこで私は、ついに決断を下した。月に一万個製造していこう、それでやっていこう、ということである。そしてこのアイロンの開発、製造にあたっては、中尾（哲二郎）氏（元松下電器産業副社長・技術最高顧問）はじめ製造関係者の非常な努力の結果、わずか三カ月で新製品ができ上がり、スーパーの商標で、三円二十銭の小売価格で発売することができた。

そして結果は予想を上まわる大好評であった。品質もよく、値段も安いというので、みんなから喜ばれた。そして、心配していた一万個という数量についても、これでは足りないから増産しなければならないといった状況があらわれたのであった。

やはり、値段が手ごろになれば、人びとは喜んで求めてくれるものである。ただそれをそう確信するかどうか、それが一つの問題であろう。私はそれを確信したがゆえに大量生産にふみ切ったわけであるが、その確信のもとは需要というものに対する考え方である。

すなわち需要というものは目には見えない。だから見方によってどのようにも見える。現在が一万個も売れていないのだから、需要はそんなに多くないと見ることもできる。しかし、現在の少ない需要は値段が高いためであり、適当な値段になればもっともっと需要は多くなる、という見方もできるわけである。その見きわめをどうつけるかが問題である。

そういった見きわめをどうつけるかについては、これは私も本当はよくわからない。しかし、一ついえると思われることは、やはりお互い人間は生活の向上を求めているという、人間性のようなものをつかむことが大切ではないかということである。

つまり、人間生活の向上のために役立つ物資を、だれもが求めている。だから、その物資が役に立つよいものであって、しかも手に入れることのできる値段であれば、これはもう人情としてそこに需要があるといえるのではあるまいか。

もちろん、例外はいろいろあろうが、基本的にいってそういう傾向が人間にあるとすれば、いわば需要は無限、だから限りなく生産を展開していかなければならない、そういうような感じもするのである。

そして、そういう需要に対する見方をもったならば、人びとの生活に役立つ品物を世に出す場合、前向きの決断をするための一つの有力な材料にもなるのではないかという気がするのである。

自分をマナ板にのせる

［電球発売時の協力要請］

人の協力を得るためには、ただ協力をお願いするだけでは足りないであろう。やはり、そのためには、相手が納得し、共鳴するだけの説得が必要だと思う。そしてそれは、単なる口先だけの説得ではないことはいうまでもない。それでは、相手が共鳴するような説得とはどういうものであろうか。

松下電器は昭和十一年、電球の製造、発売にふみ切った。当時の日本の電球は一流から四流まであって、一流はT社のMランプ[1]、これが定価三十六銭。二流のものの価格は二十五、六銭、三流は十五、六銭、四流は十銭、とこういった状況であった。一番よく売れていたのは安い十銭の電球かというと、そうではなく、Mランプである。七〇パーセントはMランプが占めていた。

さてそこで、松下電器が新発売する電球の価格をいくらにするか、ということである。値段を決めることによって、その新しい電球の格付けが決まる。一流か、二流か、それとももっと下のランクか。私はいろいろ考え、検討した結果、この電球は三十六銭で売りたいと考えた。つまりは一流の値段である。

そして発売を前にして、お得意先のご意見も聞いてみた。するとお得意先は、「それは松下さんムチャだ。あのMランプなら三十六銭でも売れるけれども、ナショナルはこんどはじめて電球を売るのだから、同じ値段で売るなど思いもよりません」と言う。「せいぜい売っても、まあ二流の値段、二十五、六銭ですな。Mランプより十銭は安く売らないと相手にしてくれませんよ」ということである。他のお得意先では、「まあ三流の値段なら売れましょうな」ということである。

私はちょっとがっかりしたが、しかし、これはいわば当然の姿でもあろうと思った。なんといっても、まだ全く実績のない新製品である。だから、そういうお得意先の評価も一応はもっともである。もっともであるけれども、しかしそれでいいのか、それが本当に正しい姿なのか、ということを私は考えてみた。その結果、私は業界の現状と将来を考えてみて、現状のままでいいのかどうか、よくないとすれば問題はどこにあるか、ということを深く考え、自分なりに感ずるものがあったのである。

そうして、値段についても私なりに一つの結論を得た。やはりこれは三十六銭で売らなければならない、ということである。そこで、この電球を北海道へ売りに行って、問屋さんから三十六銭では売れないと言われたときに、次のように訴えたのである。

「松下電器を育ててやろうというお気持ちがあれば、これを三十六銭で売ってください。将来はもっといいものをつくります。しかし最初からそうはいきません。みなさんも売りにくいかもしれませんが、それを売ってやろうという人がなければメーカーは育ちません。

これは私個人とか、松下電器だけの問題ではないのです。みなさんにとっても、わが国にもう一軒、一流のメーカーをつくるかつくらないかは重大な問題です。相撲でも、つよい横綱が一人だけでは、土俵がおもしろくないでしょう。二人いて、互いに張りあい、競争しあってこそ土俵が盛り上がってきます。これは電器業界でも同じではないでしょうか。電器業界の場合でも、二人の横綱がいてこそ、業界がさらに向上発展していくのです。そういう意味から、松下電器を横綱に育てるためにもこの電球を三十六銭で売ってください。商売というものは現実のものだけれども、しかし現実の商売とあわせて将来の理想も必要だと思います。みなさんは、この電球についての将来の理想をどうか考えてください」

するると、最初反対していた人も「そこまで言うのであれば、われわれもひとつ協力しましょう」ということになり、一流の値段で売ってくれることになった。私は、その電球を三十六銭で売ってほしいからそのようなことを言ったのであるが、しかしその三十六銭で売ってほしいということだけが理由ではない。そのことの意味、そのことから生ずる結果といったことをいろいろ考えて、それでそのような説得が出てきたわけである。

一つには、やはり業界の向上発展ということである。事は一社だけの問題ではない。一社だけの問題であれば、まことにあつかましい要望である。そんな要望であれば、世の中はそれを受け入れてはくれないと思う。そう甘くはないはずである。

私が訴えたのは、業界全体のため、ひいては需要者のためにもなるという確信から訴えたのである。そして、それを実現していくためには、松下電器もただ単に他の力をアテにしているだけではいけない。みずからも、衆目注視の中でこれから仕事にとり組んでいかなくてはならない。まことに責任が重い。つまりこれは、自分をマナ板にのせたのと同じことである。そういうことをご理解いただいたからこそ、問屋さん方にも、なんとか三十六銭で売ることにご納得いただき、共鳴もいただけたのではないかと思うのである。

つまり、三十六銭でお願いしたということ、そして将来を説いて協力を要請したということは、松下電器が将来に向かって全身全霊を注いでとり組んで、しかも必ず期待にこたえるような成果をあげていくことを宣言したわけである。これは松下電器としても重大な責任を負うことになる。すなわち、自分自身に対してもきびしい要請をしたことになる。他にお願いするばかりでなく、自分に対してもきびしい要求をつきつけたわけである。

そのようなことで、ナショナルの電球は、懸命の努力を重ねた結果、そういうあたたかいお得意先のご協力のおかげもあり、やがてMランプにまさるとも劣らないものになったのである。

見えざる契約を見て

〔五カ年計画の発表〕

人間は一寸先のことすらわからない。商売をしていても、きょうはよかったが明日はどうなるかわからない、ということがある。まして、来年のこと、さ来年のことなどわかるものではない。しかし、わからないからといって、自分の商売をどうしたらいいかもわからない、というのでは困る。やはり、そこにはなんらかの期するものがなければいけないと思う。

松下電器が五カ年計画を発表したのは、昭和三十一年一月のことであった。松下電器は戦後の困難な復興期をのり越え、しだいに活動を活発化し、いよいよ本格的な活動期に入ろうとしていた。いわば全力を発揮して力づよい歩みをさらに進めていこうとしていたのである。

そこで私は、これからの五年間を本格的な活動期として、五カ年計画を立て、五年後の売り上げ額は八百億円ということを発表した。前年の売り上げが二百二十億円であったから三倍強にもなる額である。こういう数字をあげると、みんなおどろいた。そんなに売り上げがふえるのかどうか、少しオーバーではないか。それに来年ならまだしも、五年先のことなどだれもわからないのだから、こんな数字はしょせん机上の空論にすぎないのではないか、ということである。

たしかに、本当のところは、五年先のことなどわかるものではない。景気がどうなるか、経済の状況がどうなるか、いろいろ不安定な要素はある。第一、戦争や天災などがあれば、すべてが崩壊するおそれがある。けれども、そういった不測の事態がおこらない限りは、私は、この五カ年計画で示した八百億円という売り上げは達成できるのではないかと考えた。なぜそう考えたか。一つには今の製品だけでは八百億円はムリかもしれないが、これからの五年間には次つぎと新製品も生まれ、新しい分野がひらけてくるであろう。だから売り上げは大いに伸びる。

電器業界の発展性ということもある。今でもこの業界は年々歳々発展を続けている。だから松下電器が今の市場占有率を維持するだけでも、売り上げは着実にふえていく。こういう要素もあるわけである。

もちろん、そのためには、松下電器自体の努力も不可欠である。生産力もふやさなければならない。しかも単に設備や人をふやすだけでなく、いわゆる生産性を向上させなければならない。たとえば、今まで一坪で一個つくっていたものであれば、これからは一坪で三個も四個もつくることができるようにならねばならない。そこに学問の力があり、経営の力があり、また従業員の人びとの努力がある。

さて、そういうことで、製品もふえ、生産力もふえていったとしても、問題は、八百億円もの販売ができるかどうかである。それだけつくることはつくれても、売れるのかどうか、ということである。五年先に果たしてそれだけのものが売れるかどうか、これはやはり実際にはわからない。わからないけれども、私は八百億円の売り上げ額をあえて発表したのである。それはなぜか、どういうように考えたのか。

私は、一言でいえば、世の中の人びとがのぞみ、求めているものを、そのまま数字にあらわしたのである。すなわち、松下電器には何百という代理店があり、何万という販売店さんがある。またそのうしろには何千万という需要者がいる。これらの人びとはみんな、基本的にいってそれぞれの生活を高めたいと願っている。そしてそのためにいろいろな物資を求めている。その場合、その物資が手に入らなければ、これは貧困な生活に甘んじなければならなくなる。

そのことを考えたならば、そういう世の人びとの要求、要望がやがておこってくることを予期し、その要望にただちにこたえられるよう万般《ばんぱん》の準備をしておくことは、あらゆる業界、業種、職能を通じての大きな義務であり責任であろう。

いいかえると、これは各企業が大衆と見えざる契約をしていることになる。もちろん別に契約書をかわしたわけでもなければ、口約束をしたわけでもない。しかし、企業の使命を正しく自覚するならば、そこに見えざる契約、声なき契約がかわされているのを知ることができる。この見えざる契約を素直に見、声なき契約を謙虚に聞いて、その義務を遂行するためにつね日ごろから万全の用意をしておくことは、これは産業人に課せられた大きな義務だと思う。

私はこのような考えから、あえて五年先には八百億円の売り上げ額となることを発表した。つまり、大衆の要望を素直に聞いて、このくらいの額であればおそらく大衆が求めているであろうと考えたのである。だから、私としては大きすぎる数字だとか、とても販売できる数字ではないとは考えなかった。そこで、この五カ年計画の発表を決断したわけである。

結果はどうなったか。結果は、五年目を待たずに、四年目の昭和三十四年の末に七百九十二億円という売り上げを達成し、ほぼ目標に近い数字を実現した。そして五年目の昭和三十五年には、年額一千五十億円という数字を実現したのであった。

この成果は、もちろん社内をはじめ関係先の多くの人びとの協力、努力の結果である。しかし、少し見方を変えるならば、これはやはり、大衆の要望があったということもいえると思う。つまり、わが国の国民生活というものが、それだけのものを要望するにふさわしく向上発展したのだ、それだけの需要があったのだということではないかと思うのである。

お互いに夢を描きたい

【松下政経塾の構想】

人間はだれしも、往々にして目先のことにとらわれがちである。自分のきょうの生活、今かかえている問題、仕事、そういったものに心奪われ、頭を悩ませ、あれこれと考え、行動して日をすごす。それがいわばふつう一般の姿ではないかと思う。

けれども人間は、今を生きているだけではない。明日もあさっても、来年もさ来年も生きていくものである。もちろん、個々に見れば生を終える姿も生じてはくる。しかし、人間全体としては、今だけでなく、将来にわたって生きつづけていくものである。

それではその未来を生きる生き方はどういうものになるのか。今よりもよくなるのか、わるくなるのか、それはわからない。わからないけれども、お互いの願いはやはり今よりもよくなってほしい、というところにある。

しかしよくなってほしいと願うだけでは、それはなかなか実際の姿となってあらわれてはこない。どうすればよいか。

私は昭和五十三年九月、記者会見の席上で、松下政経塾について発表した。これは、二十一世紀の日本のための人材を養成しようとするもので、発表後には新聞、雑誌等でもいろいろととりあげられた。また、その他多くの反響があった。その中には賛成のご意見もあればきびしいご批判もあった。私がとつぜんこんなことを発表したので、なにか奇異な感じをもたれた方もあったかもしれない。

けれども、私がこの松下政経塾の構想をもつにいたったのは、結局、日本の未来というものを考えたからである。現在だけを見て、なんとかその日その日をおくっていくのであれば、それはそれでよい。しかし、明日の日本、二十一世紀の日本というものを考えた場合、やはりそれにふさわしい人材を養成していくことも必要ではないか、ということである。

考えてみれば、もともと私が昭和二十一年にPHP[2]研究所を創設し、PHPの活動を提唱したのも、この日本の国とお互い日本人の真の繁栄、平和、幸福を願ってのことであった。

当時の日本は敗戦直後で物資も欠乏し、悲惨な世相があらわれていた。みんなが空腹をかかえ、きょう食べるものを手に入れるためにかけずり回り、一方ではそれぞれの仕事にもとり組んでいた。

その窮状を打開し、未来をひらくべき立場にある政治の面の活動も、なかなかスムーズな成果をあげることができなかった。状況はむしろ日に日に悪化するような方向に進んでいた。これではいけないと考え、なんとか現状を切りひらき、好ましい未来を招来したいという願いから、ＰＨＰを提唱したのである。

幸いにして、日本は他からの援助、また日本人自身の努力によって立派に復興し、物の面では相当豊かになってきた。これはまことに結構なことである。

しかし、その反面において、お互い日本人の心の面というか、精神面においてはいろいろと好ましくない問題が多くなってきている。青少年の非行、犯罪も多く、また自殺も低年齢層にまで広がっている。社会の好ましい秩序はしばしば乱され、人間が人間としてのぞましいあり方を忘れたような姿が各面に見られるようだ。人びとは自分の責任を果たすことを忘れ、ひたすら物の面の豊かさを追求しているかのような傾向もないとはいえない。その結果、社会の各面でいわゆる混乱混迷が生じているのが今の日本の一面の姿ではなかろうか。

こういう混迷がなぜ生じているのか、その理由は一概にはいえないと思う。いろいろな見方があると思う。けれども、やはり一つには、お互いが目先のことにとらわれて、明日の日本、将来の日本への夢を見失っているところに、その一つの原因がありはしないだろうか。人間は、だれしも、夢を描いてその実現に向かって懸命に歩んでいるときには、いろいろな点から見て好ましい姿をあらわすのではなかろうか。

そしてその夢を、一人ではなく、お互い共通のものとしてその実現に力と知恵を寄せあうとき、そこに和やかなうちにも力づよい歩みが生まれ、生きがいのある人生もあらわれてくるのではないだろうか。

私たち日本国民は、日本の未来に夢を描くことが大切ではないかと思う。そしてその夢の実現に向かって、みんなの心と力を合わせて、それぞれの立場で力一杯生きていくことが大事ではなかろうか。それは一人ひとりをワクにはめて、自由な考え、行動を束縛しようとするのではない。むしろ反対に、一人ひとりの持ち味を最大限自由に潑剌《はつらつ》と生かしていくことを目ざすものである。

そして、今、私たちの目の前にひらけてくる未来は、新しい世紀、二十一世紀である。この二十一世紀の日本を、本当に好ましいものとするために、お互いに夢を描きたい。そして、それぞれなりに、その夢の実現に向かって歩んでいきたい。

松下政経塾というものを、なぜ私が考えたのかというと、それは結局、この日本の未来を本当に好ましいものにしたい、そのための夢を実現していきたい、というところからである。なお、私の夢については、すでに拙著『私の夢・日本の夢 21世紀の日本』（ＰＨＰ研究所刊）にいろいろのべているので、ご参照いただければ幸いである。

結果がどうなるか、これはもちろんわからない。私としては、この日本の国に天の与えた運、よき運が恵まれているのであれば、この政経塾は成功し、よき人材も育てられるのではないかと思う。そして少なくとも日本人の一人として、ぜひ成功してほしいと願っているのである。

第二章

迷いと確信

あきらめと度胸

「肺尖カタルの宣告」

長い人生の歩みの上においては、ときに自分の力ではどうしようもないことがおこってくる。なんらかの手を打ちたいと思っても、打てる手が自分にはない。気ばかりあせって、イライラして、ということにもなる。しかし、それでもどうしようもない。そういったときには、いったいどうしたらよいのだろうか。

私は大正六年、大阪電灯会社[3]につとめていたとき、医者から肺尖《はいせん》カタルを病んでいるという診断を受けた。二十二歳のときである。肺尖カタルというのは結核の初期だという。今の時代なら結核にかかったと聞いても、それほどショックは受けないかもしれない。が、当時は結核にかかった人十人のうち八人までは助からなかったという時代である。だから私は非常におどろいた。

とくに私の場合、二人いた兄がすでに二人とも結核で死んでいる。だから、自分自身も結核の初期だと聞かされたとき、「これは自分の番が来た、来るものが来たな」という感じがして、心がなにか重苦しくなったものである。

そのとき医者は、「養生が必要だから、くにへ帰って三カ月ほど養生してはどうか」と言ってくれた。しかし当時の私にとって、それはできない相談であった。というのは、私には帰る家もなく、両親も親戚もない。第一、金がなかったのである。

兄たちの場合は、まだ両親も生きていたし、いくらか金もあった。だから養生も十分にし、転地療養もした。ところが、その甲斐もなく、二人とも死んでしまった。それに比べると、私の場合は、転地療養などしたくてもできない状態である。だれも助けてくれる人はいない。

しかも、現在のような医療設備とか健康保険制度はない。それに養生するために休んだら、日給制だから食べていけない。会社の仕事を休んで寝ていたならば、死ぬよりほかにしようがなくなる。

だから、養生しなければ死んでしまうかもしれないが、しかし養生をして寝ていたところで死ぬしかない。いずれにしても、これは助かりそうにもない状況である。いわばどうにもしようがないわけである。

そこで私が考えたことは、どうせ同じ死ぬのであれば、養生して寝ながら死ぬよりも、働けるだけ働いて死ぬ方がいい、ということである。死ぬのはこれは結核にかかった以上、さけられないからしかたがない。兄二人も結核で死んだのだから、自分もジタバタしてもだめだ。あきらめざるを得ない。どうせ人間は一度は死ぬのだ。それはそれでいいではないか。しかし、ただ寝ていて死を待つというのはおもしろくない。働ける間は大いに働こう。こういうように考えて、一週間仕事をしては一日休むという形でやっていったのである。

これは、見方によれば、いささか乱暴な選択であったかもしれない。ムチャといえばムチャな行き方であったかもしれない。いくら金がないとはいいながら、会社から借金でもして、しばらく寝て養生しておれば、病気が回復することもないとはいえない。人によってはそういう方法をとる場合もあろう。

しかし、私は、そうはしなかった。寝ていても治らなければそれで終わりである。どうせ死ぬなら、生きている限り働こうと考えた。それが人間としての本来の姿であるということも考えたかもしれないが、やはり私自身は日ごろから、力一杯、精一杯働くことに生きがいと喜びを感じ、味わっていたのである。いってみれば、物事を前向きにというか、積極的に考えて行動していたということかもしれない。それが、死ぬなら死んでもいい、働ける限り働いてやろうという度胸にもつながったのではないかと思う。

そして、その結果であるが、ふしぎなことに病気はそれ以上わるくならなかった。だから、一週間働いて一日休むという状態をずっと続けることもできた。これは、いわゆるあきらめの境地から生まれた度胸のようなものが、精神面の安定に結びつき、それが肉体的にも安定することに結びついたのではないかという気がするのである。

ただ、そうはいっても、私の体のよわさというものはその後も続き、一年に何回か床について寝るという姿をくり返した。だから、自分では三、四十歳くらいまで生きられればよい方だと思っていたが、それが今日まで生きている。〝一病長命〟ということになるかもしれないが、私の場合は、病気を恐れずに、病気を大事にしてきたように思う。よわい体を丈夫にしようということは考えずに、よわい体のままになんとか維持していこうということで、今日までやってきたわけである。

人間は神様ではない

【ある人の提案に動揺】

人間は神様ではないのだから、時と場合によっては、どうしたらいいかわからないことが出てくる。まして、知識も少なく、体験も浅い若い時期には、なかなかスッパリと判断が下せるということにはなりにくい。だから、ついつい迷いの道にふみ込んで、自分というものを失ってしまうおそれもある。

私は大正八年の暮れに、大阪電灯時代の知人A氏から一つの提案を受けた。その提案の内容は、個人経営でやっている松下電器を会社組織にしないか、ということである。

「君が一人でコツコツやっていくより、この際相当の資本を他から求めて、大きく組織的にやってみたらどうか。僕の親戚や知り合いは相当の資産家ぞろいだから、五万や十万の金はすぐにできる。僕と一緒にこの松下工場を会社組織にして大いにやろうではないか」

A氏の熱心な説得によって、私の心も動いた。考えてみれば、たしかにA氏の言う通り、自分一人で十の仕事をするよりも、二人で会社をつくって三十の仕事をする方がよいようにも思える。そこで私は、A氏に対し、「よく考えてみよう。そして、四、五日したら君の家へ返事をしに行こう」と言って別れたのである。

よく考えようとは言ったが、いくら考えてもわからない。このまま一人でやっていく方がよいか、会社組織にした方がよいか、これは判断がつかない。だから決断もできない。二日たち三日たっても、なお心は迷って思い悩むばかりである。しかし、A氏に行くと言った以上、放っておくわけにもいかないので、心の決まらぬままA氏の家へ足を運んだ。

A氏は私の顔を見ると待ちかねていたように言った。「松下君、決心がついたか。君さえ決心してくれれば僕は明日にでも会社へ辞表を出す。そしてすぐくにへ帰って十軒ほど親戚をたずね、一口五千円ずつ、五万円は調達してくる」

このように言って、A氏はしきりに私の決断をうながした。はやく決心してくれと迫ってきた。それを受けて立つ私は、なんといってもまだ自分で商売を始めて一年あまりのかけ出しである。こういう立場に立たされて、的確な判断のできるような商売的な信念もまだ固まっていない。自分なりの将来の見通しもない。頼りないといえばまことに頼りない姿である。だから私は、A氏の熱心なことばについつり込まれて、半信半疑のうちに承諾を与えてしまった。しかし、これはこれで一つの決断ではある。

けれども、家へ帰って静かに考え直してみると、やはり承諾を与えたのは少しはやまったように思えてきた。一人でやった方がいいか、会社組織でやった方がいいかということばかりにとらわれて、肝心のA氏の性格なり、その手腕、人格などについてはあまり検討していなかった。だから、本当にA氏が信頼できる人なのか、また実際に多額の資金がそう簡単に集められるのかを考えてみると、これはちょっと問題である。A氏の言うことはいわば書生的で、実際にどうなるものかわかったものではない。

そのようなことを考えた結果、私は一度決断をし、男と男が約束したことではあるけれども、やはり今まで通り、小さくとも一人でやっていく方がよいのではないかと考えた。もちろん、それをA氏のところへ行って言うことは、これはなんといってもできにくい。口頭とはいえ、約束は約束である。それを今さらやめると言いに行くのは、これは足が重すぎる。困った困ったと思いつつ、二、三日すぎていった。そして少し心がおちついたところで、やはりもう一度会ってゆっくり話しあおうと考え、A氏の家を訪問したのである。

すると、〝事実は小説よりも奇なり〟というようなことばもあるが、ふしぎというか意外というか、そのA氏はすでに亡くなっていた。そして葬式もすませたという。全く夢のような話である。細君の話では、私と別れたその翌日から急性肺炎にかかり、二日ほどで亡くなってしまったという。あなたの方へお知らせするにも住所がわからないので失礼しました、ということである。

私は呆然とした。人生のはかなさというものをつくづく感じた。そして、この話も自然解消となったわけである。しかし、もしこの話が成立していたならば、おそらく今日の松下電器はなかったであろう。

やはり物事の決断というものはむつかしい。決断がおくれてもいけないが、反対に急いで失敗する場合もある。そしてもっと肝心なことは、この例のように心がハッキリと定まらないまま、半信半疑といった状態で決断をしてはいけない、ということである。もちろん、世の中には絶対の確信ということはまずあり得ないとは思う。けれども、やはり少なくとも自分なりにあらゆる点を検討して、そこに納得するものをもたなければいけない、ということではないかと思うのである。

世間の声はさまざま

〔門真地区進出に際して〕

人間というものは、他人の行動に関心をもちがちなもので、とくに目立った行動に対しては、賛否両面からいろいろな意見が出やすい。つまり、ことばをかえていえば、ほめる人もあればけなす人もある、ということである。そしてまた、いろいろと他から言われると、それが気になって、みずからの考えや行動に自信を失いかけたり、動揺しがちなのもまた人間の一面の姿ではないかと思う。だから、事を行なう場合には、やはりそれなりの信念、確信というものが大事になってくるわけである。

昭和八年、松下電器は大阪の東北にあたる門真《かどま》地区に進出したが、このときも世間からいろいろと言われたものである。世の中は当時まだ昭和のはじめ以来の不景気の余波が残っているころであった。だから、松下電器が門真に進出するということ自体、相当目立った動きであったと思う。

進出といっても、会社の一部の出張所を設置するというようなものではなく、本店を新しく建設したのである。しかも本店だけにとどまらず、同時にいくつかの工場も建設した。だから、いってみれば大々的な進出である。

なぜ、この門真進出をすることにしたかというと、それまでの松下電器の工場では、日々増大する注文に応じ切れなくなってきたからである。だから当時は増産こそが最大の課題であった。松下電器としては、本格的な大工場の建設が必要になってきたのである。それで大阪市内で候補地をあちこち探したけれども、これはと思う適当な土地がない。

そこで結局、すでに以前買い求めていた門真の土地に本店と工場を建設することにした。この土地は、店員養成所を建設するために入手していたものである。

この門真地区に本店と工場を建設することを発表したとき、世間はおどろいた。そして世間から言われたことは、「この不景気なときに松下電器が大拡張するのは、これはいささか放漫経営ではないか」ということである。そしてもう一つは、「門真地区は大阪の鬼門にあたる。そんなところへ進出するのはよくない」ということであった。

こういう世間の声は、どういう場合にも出てきがちのものである。だから、別に気にすることもなく、柳に風と聞き流しておいても事はすむかもしれない。しかし、たとえ聞き流すにしても、なんの考えもなしに単に聞き流すのでは、これは自分としても納得できない。やはり、自分なりにそういう世間からの声に対して一つの納得できるものをもたなければならない。

第一、実際のところ、鬼門だという説については、私自身も内心では「それもそうだな」と思っていた。というのは、当時の社会風潮というか、世間一般の考え方として、そういう鬼門ということについて非常にやかましく言われていた。それでおのずと、私自身も、「門真は鬼門にあたる」と言われると、「これはたしかに鬼門になるな。これは困ったぞ」といった気持ちにもなったわけである。

しかしながら、鬼門だからといって、門真進出をあっさりとあきらめてしまうかというと、これはそうはできない。大阪市内で土地を得られないなら、この門真地区しかない。ここなら自分の土地がある。この広い土地であれば、将来の発展ということを考えても、まことに適切である。だから、なんとかしてこの門真進出は果たしたい。しかし、鬼門だということがやはりひっかかる。どうしたらいいか。

いろいろと考えているうちに、私がふっと考えついたのは、北東にあたるのが鬼門であるならば、日本の地形はどこに行っても鬼門ばかりではないか、ということである。北海道から本州、四国、九州という日本の国土は、大体のところ北東から南西へ伸びている。だから、北東が鬼門というなら、どの地方もみんな鬼門にあたることにもなり、日本国民はぜんぶ日本の国土から出ていかなければならなくなる。そうしてみると、門真はたしかに大阪の鬼門だが、鬼門であること自体を気にする必要はない。こう考えると私の心はスッと楽になった。そこで私は、門真に進出することを改めて決断したわけである。

もう一つの放漫経営だとの声については、これも一面そう言われるのもムリはないと思った。というのは、たしかに手一杯の拡張をこれまでにも続けてきたし、この門真進出の際の建設資金も自己資金だけでなく銀行からも借りている。当時は自己資金で事業を進めるのがふつうの姿だったから、銀行から借金しているというのは、いささか不堅実な姿にも見られていたわけである。しかし、たしかに借りてはいるが、銀行は松下電器を大いに信用し、理解し、応援してくれている。現にこの場合もなに一つ抵当物件もなしで、ただの信用だけで資金を貸してくれていたのである。

しかし、世間にそういう声があったので、私は私なりに考え、新社屋落成披露の際のあいさつ文に、資金を借りたことを正直に表明した。すなわち、あいさつ文の中に、「…創業以来日も浅く、恵まれざる財政をもって分にすぎた計画をとにかく実現しつつ今日に到ったのですから、信用の範囲内において外資も仰いでいるのはもちろんです。…」という一節を入れたのである。これは、いってみれば、カゲでこそこそとウワサされていることに対して、ウワサされた当の本人が公の場でそのウワサの内容を発表したようなものである。つまり、松下電器が世間から放漫経営だとか借金経営で不堅実だとか言われているときに、松下電器がみずからそれを世間に対するあいさつ文の中に入れたわけである。これが、そういう世間の声に対する私のこたえであった。

これは、結局、私自身が経営に対してつよい確信をもっていたことのあらわれである。本当に放漫経営をしていたのであれば、こういったつよい姿勢はおそらくとれなかったであろう。しかし、世間からいろいろ言われても、私自身は松下電器が堅実な経営を進めていることを確信していた。だから、あえて借金していることを公表したのである。このあいさつ文については、招待客の何人かから、君の確信ぶりにおどろいたとか感心したとかいう声もあった。

いずれにしろ、そのようなことで、門真地区への進出を実行した。そしてこれを機会に、松下電器はより一層の発展の時期に入った。この門真地区は、現在なお松下電器の本拠地となっている。

経営の価値を認めてもらう

【三パーセントの経営指導料】

われわれ人間にとって、目に見えるものの価値は比較的わかりやすい。しかし、目に見えないものの価値を知ることは、これはなかなかむつかしい。けれども、目に見えないものの価値を正しく知ることは非常に大切なことだと思う。

事業の上においてもそういうことがいえると思う。つまり、事業の経営というものは目に見えないが、その価値は大きい。もちろん、好ましい成果をあげ得ないようなよわい経営であれば、その価値は小さいといわねばならないが、真の経営であればそこから生まれる成果は非常に大きなものがある。真の経営は企業の発展とその従業員の福祉向上を実現し、さらには国家社会の向上発展を推進することに結びつくのである。しかし、その経営の価値というものを、われわれが正しく認識しているかというと、必ずしもそうとは限らないのではないだろうか。

松下電器がオランダのフィリップス社と技術提携し、松下電子工業を設立したのは昭和二十七年であった。私はフィリップス社と提携する前に、外国の技術を導入する場合はどこの国がよいかといろいろ調べた。アメリカにも行ったし、欧州にも行った。アメリカは立派な技術があるが、規模やその他の点で日本とちがいすぎる。欧州へ行ってオランダを見てみると、国柄も小さく、日本に向くのではないかと感じた。しかも、このオランダにあるフィリップスという会社は、松下電器の生い立ちに似て、個人が中心となって創業以来六十数年間、しだいに大きくなってきた会社である。そこで私は、松下電器が技術提携する相手としては、このフィリップス社がよいという方針を決め、話を進めた。

ところが、ここで一つの大きな問題がおこった。それはどういう問題かというと、端的にいって技術援助料が高いのである。非常に高い。アメリカの会社なら売り上げの三パーセントですむところを、フィリップスは七パーセントもとるのである。二倍以上である。

なぜフィリップスの場合はそんなに高いのかというと、フィリップス側の主張としては、アメリカの会社と提携してもあまり成功しないが、フィリップスと提携したら必ず成功する、しかも成功の度合も高い、というのである。それだけの責任をもつし、過去の実績から見てもすべて成功させている、現在世界で四十八カ国に工場があるが、みんな成功している、ということである。

大変な自信である。そういう話を聞いていると、だんだんそれもそうだなという気にもなってくる。七パーセントは高すぎるという考えもぐらついてくる。これだけしっかりした会社であれば、七パーセントは高くないかもしれないという気にもなってくる。しかしその反面、そうはいうもののやっぱり高すぎるという感じが消えない。

そこで、高すぎるからやめるということにするのであれば、事は簡単である。三パーセントのアメリカの会社と提携すればよい。けれども、やはり提携相手としてはフィリップス社が適当である。ただ、その条件が問題なのである。だから私は、このフィリップス社と提携したいのだが、その七パーセントがなんとかならないものかと考えた。

考えてみれば、アメリカの技術もフィリップスの技術も、技術それ自体はそんなに大きな差があるわけではなかろう。にもかかわらず、それだけの値段の差があるというのは、それは技術以外の面、すなわちその技術をいかにして活用し、成果をあげていくかといった面がちがう、ということである。

しかし、待てよ、と私は思った。それならば、その技術を導入する側によっても結果が異なるはずではないか。つまり、たとえば適切でないかもしれないが、いってみれば学校の先生でも、先生自身のよしあしもあろうが、生徒の側のちがいもある。だから、いくら先生が上手に教えても、生徒によっては十分にそれが理解できない生徒もあれば、反対に十二分に理解体得する生徒もいよう。だから、手のかかる生徒もあれば、あまり手のかからない生徒もいるわけである。フィリップス社は、いわば先生がよいから七パーセントだと言っているのに等しい。しかし、これは生徒の側を無視した考え方ではないだろうか。こういったことを考えたのである。

そこで私はフィリップス社に言った。「私と契約したならば、あなたがこれまでに契約したどの会社よりも大きな成功がおさめられる。他の会社が百の成功だとすれば、私なら三百の成功をおさめる。松下電器の経営指導にはそれだけの価値があるのだ。だから松下電器の経営指導料を三パーセント、フィリップス社の技術援助料を四・五パーセントとしてはどうか」

こういうように交渉したところ、相手はおどろいた。「いまだかつてそんな経営指導料など払ったことがない。第一、そんなことを耳にするのもはじめてだ」ということで、いろいろ反対意見をのべた。けれども、熱心に説いていくと、やがて理解も納得もしてくれて、私の主張の通り、フィリップスの技術援助料を四・五パーセント、松下の経営指導料を三パーセントとすることで話がまとまったのである。

これは、単に技術援助料をまけさせたということではない。その技術を生かすか生かさないかは、いってみれば経営のいかんにかかっているわけである。だからその経営を立派なものにするための経営指導料[4]というものが当然考えられてよいのではないか、ということである。第一、フィリップス自身が、アメリカの会社とちがって、責任をもって成功につながる技術指導をするからということで、高い技術援助料をとっている。

しからば、その技術を導入して、企業活動としての成果をあげていく経営を実現するための指導料も、これは当然とってよいわけではないか。こういうことである。目には見えないけれども、経営というものの価値があることをフィリップス社に認めさせたわけである。

もちろん、それは同時に、その価値ある経営指導を松下電器が約束したことになる。三パーセントもの指導料をもらうのだから、その責任は重く、かつ大きい。この点は私自身も十二分に認識していたけれども、フィリップス社としても、それは十分考えて、一面期待しつつ、一面きびしくみつめていたと思う。

ともかく、そういうように、このフィリップス社との提携交渉の中で、経営の価値というものを改めて認識したのであった。その後、松下電子工業は努力を重ねてしだいに向上発展し、やがてはフィリップス社の提携会社の中でもナンバーワンの会社にまで発展したのである。

世界企業を番頭にやとう

［フィリップスへの二億円］

私たち人間というものは、往々にして一つの見方、考え方にとらわれがちなものである。そして一度そう思い込んだら、なかなか他の見方ができにくくなる。だから、なにか一つの問題に直面して、どうしたらよいかわからないということで迷いはじめたら、簡単にはその迷いからぬけ出せないことにもなりかねない。そういう場合、どうしたらよいか。

これはやはり、一つには見方を変えることである。今までとはちがう角度から見直してみる。そうすれば、それまで気づかなかった新しい見方も発見できるのではないかと思う。もちろん、それはなかなか容易なことではない。しかし、そのようにして見方を変えることができれば、そこから新しい道がひらけてくることにもなると思うのである。

私は、先にのべたオランダのフィリップス社との提携にあたって、非常に迷うことが多かった。というのは、技術援助料は七パーセントから四・五パーセントにまけてもらったが、そのほかに権利料というか、一時金として五十五万ドル、当時の日本円で約二億円を支払うよう要求されたのである。今の時代の二億円ではなく、松下電器の資本金が五億円であった時代だから、二億円という金額はまことに大きく、非常な負担であった。資本金の半分ちかい額にあたる一時金を払え、というわけである。

これだけ巨額の一時金を払ってまで、フィリップスと契約しなければならないのだろうか、ということである。その点に迷いが尽きないものがあった。もちろん、日本の電子工業界の発展、また松下電器自身の発展を考えてみると、なけなしの金を出してでもそれを進めていかなければならないとは考えていた。

しかし、その一時金のほかにも問題があった。それはなにかというと、契約面を見ると、ぜんぶ一方的な契約である。松下電器がこういうまちがいをしたらこういう処置をするとか、機械を引きあげてしまうとかいうように、松下電器がまちがったことをしてはいけないという内容ばかりで、フィリップスがまちがった場合の規定がなにもない。まことにつよい姿勢であり、これを丸のみにして調印したら最後、すべて向こうの意のままになってしまう。こういう点も、契約に迷った一つの大きな原因である。

とにかく迷った。迷いに迷った。私がはじめて海外旅行をしたのはアメリカで、三カ月ほどの期間だった。しかし、見るもの聞くものみんな珍しくおもしろく、ほとんど疲れをおぼえなかった。二度目は二カ月ほどで、アメリカとヨーロッパを回り、多少疲れた。ところが、三度目はわずか一カ月で、仕事はフィリップスとの調印だけという一番楽なものであったにもかかわらず、非常に疲れた。

なぜ疲れたかというと、そういうような事情があったので、フィリップスと提携をすることが本当に正しいのかどうかということで迷いに迷ったからである。なかなか決断できなかった。私はこれはみずからの未熟さのあらわれであると、自分を叱ったのであるが、一面、悩みつつ行なうのがお互い人間であり、手さぐりで進めるのが人間の歩みであるとも思った。

しかし、そこで大切なことは、手さぐりであっても、〝私心〟をさしはさまないことである。フィリップスとの提携にあたって大いに悩み迷ったのは事実だが、私心が少しもなかったことはよかったと思うのである。

さて、そのように迷いに迷っているうちに、私の心にふっと浮かんだことがある。それはどういうことかというと、フィリップスの研究所には当時三千人ものスタッフがいるということである。それだけ多くの人たちがいろいろな研究をし、またそれにふさわしい施設も備えている。

そこで私の考えたのは、あのフィリップスの研究所をつくるには何十億円という金もかかるし、また多くの時間をかけて研究員を育てていかなければならない。

ところが、松下電器が二億円出すことによって、それらの施設も研究スタッフも大いに活用できることになる。これは見方によれば、それらが自分のものになるのと同じだとも考えられる。

そうしてみると、この二億円を払うことによって、フィリップスという大会社を番頭にやとうことになる。こう考えると、私は気がスッと楽になった。それで、今までいろいろと思い悩んでもいたが、少なくとも二億円の一時金についてはスッキリとした。それで、よろしい、承知しましたということで、調印にふみ切った。

その後、フィリップス社との提携によって松下電子工業ができたとき、フィリップスから技師が三人赴任してきた。そして私の前に整列し、「赴任してきました。これから大いにしっかりやります」と言っておじぎした。その姿を見て、私は、これはやっぱりフィリップス社をやとったのと同じだなと思った。

人間はやはり見方、考え方一つである。見方、考え方のいかんが大切である。大金もかかり、うまくいかない場合は松下電器がわるいことになって、没収されるかもわからないような契約内容であったが、しかし見方を変えれば、それはわずかな金でフィリップスという大会社を番頭にやとったのである。だから私が自由自在に使える。そう考えると実に気が楽になったということである。

そういうことを考えると、見方を変えるということも、決断を行なうためには非常に大切なことの一つではないかと思うのである。

熱意がものを生む

「ハイパー乾電池の開発」

物事をスムーズに進めていくためには、自分の知恵や力だけでなく、他の知恵や力を借りることもきわめて大切なことだと思う。けれども、それも実際は時と場合によるのである。他の知恵や力を借りること自体がスムーズにいかない場合もあるし、またときには借りるべきではない場合もあるのではないかと思う。そして、そういう場合は、これはもう自力でやっていくしかないわけである。

かつて松下電器は、よりよい乾電池をつくるために、アメリカのE社の技術を導入しようと考えたことがある。私がE社の親会社のU社へ行ってその工場を見学し、これならいいということで帰国して、みんなに技術を導入することを話した。

すると、それを聞いた技術の責任者が言うには、「アメリカから技術導入をせずに、松下独自で開発しましょう」ということである。それを熱心に私に説いた。しかし、私は一日もはやくよりよい乾電池をつくりたいと考えていたので、「君の気持ちはわかるが、しかしうちで研究、開発していくより、技術を導入した方が事がはやいのだ」というように説いて、賛同を得たのである。

そして、相手の会社が、技術を援助するに先立って松下電器という会社を知りたいというので、三カ月ほどかけて松下の工場を見せた。そしてその結果、松下電器は技術援助するにふさわしい優秀な会社であるということで、相手も正式に決定し、いよいよ交渉に入った。

ところが、ここで一つの問題がおこってきたのである。それはどういうことかというと、技術導入の値段の問題である。相手は二パーセントを要求してきた。二パーセントというのはよいが、しかし相手の言う二パーセントは、乾電池を入れる懐中電灯のケースまで含めた価格の二パーセントである。これはおかしい。ケースは関係ない。だからこちらとしては、ケースは除いて、乾電池自体の二パーセントだけを出すのが本当だと考えたのである。ところが相手は頑としてその要求を訂正しようとしない。これでは話が進まない。そこで、交渉はゆきづまってしまった。

これは困ったということで、松下電器側の関係者を集めて相談した。乾電池の技術はほしい。しかし懐中電灯のケースまで含めた値段を要求してくるのは、いかにも解せない。これはとても応じられない。さてどうしたものか、ということである。

その際に、技術の責任者はなおも前からの主張を熱心にくり返した。「そんな不当な金を払ってまで技術導入をする必要はありません。第一、それだけの金をかければ、うちが独自に開発しても必ずいいものができます。ぜひやらせてください」

私の心は少し動いた。もちろん、基本的には、なんとか技術導入をしたい、その方が事がはやく進む、ということを考えていたのであるが、現実の問題として、その交渉がうまく折り合わないという状態である。このままさらに交渉をするにしても、双方の主張がこうもちがうのであれば、これはなかなかスムーズには折り合わないであろう。そうすれば、また時間がかかる。さらに他の海外の会社を探すにしても、また大変な時間と手間もかかる。だから、そうもしておれない。一方、技術責任者は自社で開発したいと熱心に訴えている。

そこで私は、技術責任者に向かって、「それだけ君が熱心に言うのであれば、ひとつ君がやってくれるか」ということで、松下電器が独自に技術開発することを決断したのである。

そういう経緯ではあったけれども、この決断にふみ切らせたものはやはり技術責任者の熱意ではないかと思う。私はかねがね、熱意はものを生む、という考えをもっている。たとえば、「なんとしてでも二階に上がりたい」という熱意があれば、その人はハシゴというものを考えつくであろう。けれども、ただなんとなく、「上がってみたいなあ」と思うくらいでは、ハシゴを考え出すところまでいかないと思う。「どうしても、なんとしてでも上がりたい。自分の唯一の目的は二階に上がることだ」というくらいの熱意のある人が、ハシゴを考えつくわけである。

だから、ある仕事を人にまかせるという場合には、その人にどれだけの熱意があるかが一つのめやすとなる。もちろん、熱意があるだけでなく、才能や見識の高さも大切だけれども、それらとあわせてぜひ必要なものが熱意である。熱意は本当にものを生むと思う。だから熱意が十分にあれば、よし、この人ならやってくれるだろうということで、決断もしやすくなるわけである。

さてそこで、乾電池の自社開発を決断したわけであるが、この決定によってどういう姿があらわれたかというと、担当責任者はもちろん、松下電器の技術陣の人びとがみんな大きな刺激を受け、これはしっかりやらなければならないぞということで、奮起したのである。

そしてその結果、やはり熱意はものを生んだ。みんなの必死の努力によって、短時日の間にE社の乾電池に劣らない高性能のナショナルハイパー乾電池を開発することに成功したわけである。

ドロを落とせば中身は金

【日本ビクターを引き受ける】

ものの価値というものは、外見から見てすぐにわかりやすい場合もあるが、反対に外見からではわかりにくいものもあると思う。まして、それがドロをかぶせられていたような場合には、中身がいかによいものでも、外からはわからない。けれども、その見えない中身の価値というものも、見る人が見れば見えるのかもしれない。ふつうではなかなかできないことであるが、長い体験や修練によっては、あるいはできるようになるのではないか、という気もするのである。

昭和二十九年、日本ビクターが松下電器の系列に加わったが、なぜ日本ビクターの経営を引き受けることになったかというと、その理由は二つある。一つは、日本ビクターの経営が危機的状況を迎えていたので、他の会社から資金を調達しようとしたがどうにもならず、当時日本進出をねらっていたアメリカのRCAへ返そうかという話があることが、私の耳に入ってきたということである。

日本ビクターという会社は、もともと米国ビクターの全額出資による会社であったが、その後米国ビクターがＲＣＡに合併されたため、ＲＣＡの会社となっていた。ところがその後、日本とアメリカの仲がわるくなったので、ＲＣＡは資金を引きあげてしまい、日本のＴ社[6]がこれを買収したのである。

ところが、第二次大戦による空襲で、日本ビクターの会社や工場は全滅にちかいほどの爆撃を受け、非常な苦難の道を歩んだ。欠損続きのため増資をして資金をつくらねばならなかったが、Ｔ社もその金を払い込むことができず、ある銀行が払い込んでいた。したがってその銀行が日本ビクターの株をもっていた。ところが、昭和二十七年に銀行法が改正され、銀行が企業の株をもつことができなくなった。そこでどこかに肩代わりをしてもらうことを考えたが、Ｔ社をはじめとして、どこも莫大な負債を引き受けてまでは肩代わりしてくれない。

しかたがないからＲＣＡへ返そうか、ということになったころに、私の耳に入ってきた。ＲＣＡへ返せば、アメリカの資本が日本に入ってくることになる。そうなれば、これは日本の産業全体として大打撃を受ける。大きな脅威である。というのは、当時の日本の業界は、現在とちがって、まだまだ力のよわい、抵抗力のない状態だったからである。だから、外資が入れば日本の業界が大混乱に陥ることも考えられる。そうなってはいけない。

そこで私は、危機に直面している日本ビクターの経営を引き受けることを決断したのである。

「それでは、松下さんが五億円の負債を引き受けてくれますか」

「よろしい。私が引き受けます。しかし今すぐには金がありません。責任をもちますからしばらく棚上げしてください」

「結構です」

ということになった。

しかし、その時点では、私は日本ビクターの会社や工場について、ほとんど見たことがなかった。どんな会社か見たこともないのに、その経営を引き受けることを決断したのである。いくらアメリカの資本が日本に入ってくるのが困るからといっても、その会社がどんな会社か見たこともないのに引き受けることは、これは経営者としてはいささか軽率のそしりを免れないのではないか、という見方もできよう。にもかかわらず、なぜ私はあえて工場も見ないままで引き受けることを決断したのか。

はじめに、日本ビクターを引き受けることを決断したのは二つの理由からだとのべたが、そのうちの一つの理由は外資の進出を防ぐためであり、もう一つの理由はここにあるわけである。

それはなにかというと、私は会社も工場も見てはいないけれども、日本ビクターという会社のもつ価値を知っていた、ということである。

〝ビクターは今、金の上にドロをかぶっているのだ。だから金の価値が外に出ていない。けれども、そのドロを落としてあげれば、中身の金が燦々《さんさん》と輝くのだ。だから工場を見なくても引き受けてよい〟こう考えたのである。

現に、われわれがその進出を恐れたＲＣＡが、日本ビクターをマーク代だけで三億円で買うと言ってきた。資本金二千万円の日本ビクターが五億円もの欠損を出しているのに、なおそのマーク代だけで三億円で買うという。ＲＣＡは日本ビクターの価値を知っていたのである。私もその価値を知っていた。そしてＲＣＡに買われることは日本の業界として不安であるから、私が引き受けることを決断したわけである。

そして、日本ビクターの経営を引き受けて調べてみると、同社は技術については非常に立派なものをもっていた。ただ、そのすぐれた技術を十分に生かすべき経営というものに、やや当を得ていない面があった。そこで、松下電器から経営担当者を二人派遣して、会社の再建を進めたのである。

その後、日本ビクターは、松下電器の経営理念を生かし、またそのすぐれた技術と経験を生かして、逐次再建され、力づよい発展を続けている。これはやはり、かぶっていたドロがとれて、中身の金が外にあらわれるようになってきたということではないかと思うのである。

〝やめる〟という決断

［大型電算機からの撤退］

一つの決断を行なうとき、世間やみんなが理解し、納得してくれれば、それに越したことはない。けれども、その決断の内容によっては、なかなか世間やみんなの当面の理解が得にくいという場合もあると思う。そこに一つのむつかしさがあるわけだが、しかし、経営者とか指導者といった立場にある者は、やはりそういうおそれのある場合でもあえて決断しなければならないのではなかろうか。

松下通信工業でそれまで研究、開発を進めていた事務用大型コンピューターをやめることを発表したのは、昭和三十九年十月のことであった。これを発表すると、社内外に非常な反響があった。世間からは、「松下には技術がないからやめたのか」などと批判された。経営がゆきづまって赤字でも出したときにやめたのであれば、世間も納得し、「よく思い切ってやめた」とほめてもくれたであろうが、いわば盛業を続けている会社が、今までやっていた仕事から手を引いたので、そこに反動のようなものが出てきたのである。

それではなぜ、大型コンピューターから撤退することを決めたのか。それをあえて決断したのはなぜか。まだ始めて間もないとか、まだあまり金もつぎ込んでいない初期のころに手を引いたというのならわかる。しかし、すでに電算機については、量産化を目ざし、十数億円もの研究費をつぎ込み、五年の歳月にわたって研究を続け、試作品も一、二台は実用化の段階にまで進んでいた。

しかも、松下を含めたコンピューターを手がけている七社で、それぞれ二億円を分担して日本電子工業振興協会をつくり、高性能機種の共同開発にも打ち込んでいた。だから、いってみれば一面力づよい歩みを続けていたともいえるわけである。しかし、その反面においては、私自身、この日本で七つもの会社がコンピューターのような多額の研究費が必要なものを手がけていくことがいいのかどうか、時折ふと考えないでもなかった。

そんなある日、たまたまアメリカのチェース・マンハッタン銀行の副頭取が来られ、いろいろ話をしているうちに、話題が電子計算機のことになった。そして、日本では松下を含めて七社が電子計算機のメーカーとなっていることを聞くと、副頭取はおどろいて次のように言った。

「私の銀行は世界中にお金を貸していますが、電算機メーカーは、ほとんどどこも経営がうまくいっていないのです。他の部門でかせいでいるので、会社が倒れるまではいきませんが、しかし電算機部門はみんな赤字です。アメリカでもＩＢＭ以外はみんなしだいに衰微しています。日本に七社もあるというのは、これは多すぎないでしょうか」

私はこれを聞いて、非常に感じるものがあった。これは真剣に考えなければならない大事な問題だと思った。

「いや私も実は内心ちょっと多いなと思っているのです。日本ではまず三社ぐらいあればよいと思います」

「私もそのお考えが賢明だと思います」

そう言いのこして副頭取は帰っていった。

副頭取が帰ったあとで、私はつくづく考えた。たしかに多すぎる。それは私も心の底で前からなんとなく感じていた点である。しかし、電子計算機の将来を思い、また現に会社で一生懸命にとり組んでいる事実を考えると、やはり努力してこのまま続けていくべきではないかとも考えられる。

けれども、問題は、電算機を続けても、その将来が果たして本当にあるのか、ということである。副頭取はお金を貸した先の実情を見て、多くは衰微の傾向にあると言っている。その判断にあやまりはないであろう。どの会社も電算機ではうまくいっていない。にもかかわらず、日本だけで七社もこれにとり組んでいる。これはやはり多すぎるのではないか。

もちろん、多すぎるからといって、それで松下電器がやめなければならないとは限らない。他の会社の方がやめてもいいわけである。しかし、松下電器としては、電算機の仕事も大事だが、同じ努力をするなら他にやるべきことがいくらでもあるから、あえて大型電算機を続けなければならないこともないのではないか。だから、これは思い切ってやめるべきではなかろうか。私はそうしたことをいろいろ考え、そして結論として、大型電算機からの撤退を決断したのであった。

この決断については、はじめにふれたように、世間からいろいろ言われたけれども、あえて甘受し、じっと耐えた。その後、GEとかRCAとかシーメンスとかいった世界的な電機メーカーも次つぎと電算機から撤退した。そしてアメリカでもIBM一社だけで電算機市場の大部分を占めるようになったのである。

第三章　正しい道

汗まみれの従業員の顔が浮かんで

［適正な価格を追求する］

商売の取り引きの上では、値段の交渉ということが非常に大切であり、値切ったり値切られたりするというのが世間一般の一つの習慣にもなっているようである。たしかに、物を買うという立場に立てば、値を安くしてもらえば得である。だから、できるだけ安くしてほしいと思って値切るのが人情でもあろう。

しかし、反対に、物を売るという立場に立てば、不当に高い値段をつけているのなら別だが、ふつうは値を安くすれば損になる。損にならないまでも、適正な利益を得られないことにもなりかねない。だから、値切ったり値切られたりすることは、一面、長い商習慣でもあるが、しかしそういう姿を続けていくことがよいかどうかは、これはお互いに改めて考えてみる必要があるのではないかという気もするのである。

松下電器がまだ小さな町工場であったころ、私は自分で製品を持って売りに回っていた。ところが、お得意先のご主人の中には、いわゆる値切り上手がいるわけである。あるとき、そういうお得意先に行って、つくった品物をお見せしたところ、「これは高い。もっと安くしなければ売れない」と言って、ご主人が熱心に値切った。

私もその値段で売っていただきたいということで一生懸命にお願いしたのだが、そのご主人があまり熱心に値切るので、とうとう根負けしてきた。これはもうかなわない、という気にもなってきた。それに、そのご主人の言われるように値を下げても、ほとんど利益はないが損まではしない。だから、これはもう値を下げるしかしかたがないな、と思いかけてきた。

それで「まけます」ということばが口に出かかったそのときに、ふっと心に思い浮かんだものがあった。それはなにかというと、私の工場で熱心に働いてくれている若い従業員たちの顔である。私が売りに出かけるときにも、みんな一生懸命働いていた。

ちょうど夏の暑い時期でもあったが、工場の中はさらに暑い。製品の材料となる煉物《ねりもの》を熱した鉄板の上でつくるので、へやの中は炎熱地獄のようなものである。みんな汗をダラダラ流しながら働いている。

私自身も半日はそういう中で一緒に仕事をしているので、その暑さ、苦しさは十二分に体で味わっている。だから、若い従業員たちの顔が心に浮かんだとき、私は改めて考え直したのである。すなわち、相手の言う値段にまけても損まではしないが、適正な利益はない。この製品はみんなが暑い中で汗を流してやっとつくり上げたものである。その成果であるこの製品がこんなに安く評価されるのはいかにも残念である。また、私の一存で値をまけるのは、工場で働いている者たちに対して申し訳ない。私は、このようなことを考えたのであった。

そこで私は、改めて相手のご主人にそのことを申しあげたのである。「私どもの工場では、こういうような状態で、みんなが汗水たらして一生懸命にやっているのです。そしてやっとできた製品に、正常な計算で決められたのがこの価格です。それを値切られるのは、身を切られるよりつらいのです。だからこの値段でどうか買ってください」私は本当に心の底からそう思って、熱心に訴えた。

そうすると、熱心に訴える私の顔をじっと見ていたご主人は、ニッコリ笑って言った。「いやあ、これは参ったな。単にまけられないということでいろいろ言う人はあるが、君は言うことがちがう。そういう筆法で来られたのではかなわない。よしそれでいい、買おう」

私は単なる方便で言ったのではなく、本当に従業員たちのことが思い浮かんだのでそう言ったわけであるが、そういうことで、みんなの働きが評価されたことをうれしく思ったのであった。

そしてその後は、それまで以上に製品の品質の向上に努力するとともに、値段もより一層慎重に適正妥当なものをつけるよう心をくだいた。その結果、松下電器の製品は品質も相当よいし、また値段も松下電器でつけたものが大体妥当なものとして通るようになっていった。そしてそれが会社の一つの信用にもなってきたのである。

その当時の一般的な商習慣として、どの町工場の製品も、一応は値切られた。しかし、そういうことがあったので、松下電器は値切られてもまけないことを原則にしたのである。というと、いかにも高い値段のままで押し通そうとしたようにも見えるが、実際はそうではない。当然のことながら、高ければ買ってもらえないということになるわけである。

だから、つけた値段で買ってもらえなければ困るから、本当にあらゆる点から慎重に検討して、はじめから世間の受け入れてくれる適正妥当な値段をつけることに徹底して努力したのである。そしてその結果として、幸いにも松下電器は世間から信用を得ることにもなったわけである。

世間にもまちがいはある

【はじめて買った自動車】

〝世間〟というものは、全体として正しい見方、考え方をするものだ、というのが私の考え方である。けれども、基本的にはそうだとしても、個々に見れば、必ずしもつねに世間が正しい見方、考え方をするとはいえないような場合もあるのではなかろうか。だからもしもそういう場合があったならば、これはやはり気づいた者が勇気をふるって世間に訴えるとか、あるいは人に語るなどして、そのあやまちを少しでも改めるようつとめていくことが大切ではないかと思う。

松下電器がはじめて自家用の自動車を購入したのは、昭和五年のことであった。当時、大阪で自家用車をもっている会社は、まだ指を折って数えるほどしかなかった。松下電器が購入した車は大型のスチュードベーカー[7]であったが、この車の登録番号は〝59号〟であった。つまり、大阪ではまだ大型が五十八台しかなかったころに買ったわけである。第一号は知事さんの車であった。

だから、この車を購入したこと自体、いわば当時としてはたいしたことであったわけである。まして、松下電器のような町工場がそんな車を購入するということは、これはあまり例がなかったであろう。それにもかかわらず、私はその車をあえて買ったのである。それはいったいなぜか。どうしてそういうことを決断したのか。

当時、世間は政府の緊縮政策によって不況の一途をたどっていた。政府各省庁はみずから範を示すということで、公用の自動車を廃止したり減らしたりした。それを見習って民間の会社や団体も緊縮経営をしたので、不景気はますます深刻になった。物は売れなくなり、新たな建設、建築も行なわれない。そのため、あちこちで工場がゆきづまり、商店もさびれ、大工さんなども仕事にあぶれるようになった。街には失業者があふれ、新たに学校を卒業した人たちもなかなか就職できないという状況であった。

これはどういうことかと私は考えた。これは要するに政府の指導によって全体的に消費を抑えているわけである。だから生産を進めることができず、経済が停滞し、景気が悪化する。この状況からぬけ出すにはどうすればよいかというと、消費を高めることがまず第一である。そのためには、社会のあらゆる面において仕事を活発にし、ダブついている物を使うようにしなければならない。金をもっている人は大いに使うことである。そうやって消費を適正に高めていったならば、物の生産活動も活発となり、景気は回復し、失業者も少なくなっていくにちがいない。私はこのように考えた。

ところが、当時の世間では、政府も民間も、緊縮すべきだということで、なるべく金や物を使わないようにつとめていた。そして、金や物を使う行為はなにか反社会的な行為であるかのような感じさえするムードである。これは要するに、みんなで景気をわるくすることに努力しているような姿である。これでは少しも景気はよくならない。にもかかわらず、だれもそういう風潮をあやしむ人はいない。私はふしぎでならなかった。

そんなとき、ある自動車屋が、たまたま自家用車の購入をすすめにきた。

「最近は自動車がさっぱり売れません。どうか助けると思って一台買ってください。勉強しますから」

と言う。私はそのとき、頭にピンとくるものがあった。

〝これまでは、町工場である松下電器が自動車を買うことなど考えてもみなかった。しかし、経済を向上発展させるには、生産と消費を同時に高めていかなければならない。今の世の中は消費を高める必要がある。だから物を買える人が買うことは、世のため人のためになる。たまたま自動車を買ってくれと言ってきたが、これはいわば世間の要請でもあろう〟

このようなことを考えたので、私はその場で自動車の購入を決断したのである。自動車屋は大いに喜び、格安の値段で売ってくれた。

また、そのころ、近所の知り合いがやってきて言うには、

「私はかねてから家を新築しようと考えていたが、こういう不景気のときだから遠慮しておこうかと思う。どこの会社でも商店でもみんな倹約をしている。こんな風潮の中で家を新築するのは、どうも気がひけるのだ」

ということである。

私は、すでにこれまでにのべたような考え方をもっていたので、この人に言った。

「それは君、中止する方がけしからんことだ。この不景気を直すには、君のような金持ちに金を使ってもらうことが必要なのだ。金のある人が金を使うことによって、物もどんどん売れ、みんなの仕事もふえ、不景気がしだいに直ってくる。だから大いに家を建てたまえ。

今の風潮は、たしかに家の新築などもってのほかといった点がある。しかしそれは本当のことが理解できていないからだ。だから多少の批判はあっても、世のため人のためそれを甘受することが大切ではないか。

現に私自身もそう考えて自動車を買った。しかも今なら安く買える。家だって同じことだよ」

私の話を聞くと、その人はなるほどと理解納得して、家を新築することに決めた。そしてその後、よい家を安く建てることができたと喜んでくれたのであった。その当時と今日とでは、いろいろな面で非常に異なっている。が、基本的な考え方としては、これは今日にも通じるところがありはしないだろうか。

売るべきものは売るしかない

「生産は半減し解雇せず」

正しい道というものは、案外わからないようでわかっているものではなかろうか。しかし、わかってはいるけれども、その時どきの情勢とか、なにかにとらわれたりして、結局自分でわからないようにしている。それでわからない。こういうような姿が世間にはよくあるのではないかと思う。だからわれわれは、なにか一つの考えをもった場合、もう一度考え直して、正しい道はどういうものかということをさらに検討してみることが大切ではないかと思う。

松下電器は昭和四年の暮れに、業容が非常に悪化し、従業員を半数に減らさなければならないという窮状に追い込まれた。なぜそんなことになったかというと、当時の日本は浜口内閣の金解禁[8]政策により、大不況に突入していたからである。

物の売れゆきは急速に減退し、工場の閉鎖が各地で相ついだ。銀行のとりつけ騒ぎもおこって、銀行の倒産も発生した。もちろん会社もあちこちでつぶれた。従業員の賃金の減額や解雇などの問題も各地でおこり、激しい労働争議が続出した。こういう状況であったので、これは経済界の混乱のみでなく、日本の社会全体の混乱にもつながっていたのである。

松下電器も例外とはなり得ず、製品が急に売れなくなった。しかも通常のときの半分以下という極端に低い売れゆきである。これではたまらない。みるみるうちに在庫の山ができた。金解禁の省令公布後一カ月ほどたった十二月末にはもう倉庫が一杯になって、どう工夫してつめ込んでも入り切らないようになった。

資金に十分な余裕があったならば、こういう状況になっても、それほど困らなかったかもしれないが、しかし当時は資金も少なかった。だから、そういう状況のままで仕事を続けていったならば、やがて会社経営がゆきづまってしまうのは火を見るより明らかである。

ところが、そういう非常の際にもかかわらず、私は病床に身を横たえていた。そこへ店の幹部たちが心配してかけつけてきた。幹部たちとしては、すでにいろいろと考えて、この際に講ずるべき善後策を私に提案した。その案はどういうものかというと、「製品の売れゆきが半分以下になったことに対処するには、やはり生産も半減しなければならない。そしてそのためには、結局、従業員を半減するしか道はない」ということである。それが幹部たちの結論である。

私は、この幹部たちの提案を聞いて、これはもっともだと思った。そうするのが、いわばこういう際の常道でもあろう。経営者ならだれでもそういう対処策を考えるであろう。しかし私は、果たしてそれが本当に松下電器のとるべき正しい道かどうか、ということを考えた。松下電器は現在たしかに苦しい。従業員を半減することによって、この苦しみから逃れられるかもしれない。だから、そうするのも一つの策である。

けれども、松下電器の将来というものについて考えてみると、私は将来にわたって松下電器は力づよく拡大発展していかなければならないと考えていた。そういう点からいくと、せっかく採用した従業員をいま解雇してしまうことは、その経営的信念の上にみずから動揺をきたすことになる。これは大事な問題である。だから、解雇だけはなんとしてもさけたいと考えた。

かといって、今のまま生産を続けていくことはできないので、一日のうち半分だけ生産を行なう。そうして生産を半減して、売り上げの半減に対処していく。しかし、半日勤務にするからといって、それで賃金を半日分にすることは、これは解雇に一面通じかねないからよくない。だから賃金は一日分まるまる払う。それによる損失はあるが、しかしこれは長い目で見れば一時的なものであろう。だからこれはたいした問題ではないわけである。

あとは、倉庫に山のようにたまった在庫の処理方法である。これはやはり、売らなければならない。なんとしても売らなければならない。売れないからしかたがないとあきらめるのでなく、売るべきものはぜひとも売るべきである。それが当然の道ではないか。売るための努力は、すでにこれまでにも十分しているであろうが、なお徹底してやらなければならない。昼も夜もなく、また休日も返上して、全力をあげて在庫品を売ることにつとめていかなければならない。

私は、幹部からの報告、提案を聞いてから、このようなことをいろいろ考え、自分なりの結論を得たので、さっそく決断して、その内容を話した。

「生産は即日半減する。しかし従業員は一人も解雇しない。工場は半日勤務で生産を半減するが、日給の全額を支給する。その代わり店員は休日を返上して全力をあげて在庫品の販売に努力する」

私のこの決断を聞いた幹部たちは非常に喜んで、その遂行をかたく誓って帰っていった。またそれを聞いた全従業員が喜んでその完遂を誓ったことはいうまでもない。だから全員が大いに張り切ってこの課題にとり組んだ。その結果、翌年二月には、在庫品の山はウソのように消えてしまった。やはり売ることにつとめれば売れるものである。やればできるものである。そしてそれからは、半日生産をやめてフル生産してもなお追いつかないほどの活況を呈するようになったのである。
結局、売れゆきが半減したから生産を半減しなければならない、生産を半減するためには従業員を半減しなければならない、というような考え方は、いわばふつうの考え方ではあるが、一面なにかにとらわれているものの考え方ではなかろうか。やはり、売れない場合には売ることに全力をあげてとり組む、徹底して努力するというところに、歩むべき本当の道があるのではないかと思う。だからその道をひたすら歩むことが大切なのである。そこから、行く手がしだいに明るくなってもくるのではないか、ということである。

やむにやまれぬ気持ちで

【なぜPHPを始めたか】

人間にはいろいろな姿があり、行動がある。またさまざまな考え方がある。好ましい考え、行ないもあれば、好ましいとはいえないものもある。ときには、どうしてあんな姿をあらわすのかと、理解もできず、悲しくなったり、嘆かわしくなったりする場合もあるのではないだろうか。そしてそれは個々人だけに限ったことではない。集団、あるいは社会の各面の姿としてあらわれる場合もあるわけである。そんな場合には、これはもうどうにもしようがないかもしれない。しかし、しようがないといってあきらめられる場合もあろうが、反対にあきらめられない場合もあるのではないだろうか。

第二次大戦が終わったころ、松下電器には各工場にいろいろな材料のストックがあった。だから、貧窮のどん底にあった日本の復興のために、それらの材料を使って大いに生産につとめた。そうすると、倉庫にあった材料はぐんぐん減っていった。これは当然の話である。

ところが、その材料を新しく補給したいと考えても、それができないのである。なぜできないかというと、たとえば鉄に例をとれば、鉄鋼業者自体が生産していない。理由を聞くと、政府の鉄を製造する方針が出ていないからだという。そのほかにも、材料自体はあってもそれを輸送する手段がない、燃料不足で動かせない、というようなことがいろいろある。そういうことで、人びとは確かな考えがもてないまま、力一杯働こうとしないような姿も多く、経済界は各面で大混乱を呈していたのである。

こういう状況は、敗戦直後のことだから、いわばやむを得ないのかもしれない。そう考えて、あきらめてしまうのも一つの姿である。事実、あきらめている人も少なくなかったように思う。しかし、私は、数多くの従業員をかかえている企業の経営者として、そういうような考えはもてなかった。何万という人間の生活がかかっているのである。簡単にあきらめるわけにはいかない。

しかし、そうかといって、今すぐにこの状況を打開するのは、とうてい自分一個人としては不可能なことである。不可能ではあるが、なにもせずにいては、どうにもならない。どうすればよいか。どうしようもない。しかし、このままでよいか。よくない。

私はつくづくと考えた。

〝今の日本では、国民だれもが物資の生産をなによりも願っているにもかかわらず、その願いに反して国民みんなが物資の生産が進まないような姿をあらわしている。これはなにかがまちがっている。そしてそれは結局、お互い日本人が本当のものの道理を忘れているからではないか。だからお互い一人ひとりが本心をとりもどして、本当の考え方をつかむことが肝要である。

それにしても、どうして人間はこのような姿に陥るのであろうか。みずから繁栄を願い平和を求めているにもかかわらず、みずから繁栄をこわし、平和を乱すようなことをやっている。こういう姿が、人間としての本当の姿なのだろうか。人間はなぜああいう戦争をしたりして、みずから悲惨な状態を生み、不幸を招くのか。空を飛ぶ小鳥でも腹一杯食べて楽しそうに生きている。ところが、万物の霊長ともいわれる人間は、みずから戦争を行ない、そうして食糧の欠乏によって栄養失調に陥り、飢え死にするといった悲惨な状態を招いている。これが人間の本当の姿であろうか。人間は本来もっと好ましい状態で生きていくことのできるものではないだろうか〟

考えてみると、それは結局、人間の問題である。戦争直後の混乱、そして戦争による悲惨な状態、それらは決して天然現象ではない。お互い人間がみずからつくり出したものである。だから、そうした不幸な姿をなくしたいと願うのであれば、なによりも人間というものについて研究しなければならない。人間とはどういうものであり、どう生きていくべきものであるのかということを、きわめていくことが肝要である。

しかしながら、問題がそこまでくると、これはもう私一人の手には負えない。また私一人がいくら考えても、どうにもなるものではない。やはり一人でも多くの人びとが、人間とはどういうものかということを考え、また日本人としての本心をとりもどし、本当のものの考え方をつかまなければならない。

そういう考えから、私はＰＨＰ運動というものを提唱すべきではないかと思い立ったわけである。そして他の人たちの意見も聞いてみたが、みんな「それはよいことだ。ぜひやりなさい」と賛成してくれた。これでひと安心である。しかし、私自身はいわば一介の電器屋である。学問もなければ専門的な知識もなにもない。もちろん、こういう社会的な活動については、知識も体験もゼロである。だから、PHPの運動を思い立ち、みんなも賛成してくれたけれども、私自身に果たしてそういうことを提唱する資格があるのかどうか、ということである。

しかし、そうしたことを考えて躊躇《ちゅうちょ》しているときではない、ともかくも今はやらねばならないのだという、いわばやむにやまれぬ気持ちから、私はPHPの提唱を決断したわけである。

そして、昭和二十一年十一月、私はPHP研究所を創設し、ここを拠点として世の衆知を集めつつ、人間とはどういうものかということの研究、そしてどうすればお互い人間の真の繁栄、平和、幸福というものを実現していくことができるのかということについての研究、そしてもろもろの繁栄方策の提言といった活動の第一歩をふみ出したのであった。

このPHPの活動は、当初はなかなかスムーズにいかない面も多く、いろいろ紆余曲折があったけれども、幸いにして今日では、世の多くの方がたのご支援をいただき、月に百数十万部を発行する『PHP』誌をはじめとして、月刊誌『Voice』『国際版〈英文〉PHP』、その他単行本を多く発行するとともに、PHP友の会の活動、PHPゼミナールの開催等、幅広い活動を展開しつつあるのである。

あやまちは改めてもらう

［財閥指定に四年間抗議］

〝順応同化〟ということは、お互い人間にとって大切なことだと私は考えている。またいわゆる大勢に順応するということも、これはこれで大切な一つの行き方ではないかと思う。むしろ、流れにさからうような行き方よりも、まちがいの少ない、安全な歩み方だといえよう。だから、それで事がすむならば、そういう行き方でいいと思うのである。けれども、時と場合によっては、それでは事がすまされないこともある。そういう場合は、安易に妥協することなく、あえて自分が正しいと信じた道を歩むこともまた必要ではないかと思う。

第二次大戦が終わったあと、日本全体が苦難の歩みを始めたわけであるが、松下電器もまたさまざまな困難な場面に直面しつつ歩みを進めた。すなわち、戦争前までは家庭電器が中心だから全くの平和産業であった松下電器が、戦時中は軍からのつよい要請で兵器や船や飛行機をつくっていたので、軍需会社に指定されていた。そのため、戦争がすんで本来の平和産業である家庭電器をつくりかけたら、進駐軍の指令で仕事をストップさせられた。

そしてさらに制限会社に指定され、すべての会社資産は凍結され、会社は縮小の一途をたどった。さらにまた、財閥家族の指定まで受けた。私は、進駐軍がいろいろな指令を出すのは戦勝国側として当然のことであり、戦敗国側である日本人としては、これに従わなければならない、と考えていた。

しかし、だからといって、どんな指令に対しても無条件で従わなければならないかというと、それはちがう。進駐軍も神ではない、人間である。人間であればまちがいもするし思いちがいもある。そういうまちがいによる指令については、これは従うべきではない。そう考えていた。

そこで私がどうしても納得できなかったのが財閥家族の指定である。進駐軍が財閥を指定すること自体は、財閥を解体するという一つの方針であるから、これは戦敗国としてやむを得ない。しかたのないことである。けれども、松下電器が財閥会社に指定されたということは、これはおかしい。

なぜおかしいかというと、財閥というのは、三井、三菱、住友、安田、古河といった強大なグループであろう。何代にもわたって数多くの会社を支配し、そして日本の経済はもちろん、政治をさえ動かしてきたような実力のあるグループである。だからこそ、進駐軍もその力を恐れて財閥の解体をはかったわけである。

ところが、松下電器はそんな財閥とは全く異なっている。いってみれば一介の町工場がだんだん大きくなってきただけの会社である。だから、財閥というものの定義があるとすれば、その定義にあてはまらないのが松下電器である。

それではなぜ松下電器が財閥に指定されたのかというと、これはまちがって指定されたのである。そのまちがったことの理由は推測できる。というのは、当時の松下電器という会社を書類の上で見てみると、子会社がズラリとならんでいる。その中には造船会社もあれば飛行機会社まである。これを見れば、やはり財閥会社とまちがえることもあるだろう。しかし、その実情は船も飛行機も木でつくったものにすぎない。しかも飛行機などはわずか三機つくって飛ばしただけである。ところが、書類上ではそういう実情がわからないから、これは立派な財閥だ、ということでポンと判を押されたのだと思う。

けれども、まちがいはまちがいである。これは、財閥でないものが財閥に指定されたのである。こういうあやまった指定でも、従わなければならないのだろうか。人を殺したこともないのに、人殺しとして死刑の判決を受けたようなものではないか。

私はそのようなことをいろいろ考えた末に、結論を出した。「このあやまった指定に従ってはならない」ということを決めた。だから、財閥に指定された十四社のうちの、他の十三社の社長はみんな辞職したが、私はやめなかった。大勢に順応した方がよいということからすれば、進駐軍からの指定には黙って従い、社長をやめた方がよいのかもしれない。けれども、私は財閥であるという指定それ自体がまちがっているということを確信していたので、やめなかった。

のみならず、逆に進駐軍に対して抗議を申し込んだ。まちがって指定しているから、指定をとり消すべきである、ということを申し入れたのである。しかし、そういう抗議を受けたからといって、進駐軍の方としても簡単には「わかりました、改めましょう」とは言わない。言わないけれども、またこちらとしても、「それではあきらめます」とは言えない。だから、くり返しくり返し、進駐軍に足を運んで抗議を続けた。

それを三年以上続けた。五十数回も抗議をしに行った。その抗議をするについての資料が五千ページにものぼった。それだけのページをついやして、財閥ではないという証明をいろいろな点から行なったのである。そしてその間は、個人資産が凍結されていたから、お手伝いさんの給料を払うのでも、いちいち進駐軍の許可をもらうというような状態であった。だから生活状態はどん底に陥り、友人たちから借金をしてやっと日々の生活をつないでいくといった姿だったのである。

しかし、私はあきらめなかった。くじけずに抗議を続けていった。そして、三年半ほどたってから、やっと進駐軍も理解を示し、財閥の指定は解除されたのである。

はじめ指定されたときに、進駐軍に抵抗してもとうてい勝てないからとあきらめていたなら、私はどうなっていたかわからない。少なくとも今日の私はないだろう。松下電器についても然りだと思う。けれども、私は、いかに進駐軍であろうと、まちがいは正してもらわないといけない、直すべき点は直してもらわなければならない、ということをつよく考えた。そしてそのことの実現に辛抱づよく力を尽くしたわけである。

やはり、困難に直面した場合には、それを冷静に判断することが大切である。そして、これはこうすることが正しいとなれば、それに命をかけてとり組むことである。曖昧《あいまい》な態度で妥協すれば事は楽かもしれないが、それではよりよいものは生まれてきにくいのではないだろうか。

〝不可能〟だからできる

［二〇パーセントの値下げ交渉］

物事というものは、できることでもそれをできないと思っている限り、やはり実際にできないのではあるまいか。反対に、できそうもないことでも、なんとかやればできると考えて努力すれば、往々にして案外できるものではないかと思う。人間が空を飛んだり、月へ行って帰ってくることさえできることを思えば、少々のことでできないと考えることは、むしろ人間のすぐれた可能性をおしつぶしてしまうことにもなるのではなかろうか。

だから、困難に直面した場合には、それから逃げてしまうのでなく、それをのり越えていくよう勇気をふるって立ち向かうことが大切である。そういうところから、思わぬ知恵と力も発揮され、自他ともによりよき成果を得ることもできる場合が少なくないのではないかと思うのである。

昭和三十六年ごろであったか、私が松下通信工業へ行ってみると、ちょうど幹部が会議をしていた。

「きょうの会議はなにかね」と聞くと、「実はトヨタ自動車さんから大幅な値引き交渉がありました」と、困ったような顔をしている。事情を聞くと、松下通信工業から納めているカーラジオの値段を、即日五パーセント下げて、向こう半年間でさらに一五パーセント下げ、合計二〇パーセント下げてほしい、という要求である。なぜトヨタさんがそんな要求をしてきたのかというと、それは貿易の自由化に直面しているから、アメリカなど海外の自動車と太刀打ちするには、今の値段では日本の方が高くて、とてもやっていけない。日本の自動車産業がほろんでしまう。

　だから必死で原価引き下げに努力しているが、松下通信工業から納めているカーラジオも部品の一つだから、これもぜひ二〇パーセント値下げしてほしいということである。その当時とちがって今日では、むしろ日本の方が安くてよい自動車をつくれるようになっているから、ピンとこない人もいるかもしれない。が、その当時はこのように日本の方が苦しい状況だったのである。

　さて、そういう事情であることを聞いたので、私は言った。

「現在はどのくらい儲かっているのか」

「三パーセントしか儲かっていません」

「それは少ない。三パーセントということ自体が問題だ。しかも、そういう状態なのになお二〇パーセントも下げるというのは、これは大変なことではないか」

「それでこうやって会議をひらいているのです」

　私は、会議をひらくのもよいが、これは容易ならない問題だと思った。三パーセントしか利益のないところを、二〇パーセントも下げれば、一七パーセントの赤字が出てしまう。これはあたりまえの話である。だから、この要求はとうてい受け入れられない、不可能な要求である、という見方もできる。むしろそれがふつうの見方であろう。

だから、トヨタさんのこの要求に対して、「これはできません」と言って断わることも一つの行き方である。常識的に考えれば、そう言って断わるのがふつうかもしれない。また、断わらないまでも、その二〇パーセントをもっと安くまけてもらうということも場合によっては考えられよう。しかし、はじめから「できない」ということを考えていたのでは、これはいかにも知恵のない話である。そこで私は、「これはできない」という考え方をひとまずすてて、そしてトヨタさんの立場に立って、なぜこういう要求が出てきたのかよく考えてみた。そうすると、もしも松下電器がトヨタさんの立場にあってこういう自由化を迎えようとしたならば、やはり同じような要求を出していたかもしれない。

そして松下電器はそういう要求を受けておどろいているけれども、トヨタさん自身はもっと心配している。どうすれば値段を下げて日本の自動車産業を維持していくことができるか、さらに発展させていくことができるかということに、日夜心をくだいて努力しておられる。だから、松下電器が値引きの要求を受けて困っていること自体が、本当はけしからんことでもある。だからこれは、できないとして断わるのではなく、なんとしてでも値を下げなければならない。こういうように考えたのであった。

さてそこで、その方法である。これはやはり、一から考え直さなければならない。これまでの製品では、さらに二〇パーセントもの値下げをすることは事実上不可能である。だから新しく考え直さなければならない。そこで私はみんなに、次のような指示をしたのである。「性能は絶対に落としてはいけない。デザインも先方の要求に応じて、変えてはならない。その二つを維持する限り、こちらとしては全面的に設計変更してもよいわけだ。だから、そういう条件を守りつつ、二〇パーセント引いてもなお適正な利益のあるように、根本的、抜本的な設計変更をしていこう。

それが完成するまでの間は、一時的に損害が出てもしかたがない。これは単にトヨタさんから値引き交渉を受けたというだけのことではない。いわば日本の産業を維持発展させるための公の声だと受けとめなければならない。なんとしてでもこれをやりとげよう」

私がそういう指示をして一年ちょっとたってから、この件について聞くと、松下通信工業はトヨタさんの要求通り値下げをしたという。しかも、利益も適正なものを得ることができるようになったというのである。大幅な値下げの交渉に直面して、それが一大転機となって革命がおこった。つまり、松下通信工業は非常な努力によって、製品の根本的な改良に成功したわけである。私はこういう姿が事業というものの一つの姿だと思う。

やはり事業でもなんでも、「できない」と考えてしまえばそれで終わりである。「できるはずだ。どうすればできるか」というように考えていってこそ、困難なこと、一見不可能のようなこともできるようになる。そして好ましい成果、みずからの向上というものも得られる場合が多いのである。こういう考え方は、お互いが物事の決断を行なう際に大切なことの一つではないかと思うのであるが、どうであろうか。

事の成らざるは自分にあり

【熱海会談での感動】

人間というものは、他人の欠点は目につきやすい。往々にしてなにか問題がおこると、それはすべて他人のせいで、自分には関係がないことである、と考えがちである。しかし実際には、全く自分が無関係かというと、そうとはいえない場合も少なくないのが世の常ではないかと思う。また、実際に他人のせいであって、自分は無関係な場合もあるにはある。しかし、それをそう判定するのは、これはあくまでも人間である。だからもしかりに人間を超えた、もっと高い観点から見たならば、他人のせいではあるけれども、実は自分のせいでもあるのだ、ということもあるのではなかろうか。

これは本当のところはよくわからないことだけれども、少なくともわれわれ人間は、問題がおこった際には、他人のせいだと考える前に、まず自分のせいではないかということを、一度考え直してみることが非常に大切ではないかと思うのである。

松下電器の経営の歩みの上で、忘れることのできない事柄の一つに、〝熱海会談〟[9]といわれるものがある。これはどういうものかというと、昭和三十九年の不況時に、全国から百七十社の販売会社、代理店[10]の社長を熱海に招待して、懇談会をひらき、直接、経営の実情を聞いたのである。そのときの会議が〝熱海会談〟といわれるようになった。

そこで、なぜそういう懇談会をひらいたのかというと、当時の日本は不況が深刻化し、企業のゆきづまり、倒産も多かった。電器業界においても同様で、一流といわれる会社が大きな欠損を出したりして、非常に経営の悪化が広がっていた。それで私は、松下電器の代理店、販売会社の経営状況はどうかと気になり、熱海会談をひらいたのである。

そして、実情を聞いてみたのであるが、状況はきわめてよくない。会議に出席した社長さん方は口ぐちに赤字続きだと訴えた。そして、社長さん方の言われるには、そういう経営の悪化はすべて松下電器の指導がわるかったからだというのである。

「親の代から松下電器の代理店をやっているのに赤字続きだ。いったい松下電器はどうしてくれるのだ」というような意見も出てくる。儲かっている会社もあるが、それは一部だけで、あとはみんな赤字である。そしてメーカーの責任を問い、松下電器の責任を追及する。

出てくるのは不平不満ばかりである。

そういう不満の声を聞きつつ、懇談会の一日目は終わった。また二日目に入っても同様に松下電器に対する不平の声を聞き、こちらからも意見をのべ、反論めいたことも行なった。「赤字を出すのはやはりその会社の経営があやまっているからです。みなさんは松下電器に甘えている点がありはしませんか」というようなことも私は言ったわけである。そしてまた互いに侃々諤々《かんかんがくがく》の議論をかわしていった。

けれども、一日目と同じような姿であったので、私は、このままではどこまでいってもきりがないと思った。そして、もうそろそろ結論のようなものを出すべきだと考えた。しかし、結論といっても、どのような結論があるのか。議論は平行線をたどってきたのである。すなわち、販売会社は松下電器に責任があると言い、松下電器は販売会社の経営のしかたにも問題があると言ってきた。その主張をいろいろな角度からくり返しあったわけである。

しかし、なんとかしなければならない。私は、これまでいろいろと不平不満をぶつけられたことをふり返ってみた。それらの不平不満は、一面、代理店、販売会社自身の経営に対する甘さから出てきたものと見ることもできる。だからそういう指摘もした。けれども、静かに考えてみると、松下電器自身にも改めなければならない問題がたくさんあるのではないか。それらの不平不満が出てくるというのは、やはり松下電器自身の販売の考え方、やり方によわいものがあるからではないのか。
そうしてみると、責任は松下電器にもある。いや、その責任の大半が松下電器にあるのではなかろうか。私はそういうことをしみじみと感じた。反省をしなければならないのは松下電器自身である。販売会社、代理店さんからの信頼を受けているうちに、知らず識《し》らず慢心の心が出てきていたのではないか。それが今日の姿を生み出した原因のすべてではないのか。

私は、これは松下電器が改めるべきを改めなければならない、創業の昔の心にかえらなければならない、と思った。創業のころには、工場でつくったものを問屋さんに持っていって、そして批判をいただいて、そこに感激をもって販売をしていた。その姿は、いくら会社が大きくなっても、見失ってはいけない。

事の成らざるは自分にあらずして他人にあるのだ、というような考えを一部もっている者があるとしたならば、大変なまちがいである。私どもはついつい、代理店さんがもっとしっかりしてくださったらなどと思うときもあるが、これも大変なまちがいであった。やはりその原因は私ども自身にあることを考えないといけないのだ。

私はそのようなことを考えて、そういう話をしたのである。

「……松下電器が今日の姿に発展したのも、みなさんやみなさんの先代が松下電器を育ててやろうとごひいきにしてくださったおかげです。そのことを考えれば、この現状について私の方から不足を申しあげるのはまちがっていました。みなさんが損を出しておられるのは、松下電器の注意が足りなかったからです。今後は、松下電器は、取り引きその他いっさいの点に根本的な改善をして、みなさんの経営の安泰のため、業界の安定のために本当に努力をしなければならないと感じております」

そのとき私は、かつて松下電器がはじめて電球をつくって売り出したころのことを思い出した。それでその話をした。前のところでもふれたように、はじめて売り出した電球に一流品と同じ価格をつけ、これでは売れないと言われる問屋さんに、松下電器を育てていくためにどうかこの価格で売ってくださいとお願いし、ご理解をいただいたのであった。そしてその後、松下電器は本当に電球はじめその他の電気器具の一流品を多くつくって世に送ることができるようになった。それもこれもみんな、代理店、販売会社の方がたのおかげである。

そのことを思い出し、話しているうちに、私の目から思わず涙がこぼれてきた。話すことばも途切れて、ハンカチで涙をふいた。すると、社長さん方も、多くの人がハンカチを出して目にあてている。

ある代理店の社長さんが立って言った。「考えてみると、松下さんとわれわれの間は、単なる金銭などで結ばれているのではない。もっと深い、精神的なつながりがあるのだ。これまで松下さんがわるいといって責めてばかりきたが、これはわれわれもまちがっていた」

そういうことで、二日間にわたる激論の結果、最後はまことに心あたたまる、感動の場面で終わった。

その後、松下電器は、この熱海会談の内容をふまえて、気持ちをひきしめ、新しい販売制度を生み出し、実施していった。そしてその結果、幸いにも、販売会社も代理店も、また販売店も逐次好ましい経営状態をあらわすようになったのである。

非常時の決断のしかた

【営業本部長代行】

人間は非常の際には非常の際にふさわしい姿、行動をとらなければならない。火事がおこって火が迫っているのに、ふだんと変わらない行動をとっていたのでは、火にまき込まれてしまう。だから、場合によってはドアをけやぶってでも脱出しなければならない。やはり、つね日ごろと異なった非常時には、それにふさわしいあり方、姿というものが必要になってくるのである。

私は松下電器の会長として後方勤務をしていたとき、ちょうど昭和三十九年の不況に直面し、営業本部長代行として第一線に立ったが、これもいってみれば、非常時の非常の姿だといえなくもないと思う。すなわち、当時の日本は不況の嵐が吹き荒れ、電器業界も非常に困難な状態に陥っていた。だから前にのべたように、私は〝熱海会談〟によってお得意先の実情をお聞きし、松下電器として考えるべきこと、なすべきことはなにかということを、いろいろと考えたのであった。

多くのお得意先の経営状態が非常に悪化しつつある。しかもそれに関連して、お得意先は松下電器の考え方、態度に非常に不満をもっている。つまり、平生無難にすぎているときならばなんの問題もないが、大事に直面した場合には、やはりなにか力づよい一つの後ろだてがあってこそ勇気も出る。しかるに、今の松下電器の指導の方針なり商売の考え方は、いささか力よわいのではないか、ということである。

松下電器は、創業当初から今日まで、終始一貫、代理店に対しても社会に対しても、みずからが処する道はこういうものであるということを考え、明らかにしてきた。この間いろいろの変動期はあったが、そのつど、代理店の信頼は高まりこそすれ、うすれたことはない。しかるに、今に限って動揺しているのはおかしい。松下電器の基本方針は変わっていないにもかかわらず、そういうちがいの出た原因はどこにあるかというと、これは基本方針を現実にうつし、それを代理店に達する過程にまちがいがおこっているのではないか。私はそう考えたのである。

だから、松下電器としては、こういう状況に対して、なにか新しい方法を生み出し、当面している困難をのり越えていかなければならない。ところが、ちょうどそのとき、営業面の最高責任者である営業本部長が病気で入院していたのである。

そこで、だれかが代わりをつとめなければならないわけだが、どの重役も現業をもっている。社長、副社長ももちろん多忙をきわめている。他の会社であれば、常務以上は現業をもたないという姿も多い。現業の上にあって、そして要点だけを見て相談相手になっているという傾向がつよいと思う。

ところが松下電器の場合は、みんな現業をもっているから、いわば手一杯の仕事をしている。営業本部も本部長が、常務のかたわら、本部長の現業をもってやってきた。ところがあまりの激職からか、肝臓をわずらい、入院した。養生が第一だから、当分は商売のことで頭をわずらわせない方がいい状態である。

一方、営業の面は非常にむつかしい問題をかかえているのだから、その中で営業本部を力づよくやっていくについては、やはり常務に代わる重役の人にやってもらうべきである。しかしどの部門も他に力をさけない状態である。

そこで私自身について考えてみると、私は現業をもっていない。会長として後方勤務している。後方勤務といっても遊んでいるわけではなく、少しのヒマもないような状態である。けれども、それは会社の仕事に関係はあるが、現業ではない。だから私の場合は営業本部の仕事を手伝おうと思えば手伝える状態にあるわけである。

しかし、だからといって、会長である私が営業本部の仕事を手伝うことになると、これは世間にも知られて、多少疑惑をもたれることになるのではないかとも考えられる。なぜそんなことをするのかと、いろいろ詮索《せんさく》もされるだろう。あれだけの会社が、たとえ営業本部長が病気だとしても、会長が再び時間をさいてそれを担当しなくてはならないほど人がないのか、ということも言われるだろう。そういうように、松下電器が批判されるおそれも多分にある。だからこれは決して信用上プラスだとは思われない。あるいは少しマイナスになるかもわからない。マイナスにならなくても、あまりほめるべき姿でないのは明らかである。

そういうことを考えてみると、私自身が営業本部を手伝うのも、必ずしも最善とはいえないかもしれない。マイナス面を考えると、むしろ私が手伝わない方がいいのかもしれない。松下電器の伝統の力をもってすれば、この困難もなんとかのり切っていける、ということも考えられなくはない。しかし、そこで問題は、今のこの状態、経済界、業界、さらにはお得意先の状態が、どういうものであるのかという認識である。

私は、事態は重大、事は急を要すると考えた。いわば非常時である。非常時には非常時の考え方、行動をとらなければならない。つね日ごろの場合であれば、会長が営業本部を手伝うのは、経営の弱体ということにもなるかもしれないが、しかし今は非常時である。非常の際の行動が求められている場合である。今はただ、なすべきをなさなければならないときである。そこで私は、あえて営業本部長の代行として第一線に立つことを決断し、発表したのである。

そして私は、販売の実情をくわしく調べ、新しい販売制度を考え、実施した。この実施にあたっては、なみなみならぬむつかしい問題もあったが、最終的にお得意先のご理解もいただき、実施することができた。そしてその後、お得意先の経営内容も業界の状況も、歩一歩と好ましい状況に歩み出したのであった。

第四章　求める心

決断できなかった話

［小僧奉公をやめたとき］

人間には、言いたいことが言えない、言わなければならないことがどうも言えないということがある。なぜ言えないのかというと、それはやはり言いにくいからである。われわれ人間には、この〝言いにくいこと〟がいろいろある。言論の自由とはいいながら、個人的、社会的に言いにくいということは、相手により場合によっていろいろ出てくる。その言いにくいことであっても、言わなければならないことは、これはやはり言わなければならない。

しかし、私は小僧奉公をやめたとき、それができなかった。言わなければならないことが、どうしても言えなかった。

話は私が数えで十七歳のときのことである。私は、明治三十七年、数え年十一歳のときに大阪へ奉公に出て、火鉢屋の小僧を三カ月やり、その後六年間、五代商会という自転車店で奉公した。私が五代商会へ入ったころは、まだ自転車が一般的に見て珍しいという時代で、その値段も大衆にはなかなか手の届かない高価なものであった。

けれども、それから五、六年たつと、自転車もしだいに世間に普及して、値段も少しずつ安くなってきた。そして、五代商会も、自転車の小売業から相当有力な問屋業へと発展してきた。

ところが、そのころ、大阪市では市電を敷設して交通網を整備する計画が立てられ、逐次実行に移されていた。市内の主要路線は明治四十二年までに開通していたのである。ある日、私は店の用事で大阪の街を自転車で走っていたとき、四ツ橋あたりではじめて電車を見た。

そして私は、その電車の走る姿をつくづくと眺めているうちに、それにつよくひきつけられた。自転車は足でこがなければ走らない。ところが電車は、あれだけ大きな図体をしているものが、目に見えない電気の力で動いている。たいしたものである。自転車は乗っていると疲れてくるが、あの電車ならいくら走っても人間は疲れない。まことに便利である。電気の力というものは、本当にすばらしい。

そして、これからは、この電気の力はいろいろな面に使われていくであろう。まことにおもしろい。世の中がいろいろな面で便利になる。だから電気関係の仕事は将来大いに発展していくにちがいない。自分もできればそういう方面の仕事をしてみたいものだ。さぞかし、おもしろいし、やりがいもあるだろう。できるものなら、ぜひ電気関係の仕事がしたい。そういう思いがだんだんつよくなってきた。

問題は、自転車店の今の仕事である。六年間もお世話になってきた店である。電気関係の仕事につくためには、今のお店をやめなければならない。やめなければ電気関係の仕事はできない。しかし、今のお店は、長い間みんなと寝食を共にし、自分が育ってきたところである。その店に対する離れがたい思いがある。愛着があり、なつかしさがある。私は悩んだ。ずいぶん悩んだ。

そして、心の中では一応結論を出した。申し訳ないがお店からヒマをもらおう、そして電気関係の仕事につこう、ということを決心した。しかし、心の中では一応そう決めたものの、それをいざ実行に移すとなると、これがなかなかむつかしい。店からヒマをもらうためには、やはりご主人にそれを申し出なければならないが、それがどうも言い出せないのである。まことに言い出しにくい。

明日になったら言おうと思っていても、当日になるとなかなかきっかけがつかめない。ご主人のところへ行って言う勇気が出ない。それで二日、三日とすぎていく。

私は、わるいと思ったが窮余の一策で、「母病気」という電報を打ってもらった。ご主人はおどろいて心配してくれた。「お母さんが病気で心配だろう。ここ四、五日来おちつきがないようだが、万一、店をやめたいとでも考えているなら正直に話しなさい。六年もつとめてくれたのだから、どうしてもやめたいのならヒマをあげてもよい」とも言ってくださった。けれども私は、とうとう自分からは「店をやめたいのです」とは言えなかった。

だから、自分では店をやめる決心をしたのだけれども、それを口に出してご主人に言うとの決断はできなかったということになるかもしれない。いかにキッパリと決断をしても、心の中だけの決断であれば、それは本当の決断とはいえないであろう。やはり口に出して言うべきは言い、行動にあらわすべきはあらわしてこそ、はじめて決断が決断になるのだと思う。そういう意味からいうと、私はこの場合、本当の決断ができていなかったのかもしれないわけである。

ただ、ご主人に言うことはできなかったが、私は行動の面でそれを実行した。つまり、心で「すみません」と詫びながら、着替えを一枚だけ持って店を出たのである。そして、口で言い出せなかったこと、つまりヒマをいただきたいということを、お詫びのことばとともに手紙に書いてお送りしたのである。

こうして私はなつかしい小僧生活から離れ、その後、念願の電気関係の仕事、大阪電灯会社に就職したのであった。

ほどほどで切り上げる

【真空管を短期間売る】

人間というものは一面欲が深い。だから、なにか一つの事業が儲かるとなると、われもわれもと手を出す。そして、しばらくの間はよいけれども、すぐに過当競争的な姿に陥って、どこも儲からなくなる。そして、わるくすると、ゆきづまり、倒産してしまうことにもなりかねない。そういう姿が世間には決して少なくないのではあるまいか。しかし、それはさけようと思えば、さけられないことはないと思うのである。

私自身、そういう体験をしたことがある。それは大正十四年ごろのことであった。私が松下電器の東京出張所へ行ってみると、真空管が置いてあった。私はそのときはじめて真空管というものを見たのである。ラジオ用で、当時やっと売り出されたばかりのものである。出張所の責任者は、「これは東京で最近ボツボツ売れ出しました。大阪でも売ってみてはどうでしょう」と言う。

それを聞いて私は、これはおもしろいと思った。そこで、さっそく、大阪で売り出そうと考え、その真空管を製造している工場への交渉を命じた。ところが、その工場は小規模なところで資金も豊かでなく、生産が注文に追いつかない状態だという。

そこで私は、一千個分の代金三千円を先渡しして、一個でも多く製造して大阪へ回してくれるようにしてもらった。

大阪に帰って、その真空管の販売を問屋に依頼したところ、当時は真空管自体が珍しいものの一つで、しかも一般に品物が不足していたため、大いに喜ばれつつ注文を受けた。

そういう状態であったので、わずか五、六カ月の間に、松下電器は一万円あまりの利益をあげた。これは当時としては相当な額である。ところが、そのころになると、真空管を製造するところもしだいにふえてきた。そして製品も次つぎにあらわれてきた。だからおのずと値段も下がる傾向になってきたのである。

こういう状況を見て私は、これはちょっと考えなければならないと思った。このままでは松下電器が利益をあげる余地もしだいに少なくなっていく。もちろん、利益があがらなくなるわけではない。むしろ、売れゆき自体は好調であるし、引きつづき利益も得られるであろう。しかし、問題は、これまでとはちがうということである。状況が変わりつつある。だからその変化にどう対処するか、ということである。いってみれば、現状にとらわれることなく、先を見て事の判断を行なう必要があるということである。

私は、先を見てこの際、真空管の販売から手を引こうということを考えた。まだ売れているのだから、惜しいといえば惜しい。まだ利益も得られるのだから、それをすててしまうのは一面残念でもある。しかし、状況の変化を無視することはできない。先を考えて、新しい対処のしかたに変えておかねばならない。つまりは、手を引くことである。しょせんこの真空管の販売は、ちょっとした思いつきによる仕事ではないか、ということである。それですでに一万円もの利益を得たのだから、それでよしとすべきである。これ以上欲ばってはいけない。

そこで私は、この真空管から手を引くことを決断した。そして、製造工場にも得意先の問屋にもそのことを話した。工場は、大阪で拡大した得意先をぜんぶ無償で譲り受けることができるというので、非常に喜んだ。得意先にも異存はない。そういうことで、まだ利益のあがっていた真空管の販売からあっさりと手を引いてしまったわけである。

ところが、その後四、五カ月して、ラジオ部品の値段が急転直下さがった。それで、今まで相当利益をあげていた工場や商店も非常な窮境に陥った。

しかし、松下電器は幸いにも、すでに手を引いたあとであった。だからなんらの損害もなかったわけである。話はただこれだけのことである。が、物事の出処進退が大事であるとか、何事にも適度というか、ほどほどが肝要であるといわれるが、そのことの大切さを改めてこのとき考えさせられたのであった。

また、それとあわせて、やはり過当競争になっては好ましくないということである。儲けるということのみにとらわれてしまうと、こうした適度とかほどほどということも忘れて、ややもすると過当競争的な姿に陥ってしまいかねない。しかしそれでは自他ともにマイナスとなる場合が多い。だから、人情からするとなかなかむつかしいところではあるが、こうした点についてもたえず心しておかねばならないという感じがするのである。

あやまちを認める

【電熱部の共同経営の失敗】

人間というものは神様ではないから、やはりときにはあやまちを犯す。失敗もする。それは一面やむを得ないことであろう。しかし問題は、そのあとでどうそれに対処していくかということである。あやまちを犯したけれども、それを自分で認めないとか、知らないふりをするとか、あるいはそのまま放っておくとか、そういった対処をする姿もあるかもしれない。しかし、それでは正しい対処をすることにはならないであろう。

だからやはり、あやまちをするのはしかたがないとしても、した以上はそれを正しく認めて、なぜそういうあやまちを犯したのか検討するとか、改めるべきはただちに改めていくことが肝要ではないかと思う。もちろん、これはなかなか実際には簡単にできない場合もあると思う。しかし、それをあえて行なうところから、あやまちも単なるあやまちに終わらず、よりよき次の発展へと結びついていくのではなかろうか。

そういった点で、私自身の体験から思い出されるのは、昭和二年に新設した電熱部の経営のことである。この電熱部では、前にもふれたように、第一回製品としてスーパーアイロンを世に出した。この製品はのちに国産優良品に指定されたほど品質もよく、また値段も他に比べて安い、いわば人気商品であった。ところが、それほどよい商品を出しているにもかかわらず、電熱部の決算は赤字なのである。まことにふしぎである。

どこに原因があるのか。私は静かに考えてみた。計画や方針が当を得ていないのか、それとも、その計画や方針を遂行していく上で当を得ないものがあるのか。あらゆる角度から検討していった。そしてその結果、私の得た結論は、遂行上の問題、つまりは経営上の問題であるということであった。

それはどういうことかというと、この電熱部の経営は、外面的には私の経営であったが、内面は私の友人であるT氏[11]との共同経営として一部出資もしてもらい、工場責任者である中尾氏とT氏の二人に経営をまかせていた。それで私自身は電熱部にいわば副業的な態度でのぞんでいたのである。ここに私のまちがいがあった。

電熱部の経営を担当しているT氏は、もともと米屋の主人公で、電器についてはしろうとである。しかも、電熱部の経営のかたわらなお米屋も兼業している。だから、私もT氏も二人とも、この電熱部の経営に真に打ち込んでいたとはいえない。全身全霊をこめて経営しているとはいえない。そういう中途半端な態度が経営上のゆきづまりを招いているわけである。私は、これではいけないと、痛切に反省した。

そういうことで、赤字経営の原因は明らかになった。私のやり方がまちがっていた。あやまちを犯しているのは私である。だから、経営の改善のためには、私のあやまちを改めなければならない。それでは、どういう点を改めなければならないかというと、一つはT氏との共同経営をやめることである。そして次は、電熱部の経営を私が自分で全力をあげて真剣に進めていくということである。これが改善すべき点である。

しかし、問題は、せっかく共同経営ということでやっているT氏のことである。T氏もそれなりに努力してやってきた。それを、ここで「やめてくれ」と言うのは、これは人情として言いにくい。T氏も落胆するであろう。だから、なんとかやめてもらわずに続けていく道があればよいのだけれども、電熱部の経営をたて直していくためには、それしか道は考えつかない。

それに、電熱部の経営がよくないのは、T氏がわるいからではない。T氏の責任を問うのではない。私自身の責任を問うているのである。あやまちを犯したのは私であり、私があやまちを改めなければならないのである。〝あやまちを改むるにははばかることなかれ〟というような昔のことばもある。あやまちに気づけばただちに改めるのが経営というものであろう。そこで私は意を決してT氏を呼んで、このことについて率直に話した。

「私がまちがっていた。しろうとの君に経営を担当してもらったのは、私が電熱部を軽視したことになる。こういう経営態度がゆきづまりの原因だと思う。本来なら、新しくつくった電熱部は私自身が全力を打ち込まなければならなかった。そうしなかった私がわるかった。だから、今後は私自身が真剣に経営に打ち込むから、君はやはり米屋に専念してはどうか」

このようなことを話すと、T氏は松下電器と離れたくないというので、私は松下電器への入所をすすめた。そして結局、T氏は十分考えた末に、店員として松下電器に入所したのであった。そして電熱部の経営は私自身がこれにあたった。その後、電熱部はアイロンのほかにストーブやコタツも製造し、しだいに発展の道を歩んでいったのである。

やはり、あやまちは改めなければならない。あやまちとわかればすぐに改めることが肝要である。それがなかなか簡単にはできにくいのが人情ではあろうが、しかし、みずからのあやまちはみずからが改めなければならないのである。

必要なものは値打ちで買う

〔ある工場の買収にあたって〕

商売の取り引きの上では、買う立場の方が売る立場よりも有利である場合が多いと思う。時と場合によっては、売る側がつよいこともあろうが、ふつうはやはり買う側がつよいといえよう。そして、買う立場からすると、安ければ安いほどよいということになる。まして、売る方の立場がよわければ、そのよわみにつけ込むということも、これはないとはいえないであろう。しかし、それが経営者としてとるべき正しい態度かというと、これは話は少しちがってくるのではないかと思う。

私には、ずっと昔、こんな体験がある。それは、松下電器がソケットはつくっていたが、まだその材料のベークライトはつくっていなかったころのことである。松下電器としては、ベークライトの工場がほしいとつねづね考えていた。

ところがあるとき、H電器[12]というベークライト[13]とソケットをつくっている工場がゆきづまり、その買収問題がおこった。そして、当のH電器の方から松下電器に対し、うちを買収してくれないかという話がもち込まれたのである。

松下電器としては好都合である。かねがねほしいと思っていたベークライト工場が、向こうからとび込んできたわけである。そこでさっそくその話にこたえて買収することにした。そこで具体的な交渉に入ったわけだが、問題はやはりいくらで買うか、である。

相手はゆきづまって倒産しかかっている会社である。よわい立場にある。だから相場より安く買えるはずである。しかも、もう少し時間がたてばさらに状況がわるくなって、もっと安く買いたたけることになるかもしれない。それがいわばふつうの姿ともいえよう。だから、この買収にあたっては、松下電器が相当安く買いたたいたとしても、相手も世間も、それはそれで納得するであろう。だから、そうすることもできた。

けれども、私がそのとき決断し、指示したことは、〝安く買ってはいけない〟ということである。これは、当時の一般的な考え方からすると、ちょっとふつうではない。ふつうではないが、私はあえてそう決断し、指示したのである。それはなぜか。

なぜ私がそういうように考えたのかというと、それは一つには、松下電器として、ベークライト工場がほしいと思っていたからである。もしも工場を買うことができない場合には、松下電器みずからがベークライトの研究をし、開発をしなければならない。しかし、そうすれば多くの資金が必要になる。ところが幸いにして、そのベークライトの工場を買収してくれという話がもち込まれてきた。その工場は松下電器が必要とする、いわば値打ちのある工場である。

したがって、その値打ちをそのまま認めて買うのが正しい買い方である。相場より安く買ってはいけない。必要なものは相場で買う、ということである。

相手が倒れかけている工場であれば、ふつうは値切りたいところである。しかし、私は値切ることはせずに、その値打ちで買おうということを決断したのである。こうしたことが、経営者として非常に大事な点ではないかと思う。

要するにこれは、ムリなく事を進めるということである。だから仕入れの場合でも同様である。たとえば協力工場の製品を仕入れる際にも、必ず相手が適正に儲けているかどうか確かめ、ムリのない姿で適正な利益を得ている場合にのみ、その製品の仕入れを進めるようにしてきた。そして、ムリがある場合には、再検討、再吟味をしてもらい、さらに工夫を加えて適正な利益が得られるようになってはじめて、注文するようにしてきたのである。

お得意先の立場を第一にして

【故障しないラジオを製造】

お互い人間には、立場のちがいというものがある。そしてややもすると、自分の立場にとらわれて、相手の立場を忘れてしまいがちではないかと思う。これはこれで、人情からしてやむを得ないことではあろう。しかし、そういう場合には、往々にして事がスムーズに運ばないとか、好ましい成果が得られないとかいった姿もあらわれかねない。だからお互いに、自分の立場を考えることはよいが、それと同時に相手の立場も十分考えることが大切である。これは、いわばわかり切ったことではあるけれども、しかしさてとなると、なかなか実際にはむつかしいことではないだろうか。

松下電器がはじめてラジオを販売したのは、昭和五年のことであった。当時、ラジオはやっと世の中に普及しはじめたばかりであったが、どのラジオも故障の多いことが欠点であった。私自身が使っていたラジオもよく故障をおこし、聞きたい放送が聞けなくなって腹を立てたこともある。そういう中で、代理店から松下電器でもラジオをつくって売ってほしいという要望が高まってきた。

私は、故障の少ないラジオをつくることは、社会全体の要請でもあると考え、ぜひ松下電器でラジオを生産、販売したいと思った。けれども、今までラジオをつくったことがないのだから、松下電器には必要な専門知識も技術もなにもない。

したがって、外部で製造してもらうしかない。いろいろ調べた結果、K[14]というメーカーがよいとなったので、話をして買収した。そしてこのKの工場でラジオを製造し、松下電器でそれを販売していくという姿でスタートした。

スタートはしたものの、その結果は惨憺《さんたん》たるもので、故障の続出、返品の山である。ラジオの発売を喜んでくれた代理店も、このありさまに憤慨する始末である。Kの製品を信じていた私は、おどろくとともに、少なからずよわった。

けれども、よわってばかりいてはどうにもならない。さっそく、故障の状況とその原因を調べた。調べてみると、故障は故障であるが、しかし実際には故障とはいえないような状態ばかりである。というのは、ちょっとネジがゆるんでいたり、真空管がゆるんでいるような状態がほとんどだったのである。

それがなぜ故障だといって返品されたのかというと、当時の松下電器の販売網は、ラジオについての専門知識や技術をほとんどもっていなかったからである。すなわち、従来、Kの製品は、ラジオを主体とした電気店に販売し、それら電気店では一台一台テストして、少々の故障は修理してからお客に売っていた。ところが、松下の販売網は、従来、工事関係を主体とした電気店が主であり、ラジオの専門的技術をもっているところは比較的少ない。だから、テストも修理も行なわず、箱から出して音が鳴らなければすぐに故障だというので返品したわけである。しかしこれでは、松下の販売網にKのラジオは流せない。

私は、いったいどうしたらよいのか、静かに考えた。松下の販売網が使えないとなれば、Kの製品を流していた従来通りの販売網にだけ売っていくことも考えられる。そうすれば故障や返品の心配は少ない。だからそれでもなんとかやっていける。

しかし、それでは、松下電器で故障の少ないラジオをつくって販売してほしいという代理店からの要望にはこたえられない。また、自分自身で故障の少ないラジオをつくりたいと発意したことも空しくなってしまう。だから、Kの製品をとり扱うことのできる店にだけ流すという行き方はとりたくない。

しからばどうするか。これはやはり、松下電器の販売網でもとり扱えるような製品を新たにつくらなければならない。あまり専門的な知識や技術がなくても、安心してとり扱えるような、故障のない、しっかりした製品をつくらなければならない。つまり、製品にお得意先を合わせるのでなく、お得意先に合わせて製品自体を改良製作していくということである。お得意先の立場を第一に考え、尊重していくという行き方である。

私はそういう結論を得たので、その方向で進むことを決断し、Ｋに対して、そのような製品を新しくつくってほしいということを要望した。しかし、Ｋはそんな製品をつくるのはとうていできない、ムリだということで、結局、Ｋは松下電器と離れて、別の道を歩むことになった。

窮地に立たされたのは松下電器である。Ｋが去ったのでラジオの専門知識、技術が再びゼロになってしまった。しかし、だからといって、今さらラジオを断念するわけにはいかない。そこで私は、自力でやっていくことを決意し、研究部に対し、故障のないラジオを考案し、設計することを命じた。

おどろいたのは研究部である。技術も経験もないラジオの製作を命じられたのだから、とまどうのはあたりまえである。研究部の責任者である中尾氏も、「とつぜん言われてもムリです。やるにしても長い時間がかかります」と言う。

私は、たしかにこれはムリだろうと思った。しかし、一度発売したラジオをひっこめて、次の製品がなかなか出てこないというのでは、お得意様に対して申し訳ない。また、せっかくラジオをつくる体制ができたのに、それを遊ばせておくこともできない。しかも、Ｋが去って松下電器は窮地に陥っている。そこで私は、ムリだとかむつかしいとかいう考えをふりすてて、あえて中尾氏に対して言ったのである。

「状況は切迫している。少しもゆとりはない。ぜひ短時間でやってほしい。たしかに松下電器にはラジオの技術はない。しかし、町のアマチュアでも自分でラジオを組み立てることができるのだ。それに比べれば、研究部の方が設備もそろっているからやりやすいはずだ。ぜひやってほしい。

なにがなんでも短時間でやらねばならないと決心すれば、工夫も生まれてくる。必ずつくることができるという確信をもつかもたないかがポイントだ。僕はきっと君たちによって立派なものができると確信している」

中尾氏はじっと考えていたが、「それではなんとかやってみましょう」ということで、さっそく熱心にラジオの製作にとり組んだ。そして日夜真剣な努力がつみ重ねられた結果、三カ月のちには、まずは理想にちかいラジオができ上がった。しかも、ちょうどＮＨＫでラジオの懸賞募集があったので、ためしに応募してみたら、なんと一等に当選したのである。それには中尾氏自身も私も非常におどろいたものである。

こういったことを考えてみると、やはり仕事というものは、そのむつかしさを考えるよりも、やればできるのだということをつねに念頭におくよう心がけることが肝要だとつくづく感じた。このようなことで、松下電器は本当に故障の少ない、お得意先に喜んでいただけるようなラジオをつくることに成功し、ナショナルラジオの名声はしだいに高まっていったのであった。

使命を見出して歩む

［第一回創業記念式］

人間は、ただなんとなく日々をすごしているとしたら、これはあまりおもしろくもなく、また生きがい、やりがいのようなものも感じられないであろう。しかし、自分のやっていることがなんらかの目的に向かう一つの過程であり、そこに自分なりの任務、使命があるのだとなれば、それなりに意義も感じ、やりがいも生まれ、充実した日々をすごしていくこともできやすくなるのではなかろうか。

そこで、その目的なり使命というものをどうつかむか、ということである。本当に、心の底から、これこそが自分の使命だ、目的だというものをハッキリとつかんで歩んでいるという姿は、実際には多いとはいえないのではないだろうか。だから、まず自分の使命を見出《みいだ》す、自分の一生の使命をみつけるということ自体が、お互いにとってきわめて大切なことではないかと思うのである。

私自身についていえば、私は昭和七年に、自分の使命というものに思いいたった。自分の使命といっても、松下電器という会社の経営者として生きている自分の使命である。だから私の使命は生産者としての使命である。その使命を私なりに心の底から感じたのである。

きっかけは、あるお得意先のご主人が、私に信仰をすすめたことにある。その人は私にある宗教の信仰を熱心にすすめ、その宗教の本部にまでつれていった。そこで、宗教活動というものの姿をいろいろ見せてくれた。広大な建物がたちならび、しかもチリ一つ落ちていない清潔さである。信者の人びとは、静かな敬虔《けいけん》な態度でおまいりしている。

そして、そういう信者たちの熱心な奉仕で大きな建物がさらに新しく建てられつつあった。また、学校や図書館まで立派なものがあった。そして、おどろいたことに製材所まであった。この宗教の関係の建物を建設する用材のための製材所であるという。製材所にはいくつかの工場がならんでいた。

工場の中では多数の職人が真剣に厳粛にたち働いていた。ふつうの町工場とはちがった雰囲気である。思わず襟《えり》を正すほどのものであった。私はこの姿を見て、つよい感動と感激をおぼえた。

帰りの電車の中で、また家に帰ってからも、私はじっと考えつづけた。産業界では、くり返し不景気がおこって、会社がゆきづまったり、つぶれたりしている。それにくらべてあの宗教はおどろくほど繁栄している。いったいどうしてこうもちがうのか。

宗教は非常に尊いが、それは人びとに安心立命を与える教えを提供しているからであろう。われわれ生産人は、そういう精神的な喜びは与えられないが、しかし生活になくてはならない物資を提供している。そうすると形はちがうが、その尊さには変わりはないのではないか。

にもかかわらず、宗教は繁栄し、産業界では倒産が多くおこっている。これはなぜか。宗教の場合は、なんとかして多くの人を救おうという信念に立っているが、われわれは、ともすれば自分のために商売をしている、というところにちがいがあるのではなかろうか。

しかし、われわれの生産という仕事は、決して自分のためにやっているものではない。これは世の多くの人びとの物質的な必要を満たしているのである。人びとのお役に立っている。だから、これは、生産という一つの尊い使命を遂行していることにほかならない。

そして、われわれが、そういう使命を担っているのであれば、この使命の達成に全力を尽くさなければならない。単なる生産活動ではなく、尊い使命の遂行である。だから、その使命を一日もはやく、十二分に達成していくために、あらゆる知恵をしぼり、力をふるって力づよく仕事を進めていかなければならない。私は、このようなことを考え、自分の使命を見出した感激と喜びを味わいながらも、今後はこの自分の使命に力づよく生きていかなければならないということをふかく決意したわけである。

すなわち、松下電器の使命は、物資を豊富に生産して人びとに提供し、その生活の向上に貢献していくところにある。そして将来において、物資に満ちみちた世の中をつくる。そうすれば、あらゆる物資は水道の水のように安価になる。そうすると貧困がなくなり、貧乏する人はいなくなる。〝四百四病の病より、貧ほどつらいものはない〟というが、その貧を除けば、苦も除かれる。だから、人びとの精神的な安心立命のためにも役立つことができる。私は、このようにして、生産者としての使命、松下電器としての使命をハッキリと見出したのである。われわれはただ単に生産を続けていくのではない。この一大使命を達成せんがために、力づよく生産を進めていくのである。このように考えると、非常に気分も明るく壮快になり、心も大きく広がったように思えた。ひとつ大いにやってやろうということで、自分ながら喜びのうちにつよい感動をおぼえたのであった。

私は、このことを松下電器の社員のみんなに知らせて、全員で力づよく使命達成の歩みを進めていかなければならないと考えた。そこで昭和七年の五月五日に、全社員を集めて、この松下電器の使命について話したのである。松下電器がはじめてみずからの使命を知って歩みはじめるということで、この日を第一回創業記念日とし、創業記念式を行なったのである。

私は、松下電器の使命について、自分でも感激しつつ、熱心に説いた。聞く者もみんな真剣に聞いてくれた。私が話を終わると、みんなが先を争って壇上にのぼり、所感をのべた。あまり熱心に話すので、時間制限をしたけれども、なお時間が足りないという盛んな姿となった。

このようなことで、松下電器はみずからの使命を正しく知り、それによって、従来にもまして力づよい活動を進めるようになったのである。

まかされたら感激する

【事業部制の採用】

上司の指示に従って、いちいち指示通りに仕事をやっていくことは、これは一面頭を使わなくてすむから楽であろう。しかし、反面においてそれでは自分なりの考えが生かしにくいからおもしろくないと思う。やはり人間は、自分なりに一生懸命考えて、そして自分なりの考えを生かしつつ仕事を進めていくところに、興味とかおもしろみをつよく感じるのではないだろうか。

だから、責任者の立場にある人は、部下の人たちに〝まかせる〟ということが大切なのである。まかされたならば、まかされた人は自分のもてるものを十二分に発揮して、工夫もこらし、熱心に仕事にとり組むであろう。そしてそこから好ましい成果ももたらされてくるのではなかろうか。

松下電器が事業部制を実施したのは、昭和八年五月であったが、この事業部制もいってみれば仕事をまかせたわけである。ちょうどその一年前には第一回創業記念式を行ない、松下電器はみずからの使命を正しく認識して、力づよく活動を進めてきた。ところが、業容の拡大に伴って、処理せねばならない問題が非常に多くなってきた。製品の種類も多くなり、販売の面、企画面も複雑になり、さらに新しい工場や営業所などの建設に関する事務も非常にふえ、現状のままでは十分な統制がとりにくくなりかねない状態になった。

もちろん、そうはいっても、当時の松下電器の規模はまだまだ小さく、私が所主（当時、松下電器は松下電器製作所といい、私は所主と呼ばれた）として全体を見ることができる状態ではあった。ことさらに事業部制を実施しなくても、それぞれの部があるのだから、各部が各部の責任においてやってもいけるわけである。

ところが、私はその当時、非常に体の調子がわるく、つねに病気がちであった。それで、各部の部長が部長としての仕事を遂行する上で私にいろいろ相談するわけだが、その相談を受ける時間を十分にとることができない状態であった。

部長には部長としての権限があり責任があるわけだから、その部長なりの考えで仕事を進めていく。けれども、業容の拡大に伴って新しい仕事、新しい問題も非常にふえているので、やはり所主である私に判断を仰ぐ場合が次つぎに出てくる。ところが、判断を仰ごうとしても、所主の私が病気で休みがちである。だから、仕事がスムーズに進みにくい。能率が減退する。これではいけない、ということである。どうしたらよいか。

私の体の調子がよくなれば問題はないのだけれども、しかしこればかりはいくらそう願ってもなかなか思うようにはなりにくい。だから、もう私にいちいち相談し、判断を仰ぐことをせずに、部長にみずからの判断でやってもらうしかないわけである。よほど重大な問題であれば話は別である。しかし、そんな大きな問題はそうたびたびはおこらない。

だから、日常おこってくる問題のほとんどは、部長自身の判断で処理してもらうようにする。そのためには、それぞれの部が、あたかも一つの企業体のように独立しなければならない。そして部長の責任によってその独立企業体の経営万般を進めていかなければならない。これがすなわち事業部制というものである。

したがって、これまで部長であった人は事業部長になる。事業部長は従来の部長とはちがって、事業部の経営者とならなければならない。その事業部の経営をまかされるわけである。だから、すべて自己の責任においてやらなければならない。今までは、販売部であれば販売さえしておればそれでよかった。しかし、事業部となれば、企画から始まって、製造も販売も集金も事業部長の責任においてやらなければならない。それでこそ、独立経営体である。

そのような考えから、松下電器は昭和八年五月に事業部制を実施した。すなわち、ラジオ部門を第一事業部、ランプ・乾電池部門を第二事業部、配線器具・合成樹脂・電熱器部門を第三事業部ということで、三つの事業部をつくったのである。

つくってみると、結果は非常によかった。というのは、やはり事業部の経営をまかされた人は感激してとり組んだ。感激したから本当に熱心に働いた。それで、みんなも一段と力づよく働くようになり、そこから非常に好ましい向上発展の姿も逐次もたらされるようになったわけである。

若気の至りの決断

【木造の船と飛行機】

人からなにか物事を頼まれた場合、断わりたくても断わりにくいことがある。その依頼の内容から見て、自分にはとてもできそうにないから、これは断わらなければならないと思っても、相手によっては、それを断わることがむつかしい場合があるわけである。そんなときはどうすればよいのか。これは、まことにむつかしい問題ではないかと思う。

松下電器は、前にも少しふれたように、第二次大戦中、軍からの要請で木造の船と飛行機の製造を行なったが、これはいってみれば断わり切れずに引き受けた仕事であった。なぜそんな仕事を引き受けたのかというと、もともと家庭電器専門であった松下電器は、戦争が始まると、軍からの要請でプロペラなどの軍需品をつくるようになったのである。

プロペラをつくることも、経験がないからなかなかむつかしい仕事であったが、その後また軍からの要請で、木造船をつくれということになった。これにはおどろいて、松下電器ではできないといって断わったのだが、ぜひにというつよい要請があり、しかたなく引き受けたのであった。

この木造船をつくるにしても、もちろん松下電器では経験のないことであったが、いろいろ工夫考案して、流れ作業方式でつくった。それは全体を八工程に分け、海に向かって敷かれたレールに船台をのせて各工程を順次移動させ、最後の工程がすむと、そのまま進水させるという、船の製造においては画期的な方法である。昼夜兼行でやって、やっと六日に一隻できるという姿にこぎつけた。

すると今度は、大西中将[16]という海軍の航空本部長から呼び出しが来た。行ってみると、「木製の飛行機をつくってほしい」という要請である。

私は本当におどろいた。「木造船の方もやっと緒についたばかりです。飛行機をつくることなど夢にも考えていません。技術もありませんし、これはとてもお引き受けできません」と断わった。

すると大西中将は「調べた上で、飛行機を製造させるのは君のところしかないということに決定したのだ。決定した以上、君は引き受けなければならない。技術は海軍がもっていくから、経営全体を引き受けてやれ」ということを命令するわけである。

私としては、飛行機などできるわけがないと思った。木造船だけでも相当苦心して、なんとかつくれるようになったばかりである。これはムリだと思った。けれども、当時の軍というものは、最高の権威をもっているような力があった。その軍の高官から直じきに要請されたのである。だからこれは、一面、対等にものが言えないようなところもあったのである。しかし、ムリな話はムリな話である。だからそのムリなことを私はよく説明し、松下電器ではできないということをのべた。しかし、当時の日本は戦争をしている最中であり、その戦争に勝つためには、国民として全面的に協力を惜しんではならないというのがふつうの考えであった。第一、戦場で働いている軍隊の人たちは、生命までも国のために捧げていたわけである。

したがって、その戦争のためにぜひ必要だからということで協力を要請され、命令とまで言われては、もうとても断われない。断われない以上、あまりかたくなに拒絶の態度をとっていてもはじまらない。松下電器がぜひにと見込まれたことは、一面、名誉なことだといえなくもない。自信もないし、力もないから断わりたいのはやまやまだけれども、ここはひとつ軍の要請を受けて、自分がやってやろう、国のためならばそれもしかたがなかろう、というようなことを考え、私はとうとう引き受けてしまったのである。

私はやむなくそういう決断をし、さっそく飛行機を製造する会社[17]をつくった。資本金三千万円は銀行から借りた。工場をつくる土地も、海軍が地主を集めてすぐに提供させた。そして工場づくりを昼夜兼行で進めた。物資が不足していて鉄骨もないので木造の工場である。飛行機もぜんぶ木材である。工場に入れるための機械もない。昔からの旋盤が町工場にあるくらいである。しかたがないのでそれを買い集めて入れた。高級な機械は一台もない。

エンジンだけは他からもってきたが、あとは松下でやった。やっと見本ができて飛ばしたところ、時速三五〇キロで飛んだ。それが昭和二十年の一月である。「これでいい。このままやれ」ということで、いよいよ本格的にやりかけたら終戦となってしまった。

戦争直前、私の個人的資産は二千万円ほどあった。うどんが一杯二、三銭の時代だから二千万円は大金である。それが終戦後、政府が財産税をとるというので調べてみたら、私の財産はマイナス七百万円である。これでは財産税どころの話ではない。

なぜそんなことになったかというと、飛行機会社に払い込んだ金は、ぜんぶ私が個人で銀行から借りたわけだ。ところが、その会社は終戦とともにつぶれて、株券はタダになった。ところが銀行で借りた借金は生きている。

八月十五日以前に納めたものについては、政府はすべて支払いをストップした。それで三機見本を納めた分も入れて、政府からは一円の金ももらえなかった。だから結局、二千万円あった個人資産が、借金でふいになり、マイナス七百万円になったわけである。

しかも、そのようにして船や飛行機をつくっていたというので、終戦後には財閥に指定され、五年の間は再起が非常に困難であった。

これは、まことに大きな失敗といえば失敗である。なぜこういう失敗をしたのか。これは、見方はいろいろあるかもしれないが、結局、私が若かったということである。つまり軍のつよい要請を受けて、よし自分がやってやろうという気になってしまい、それでついに分別に狂いを生じ、そういうことに手を出してしまったのである。

そういう若気《わかげ》の至りというか、血気にまかせるというか、よしおれがやってやろうという気負いは、人間だれもがもっているだろうが、そういう気になったときに、人間は十分注意しなければならないと思う。お互いが失敗をするのは、一つにはそういう場合が多いのではないかと思うのである。

第五章　人を動かす

人を使う上での哲学

［ 不正を働く者の存在 ］

世の中がみんな善人ばかりで、わるいことをする者が一人もいなければ、これは一面まことに結構であるし、また社会も平穏無事に保たれるであろう。しかし、実際の世の中はなかなかそういうわけにはいかないもので、どこの世界にもわるいことをする人はいる。そういう人が絶無にならないのが世の常の姿であろう。そこで問題は、そういうわるいことをする人間が出てきた場合、それにどう対処するか、ということである。

私自身、そういったことでずいぶん悩んだことがある。それは、松下電器がまだ五十人くらいの町工場のときに、従業員の中に不正を働く者が出たのである。これは、私が自分で事業を始めてからはじめての体験であった。はじめての体験だけに、どうしたものかとあれこれ思い悩んだのである。

こういう不正を働く者が出たことは、まことに残念である。しかし、出た以上は、この者に対してどういう処置をとったらよいか、工場の主人であり経営者である私がピシッと決めなければならない。処置としては、もちろん工場をやめさせてしまうことも考えられる。あるいは、やめさせることまではせずに、なんらかの罰を与えてすますこともできる。どちらがよいのか、どうすればよいのか。私はいろいろ考えて夜も眠れなかった。

当時の社会では、工場の従業員をやめさせることは比較的簡単であった。ちょっとわるいことをしても、すぐに「君はもう来なくてもいい」ということで、一方的にやめさせていた。今日から見るといささか乱暴であるが、当時はそれで世間も納得し、なにも問題になるようなことはなかったのである。

だから、この松下工場で不正を働いた者をやめさせようと思えば、それはそれで簡単にできもしたわけである。しかし、できるけれども、せっかく採用してともどもに仕事にとり組んでいる従業員を、不正をしたからといってただちにやめさせてしまうのは、これは人情からいっても、また経営者としても、あまり気がすすまないことである。

できることならば、やめさせることなく、これからも一緒に仕事を続けていきたい。そういうことも考えた。しかし、不正を働いたという事実は事実である。これはもう消えない。みんなと一緒に働いていくといっても、一度不正を働いた者をそのままみんなと一緒に働かせることが好ましいかどうか。工場の主人としては、どうするのが最ものぞましいか。やはり、やめさせるのが一番よいのではないか、どうだろうか。考えても考えても、ハッキリした答えは出てこない。迷うばかりである。

しかし、考えているうちに、私の心にふっと浮かんだことがあった。それは、今、日本に罪人が何人いるのか、ということである。そうすると、当時の日本では五十人に一人の割合で罪人がいると考えられた。

その時分、天皇といえば絶対的な存在であった。その天皇の徳をもってしても、五十人に一人いる。それを減らすことはなかなかむつかしい。ゼロにしてしまうことなどもちろんできない。

それでは天皇はどうしておられるかというと、じっと辛抱され、日本国内に罪人たちが住むことを許しておられる。そうすると、一町工場のオヤジが、天皇以上のぜいたくを言うことは許されない。天皇でも五十人に一人の割合の罪人を国内においておられるのだから、自分もその通りにしないといけない。だから、今のこの不正を働いた一人ぐらいなら、必要な罰を与えるにとどめて、やめさせず、辛抱しておいておくことにしようと決心した。そう決心がつくと、非常に気が楽になったのである。

そして、さらに将来のことにも考えが及んだ。すなわち五百人なら十人、五千人なら百人くらいはわるい者がいるとなると、将来、会社が大きくなっても、たえず不正を働く者は出てくる。しかしその場合も、やめさせようかどうしようかとあれこれ悩まずに、その人間をかかえていくところに道があるというか、それが世の中のふつうの姿なのである。私はこういうことに気がついたわけである。

そういうことに気がついたことによって、人を使う上で私なりの一つの哲学ができたようである。というのは、それまで人を使うことは私にとって苦労であった。言うことを聞かない者がいるのはもちろん、いつ不正を働く者が出るかわからないということで、人を使うのには気苦労がたえなかった。ところが、このことがあってからのちに、ふと気がつくとそういった苦労はなくなっていた。

百人のうちの一人とか、二百人のうち一人くらい不正を働く者が出たとしても、これはむしろ成績がよすぎるくらいである、ということにもなる。

そこで、従業員を信頼するようになってきた。不正を働く者が一人や二人出ても、だからといって従業員に対して警戒心を抱く必要はない、それはいわばあたりまえの姿であって、従業員全体としては信頼できるということである。

そして、そのように従業員を信頼できるということは、経営者として本当に幸せなことではないかと思うのである。

人の育て方と決断

【自分でした便所掃除】

人間だれしも、言われなければわからない、教えられなければわからない、ということがある。知っていることよりも知らないことの方が多いのが、われわれふつうの人間である。だから、他人の姿を見て、足りない点、あやまったところがあれば、誠意をもって教えあい、導きあいたい。そうしてこそ、この社会、お互いの共同生活は、歩一歩と向上の歩みを続けていくこともできるのではないだろうか。

昔、こんなことがあった。たしか大正十二年、関東大震災のあった年の暮れである。松下工場は、年末の仕事じまいで朝から大掃除をした。昼前になって、私は大掃除のあとを見て回った。工場はさすがにどこもきれいに片づけられ、掃除も行き届いている。これなら正月も立派に迎えられる、と私は思った。

ところが、ふと便所を見てみると、ここは少し様子がちがう。整理されていない。そこで、これはどうなっているのかとよくよく見たら、なぜかここだけ全く掃除ができていないのである。そこで私はいぶかしく思ってみんなの顔を見回したのだが、だれも知らん顔をして掃除しようとしない。また掃除を命じるべき立場にある者たちも命じようとしない。

これはなんとなくおかしな空気である。当時は労働組合運動もぽつぽつ台頭してきたころであったので、その影響があったのかもしれない。しかし、理由はともかく、掃除は必要である。きれいにしなければ新年を迎えられない。

そこで私は、よし自分がやろうと考え、バケツに水をくみ、ホウキを手に持って掃除にとりかかった。水を流して床をゴシゴシこすってきれいにした。それを見て工員のうちの一人が「私がいたしましょう」とバケツに水をくんできたが、他の多くの工員は、なにもせずに見ているだけである。手伝っていいのかどうかもわからない様子である。これはいったいどうなっているのか。

私は、これではいけないと思った。こういうような精神のもち方なり態度では、仕事の面でもいい仕事はできないだろう。また、たとえ仕事には直接関係はなくても、人間としてのあり方というか礼儀とか作法を知らないようでは、この松下工場に勤務した意義もうすい、ということを考えたのである。

しかしながら、工員たちがそういう姿であるというのは、これは工員たちが知らないからである。人間としてのあり方はいかにあるべきかということを知らないわけである。そして、工場の主人である私自身も、そういうことについてこれまでとくに教えたこともなかった。だからこれは、工員たちを責める前に、私自身を責めなければならない。つね日ごろから、そういう人間としての精神のもち方とか、いわゆる常識的な事柄を十分に教えてこなかった私自身にも大きな責任がある。

そう気づいた私は、心にふかく決意したのであった。これからは、人間としていかにあるべきかということについて、みんなと考えあっていこう。そして私なりに気づいたことは大いに言っていこう。たとえみんなが反対しても、みんなの気にさわるようなことであっても、教えるべきは正しく教えていこう。そして言うべきことは断固言っていこう。全員の向上のためにはまず指導精神を確立しなければならない。みんなの気に入ろうが入るまいが、このことに自分は全力を注ぐべきだ。こういうことを、私はつよく決意したのである。

このことがあってからのち、私は部下の指導、人材の育成ということに従来にもまして意を用いるようになった。やはり指導すべき立場にある者は、言うべきは言い、教えるべきは教えなければならない。それをせずに、いわゆる傍観者的な態度をとっていたのでは、その指導者をもったグループ、また商店、会社は不幸である。

やはり、社長なり指導者は、自分でしっかりと責任をもって、そして「みなさんこうやりましょう。こうしてください。これが一番いいと思います」というような呼びかけをたえずしなければいけない。そういう呼びかけをしない会社、商店、グループの責任者がいたならば、その会社、商店、グループはだめになってしまう。そういうことを改めて再認識させられたという点からいって、この便所掃除は私にとっても一つのいい勉強になったわけである。

信賞必罰の実行

〔給料を返上した話〕

お互い人間には、それぞれの立場に応じて、それなりの責任というものがあると思う。そしてお互いが、それぞれの責任を正しく果たしていくところから、物事もスムーズに運び、好ましい成果ももたらされてくるのだと思う。もしもみんなが自分の責任をないがしろにしたならば、何事も正しく運ばないようになって、この社会は成り立っていきにくくなってしまう。だから、お互い一人ひとりが、自分の責任を正しく果たしていくことが非常に大切だと思う。しかし実際には、往々にしてその責任がハッキリしなかったり、ついつい軽視されてしまうことが少なくないのが世の常の姿ではないだろうか。

昭和二十一年一月といえば、終戦からわずか四カ月くらいのときである。当時、日本の産業は敗戦による大打撃にうちひしがれたまま、復興らしい復興の姿もまだ見られなかった。しかし、松下電器はその混乱の中から力づよく立ち上がって、復興の道を一路邁進《まいしん》し、日本の生産の復旧は松下電器から始まるのだ、というほどの気がまえで進んできたのであった。

そして二十一年の新春を迎えた。私は、日本はこういった混乱の状態をいつまでも続けていてはいけない、本年こそ再建の緒につかねばならない、そのために産業人であるわれわれはとくにその自覚をもって奮起しなければならない、ということを心にふかく決意した。

そして、この日本の産業全体が力づよく復興の歩みを進めていくためには、まずお互い産業人が勤労意欲というものを高めねばならないと考えた。つまり、この日本を復興させるために大いに働こう、という気分になることが先決である。そしてそれと同時に、お互い日本人としてもって生まれた勤勉性を十二分に復活させなければならない。戦争に負けて困難な姿に陥ったからといって、やる気を失い、怠け心をもっていたのでは、とうてい復興の先達《せんだつ》をつとめることはできない。だから、松下電器においても、まず幹部が率先垂範して、模範的な勤務ぶりを示すことが大切だ、と私は考えたのである。

それにはまず、私自身がみずから範を示さなければならない。そこで私は、従来ともすれば体調の関係から会社を休んだり、遅く出てくるような姿が多かったのを改めて、今年は無遅刻無欠勤を貫こう、ということを決意した。

そして一月四日の朝、私は出勤のため、阪急電車の梅田駅で降りて駅前に立った。会社から迎えの自動車が来る約束である。ところがいくら待っても、自動車は来ない。そこで、しかたがないので市電に乗った。乗っていざ市電が動き出そうとしたとき、向こうから自動車の来るのが見えた。

そこで私は動きかけた市電から急いでとび降りて自動車に乗りかえた。そして車を急がせて会社へ向かったのだが、しかしついに間にあわず、十分ほど遅刻をしてしまったのであった。

日本の復興のために立ち上がるべきはじめての年を迎えて、無遅刻無欠勤を貫こうという決意を固めたそのすぐあとに、こうして遅刻してしまった。私が率先して勤勉の範を示さなければならないにもかかわらず、最初から遅刻というありさまである。まことに遺憾千万である。

なぜ迎えの自動車の来るのが遅れたのか。その原因を聞いてみると、そうたいしたことではない。不可抗力ではない、いわばちょっとした不注意からである。これは、私の来るのを待っていた社員に対し、また会社に対し、本当に申し訳ないことである。この責任は正しく負わなければならない、と私は痛感した。

そこで、その責任のとり方である。どのような責任のとり方がこの場合にふさわしいか。私は、不注意によって迎えの自動車を遅らせてしまったことに対し、直接責任のある者、間接的に責任のある担当の上司たち、それらを数えてみた。すると、ぜんぶで八人いる。そこでこの八人に対して、一カ月の減俸を命じた。

そして、そのまた上司である社長の私自身に対しても、監督不行き届きのゆえをもって、当月の給料全額を返上することを決め、朝会で発表し、みんなに詫びたのである。

このときに私の考えたことは、やはり社員の一人ひとりがみずからの責任というものを真剣に考えていなければ仕事はできない、ということである。一人ひとりが、みずからの責任を十二分に認識し、それを正しく果たしていこうとするところからこそ、勤労意欲も大いに盛り上がり、それが日本の生産の力づよい復興にもつながっていく、ということである。

そして、お互いがそれぞれの責任を正しく果たしあっていくために大切なことはなにかというと、一つにはいわゆる信賞必罰ということがある。責任を自覚した立派な行ないはこれを賞し、責任をおろそかにした好ましからざる行ないに対してはこれを罰するということを、厳正に進めることである。

私が十分間の遅刻をしたことに対して直接間接に責任のある八人と、そして私自身に対してもきびしい処置を行なったということは、お互いの責任の自覚をつよくうながし、信賞必罰ということを正しく実行したわけである。

許可を得てのべた祝辞

【松下労組の結成】

ふつう一般の見方、考え方からすれば、労働組合と経営者とは、利害の相反するもの、相対立するものということになるかもしれない。たしかに、一面においてはそういう傾向もないとはいえないであろう。けれども、私自身はどうかといえば、私はかねがね、労働組合の健全な発展は会社にとってもプラスになり、好ましいものだと考えている。

ふりかえってみれば、私は昭和二十一年一月に松下電器ではじめて労働組合が結成されたときも、社長として祝辞をのべるために出かけたのであった。

当時、世間一般の傾向としては、どちらかというと、労働組合が結成されるのを経営者はあまり好まなかったようである。とくに当時は、戦後の民主化の波の中で各地に組合が結成され、相当過激な運動も展開されていたのでなおさらであった。組合ができると、いろいろな要求が出てくるのでうるさい。会社の仕事をスムーズに進めることもできにくくなる。少なくとも、経営者の意のまま、というわけにはいかなくなる。だから、経営者としては、労働組合ができるのはうれしくない。喜ばない。したがって、その結成大会にもほとんど出席しない。これがふつうの姿であった。

だから、昭和二十一年一月に、松下電器の労働組合結成大会に社長である私が出席したのは、いってみれば異例の姿だともいえるわけである。あまり世間では例のないことであった。けれども私は、かねがね自分の会社の従業員たちに対しては、兄弟のような親近感を抱いていていた。また従業員たちもそう思ってくれているだろうと思っていた。したがって、その従業員たちの手によって労働組合が誕生することは、これはむしろ歓迎すべきことだと考えていた。だから、一月三十日に大阪中之島の中央公会堂で結成大会がひらかれると聞いたとき、これは自分も出席し、社長として祝辞の一つも言わねばなるまい、と自然に考えたのであった。そして、当日、会場へ出かけた。満員の盛況である。

ところが、みんなが祝辞をのべる段になったので、私も祝辞をのべたいと申し出たところ、「どうぞお願いします」と言われるかと思ったらそうではない。「少々お待ちください。みんなと相談しますから」ということになった。

そして、議長がみんなに向かって、「ただいま松下幸之助氏が来て、祝辞をのべたいと申し出ていますが、これを受けますか、どうしますか」と賛否を問いかけている。私はいささかおどろいた。これはきのうまでとはすっかり変わってしまったなと、つくづく感じたのである。

しかしその場は幸いにして、大方の組合員の賛成の拍手が得られ、「祝辞を受けよう」ということに決まった。そういう過程をふんで、ようやく私は登壇を許されたのであった。

それで私は、次のような内容の祝辞をのべた。

「これからの日本は破壊された状態から復興へと立ち上がる大切な時期だ。労働組合の誕生は、真の民主主義にもとづく新しい日本を再建する上において、非常に喜ばしいことであり、私は心から祝意を表したい。私は基本的には組合運動に賛成するものである。組合ではいろいろなことが決議され、また会社に対して提案や要望も出てくるであろう。それが国家国民のため、またみなさんのためになることであれば、喜んで聞いていこう。けれども、聞くべきでないことは聞かない。そして、ともども力を合わせて日本の再建に邁進していこう」

このようなことをのべて壇を降りたのであるが、会場を埋めつくした組合員から、割れんばかりの大拍手がおこった。拍手喝采《かっさい》である。「これからみんなの言うことを聞こう」と言ったのだから、拍手するのはあたりまえである。ことばにはひびきがあるから、本当に心からそう思って言っているのか、そうでないかがおのずとわかる。みんなに私の気持ちが通じたのであろう。この大拍手は、大いにみんなが感激してくれたからだと思う。

その晩、結成大会に出席していた社会党の加藤勘十氏にお会いしたところ、次のように言われた。「労働組合の結成のために全国の会社を回っているが、何千人という規模の大会社の労働組合結成大会には、経営者はまず出てこない。ところが、松下電器では社長が堂々とやってきて祝辞をのべた。そして組合結成に賛意を表した。これにはおどろいた」

私はそのときから、終始一貫変わらない態度を組合に対してとっている。組合が健全に発展することは、松下電器の力であり、またそれにふさわしい会社をつくることが必要である。いわば経営者と労働組合は、会社を運営していく上で車の両輪のようなものである。片一方だけが大きくなって、他が小さくなれば、この車はスムーズに前へ進まない。両者の均衡がとれてこそ、スムーズに前へ進んでいく。それが私の労働組合についての信念なのである。

海外に負けない仕事をするには

［週五日制の採用］

なにか一つの物事を行なう場合、欠かすことのできない問題は人の問題である。人の問題といっても、もちろんその内容はいろいろあるわけだが、どういう内容にしろ、人の問題をぬきにしては、事ははじまらない。人の問題を十二分に考慮して、はじめてその物事の実施も進められ、のぞましい成果ももたらされることになるのである。

松下電器が週五日制を採用するという方針を決めたのも、要はそういう人の問題を考えたからであった。昭和三十五年一月、私は松下電器の一つの目標として、五年先には週二日の休みにして、しかも収入がそのために少なくならないようにしたい、ということを発表した。この五日制は、当時、アメリカではすでに実施していたが、国内ではまだどの企業でも採用していなかった。

それをなぜ松下電器で実施することを宣言したのか。私が当時考えていたことは、これからは国と国との間の競争が激しくなるということであった。というのは、自由貿易の実施が両三年のうちに迫り、日本は間もなく世界の本舞台に放り出されるという時期にあった。そうなって日本に実力がなければ、日本は非常な窮状に陥ることになる。

電気製品にしても、欧米によいものがあれば、自由に買えるようになる。したがって、国際競争に勝たなければならない。勝たなければ、日本の企業は衰微してしまう。

これまでは競争といっても、日本国内の同業メーカーとの競争である。しかし、自由貿易になれば、世界の同業メーカーと競争しなければならない。その競争に負けてしまっては大変である。

そうなったときにも、松下電器の製品は大いに海外へ出て、海外のメーカーと十分競争できる状態でなければならない。そのためには、工場の設備を改善し、自動化すべきものは自動化し、能率を大いに上げて、海外との競争に耐えられるようにしなければいけない。私は、このようなことを考えたわけである。

そして、そのような海外との競争をやっていくためにはなにが大切かということを考えていくと、やはり人の問題が出てくるわけである。つまり、会社で働く人びとも、非常に毎日が忙しくなる。今までゆっくり電話をかけていたことでも、ゆっくりかけておれない。三分間かかっていたのを一分くらいですませるような訓練をしなければならない。工場の生産面においても然りである。

そうすると、八時間の労働をすれば、相当疲れが出てくる。疲れが出てくると、体にもよくないし、いい仕事もできにくくなる。だから、人間として好ましい状態で力づよく仕事を進めていくためには、週一日の休みを二日にふやして、五日働いて二日休むという姿にもっていかなければならない。そうすれば、仕事による疲れもとれるし、また人生を楽しむ時間もふえるであろう。こういうことを考えた。

当時、アメリカは一人あたりの生産が日本の何倍もあり、国家社会全体としての経済活動も力づよく向上発展していた。そして週二日の休みをとって、人生を楽しんでもいたわけである。

私は、そういう姿に松下電器が到達したときに、はじめて海外のメーカーと互角の商売ができると考えたのである。それで、「五年先には松下電器は週二日の休みをとり、給与もまた他の同業メーカーよりも少なくならない。多くても少なくならないようにもっていくところに、会社経営の基本方針をもたなければならない」ということを決断し、発表したのである。

この週五日制を発表すると、賛否いろいろな反響があった。最初は労働組合も反対していた。働く人びとにとってはプラスになることであるにもかかわらず、そのプラスになるということが当初は正しく理解されなかったようだ。

しかし私は、週五日制の採用は必ずプラスになると信じていたので、根気よく説明していった。その結果、準備期間として五年見ていたその四年目くらいになってから、やっと理解もされ、労働組合も前向きにとり組むようになったのである。

けれども、そのようなわけで準備期間が実際には一年とちょっとしかなかったために、準備は必ずしも十分にできなかった。したがって、私は果たして結果はどうなるかと多少心配もしたのであるが、結局、昭和四十年四月から、松下電器は週五日制を実施した。結果は、理想的とまではいかなかったが、まずまずであったと考えている。

今がそのときである

【社長を退き会長に就任】

お互い人間の出処進退というものは、なかなかむつかしい。むつかしいけれども、その必要に迫られて、出処進退を決めなければならない場合が出てくる。また必要に迫られなくても、自分自身で判断して、その決断を下さなければならないときもある。

私が昭和三十六年一月に松下電器の社長を退き、会長に就任したのは、自分自身で今がそのときであると判断したからであった。なぜ今がそのときであると判断したのかというと、まず第一に、私はかねてより適当な時期に社長を退こうと考えていたからである。そういう考えがなかったならば、たとえどんなに適当な時期が来ようと、そのことに気づきにくいのではなかろうか。だからそういう判断も下せないのではないかと思う。私の場合は、つねづねそういうことを考えていたために、今こそ適当な時期であるということの判断を下すことができたわけである。

それでは、いったいいつごろから、私は社長をやめることを考えていたのかというと、その一番はやい時期は戦時中である。ちょうど年齢が数えで五十歳になったので、それを機に社長をやめようと考えた。〝陽洲〟という号までつけた。ところが、このときは、自分ではやめるつもりであったが、状況がそれを許してくれなかった。

というのは、当時は戦争の最中であったから、前にふれたように、松下電器は軍からの要請による仕事をいろいろ進めていた。その仕事に対する責任というものがあったので、最高の責任者である私が社長をやめるということは、ちょっとできない状況だったのである。

そこで、戦争が終わったからもういいではないか、ということにもなるが、それがなかなかそうはいかない。私も松下電器も、そういうことを考えられるような状況にない。つまり、私個人としても戦後の五年ほどは経済的活動が封じられ、また会社も各種の制限を受けて、非常な困難に直面した。そういう状況下であるから、まずなによりも会社の再建ということに全身全霊を傾けなければならない。社長を退くどころではなかったのである。

けれども、その後十年ほどの歳月を経てみると、会社は幸いにお得意先のごひいきをいただき、社員の協力も得て、昭和三十六年ごろには一応の盛況を見るまでに再建することができた。

したがって、会社の経営ということからすれば、この昭和三十六年ごろは、ちょうど適当な時期であると考えてもよいような状況を見せていたわけである。

会社の方はそれでよいとして、次は私自身としてどうか、ということである。私自身について いえば、満六十六歳という年齢になっている。ふり返ってみると、五十七年間にわたって実業についたことになる。満九歳で奉公に出て、次に大阪電灯会社に入り、それから松下電器時代と、この三つを合わせると満五十七年である。大学を卒業した人であれば、八十歳にもなる時期である。だから、年齢的にもやめていい時期である。

また、前年の昭和三十五年には、松下電器の五カ年計画も終了した。前にもふれたように、昭和三十一年に五カ年計画ということで、向こう五年間に松下電器の製造販売額を年額八百億円にもっていきたいと発表した。それが五年たってみると、年額一千五十億円になったのである。私自身としては、本当はちょうど満六十五歳になったそのときにやめたかったのだけれども、それは五カ年計画のまだ四年目であった。そこでさらに一年間、満六十五歳いっぱいまでつとめたわけである。

だから、そういういろいろな点から見て、私は今がそのときである、今こそ社長を退く適当な時期であると考えたわけである。しかし、時期は適当だけれども、やはり長年にわたって社長を続けてきた私が社長を退くについては、社内外の受けとり方も、いろいろあろうと思われた。

その一つは、やはり創業者として先頭に立って歩んできた私が社長を退くことによって、今後の松下電器の歩みが多少なりとも力よわくなってしまうのではないかという見方をされるかもしれない、ということである。しかし、これに対しては、私はそういうことはないと考えた。すなわち、世間から見れば、松下電器が今日まで発展してきたのは、社長である私が大いに頑張ってきたからだという見方もできるかもしれない。しかし、さらに高い見地から見たならば、私が発展の邪魔をするかもわからないのである。というのは、だんだん年をとってくると、頑張りもきかなくなってしまう。

だから、私が社長を続けていくと、かえって会社の発展を抑えるおそれがないとはいえない。したがって、私が社長をやめれば、むしろ松下電器は躍進の一大転機を迎えるかもしれないのである。第一、これまで社長であった私が退けば、社内全員がこれはしっかりやらなければならないという気分になる。そういう気分は大いに好ましいものを生むのがふつうである。だから、私が社長を退くことによって、必ずよい結果があらわれてくる、会社はむしろ発展の道を歩んでいくのだ、ということを私は考えたのである。

それから、またその反対の見方もされるかもしれない。すなわち、松下電器はすでに基礎も固まって、完成の域に達した、だからもう安心だというので社長を退くのか、というような見方である。しかし、これに対しても、私はそういうことはあり得ないことだと考えた。というのは、いかにすぐれた政治を実現した国家であっても、一朝一夕にしてつぶれてしまうことがある。それは多くの歴史の物語るところである。だから、これはもう大丈夫だということは、企業経営においてもあり得ないのである。

したがって、こういった点については、あとに続く人たちがつねに心して、どのようなことがおころうとも、それに対処していくだけの心がまえを固めておくことが大切になってくる。たとえかりに今の姿が完成したものであっても、あとの人たちがあやまればその完成もこわれてしまう。そういうように、たえず動きつつあるのが経営というものである。

いずれにしろ、そのように、私が社長を退くのは、松下電器が今後とも安心だからということで退くわけではない。そして、退くことによって松下電器の歩みが力よわくなるわけでもない。むしろよりよき発展へと結びつくのだ。このようなことを私は考えたのである。あとは時期の問題である。そして時期は先にふれたように、今がそのときであると考えた。そこで私は、社長を退任することを決断し、昭和三十六年一月に発表して、会長に就任したのである。

二十一世紀への活動のために

［山下新社長の選任］

お互い人間は、ついつい目先のことにとらわれがちである。しかし目先のことばかりにとらわれていると、ともすれば社会の変化、時の流れを見失いがちになって、思わぬ困難にも陥りかねない。だからわれわれは、目先のことも考えるけれども、それと同時に、明日のこと、未来のことにもたえず目を向けていくことが大切ではないかと思う。

松下電器では昭和五十二年一月、新社長に山下俊彦氏が就任したが、[19] これもやはり未来に目を向けた一つの結果である。すなわち、これは松下電器が二十一世紀に向かっていかに歩んでいくべきかを考えて生まれた一つの姿なのである。

私はかねがね、これからの日本はどのようになっていくのか、そしてまた世界の未来はどのようなものかということについて、いろいろと考えをめぐらせていた。といっても、それは学問的な予測などではない。私なりに世の動き、社会の変化といったものを、いわば直観的にとらえて、その未来に思いをはせていたのである。

いろいろ考えてみると、私はこの世界の繁栄というものは、大きな歴史の流れとして、一つの地域から次の地域へと移り変わってきているのではないかということを考えた。つまり、ずっと昔にはエジプトとかギリシャなどが繁栄し、次にはローマをはじめヨーロッパの国ぐにが繁栄した。それから繁栄はアメリカに移ったけれども、二十世紀末の今日、アメリカはすでに一部低迷が見られるようになっている。

そこで、世界の次の繁栄はどこの地域に移るかというと、これはヨーロッパや中東へ逆もどりするのでなく、アジア方面に移ってくると考えられる。そうすると、アジアではやはりなんといっても中国や日本がその中核をなすであろう。だから、いってみれば、二十一世紀には中国や日本を中心としてアジアに繁栄がおこってくるのではないかと思われる。

そうだとすれば、それを日本は受けて立たねばならない。繁栄の受け皿をつくるための活動をしなければならない。そのためには、国民お互いがそういう自覚認識をもって、その受け皿をつくるにふさわしい活動をしていかなければならない。松下電器もその先頭に立って努力していかなければならない。

さてそこで問題は、二十一世紀の日本を世界の繁栄の受け皿にするためには、松下電器としていかにあるべきかということである。これが非常に大事な問題である。

そこで、松下電器自体がどういう状況にあるのかというと、一つには、松下電器は昭和五十三年が創業六十周年にあたり、人間でいえば本卦還《ほんけがえ》りである。つまり、松下電器としては、もう一ぺん新しく生まれ変わるという時期を迎えたわけである。

そしてその松下電器をとりまく日本の社会の状況は、戦後三十数年を経て、物質的には非常に豊かになってきたけれども、その一方では、精神面に混迷が見られるような状態である。いわば非常に好ましからざる問題が次つぎとおこっているような状況である。

だから、こうした中から二十一世紀に向かって松下電器が力づよく歩んでいくためには、もう一度原点に立ちかえり、初心にかえって新たなる方向を見出していくことが肝要ではないか。そして人心を一新して、新たなる歩みを進めていくことが大切ではないか。そうしてこそ、二十一世紀の日本を世界の繁栄の受け皿にするにふさわしい松下電器としての姿も生まれてくるのではないか。このようなことをいろいろと考えたのであった。

そのようなことを考えていたときに、健康上の理由から、会長がその職を退くことになった。それで会長は顧問になり、会長の後任は社長にやってもらうことになった[18]。そうすると、社長のポストがあく。だれがいいかということだが、四人いた副社長はどの人をもってきても社長のできる人である。

けれども、そこで考えたことは、二十一世紀に向かって歩む松下電器の社長としては、どういうことが必要かということである。これからは世界の繁栄の受け皿としての日本にふさわしい企業としての歩みを進めていかなければならない。そのためには、相当長い年月にわたって発想を新たにし、そして革新的な具体案をつくってそれを実践、実行し、成果をあげるという仕事を一人の人間が継続一貫してやっていかなければいけない。だから新しい社長は最低十年間は勤務可能の人でなければならない。こういうことを私は考えた。

会長、社長に話をすると、大賛成である。それではそういう範囲で人を選ぼうということになった。

しかし、考えてみれば、これは世間一般の社長の選び方とはずいぶんちがう。やや常軌を逸している。ふつうであれば、やはり副社長とかそれに次ぐ人たちの中から社長が選ばれるのが順当であろう。だから、松下電器がこういう新社長の選び方をすることに対しては、世間からの批判があるかもわからない。そのおそれはある。

けれども、平常の場合の新社長であれば、世間一般の選び方でよいわけだが、しかし、これまでにのべたように、二十一世紀に向かって松下電器が新しい歩みを進めるという一大変革期にあたっては、やはりそれにふさわしい選び方がおのずと出てくるわけである。選択範囲も広くなる。極端にいえば平社員の中から選んでもかまわない。重役の中からであればなお結構である。

そのようにして選ばれたのが山下新社長なのである。今では山下社長になってからすでに二年になる。山下氏も当初は社長業の忙しさにおどろいていたようだが、最近ではすっかり慣れて力づよく活躍している。

そして、松下電器は今、きたるべき二十一世紀の繁栄の受け皿日本にふさわしい姿への発展を目ざして、溌剌《はつらつ》とした気分で新しい歩みを着実に進めつつあるわけである。

あとがき（旧版）

決断ということに関していろいろ私の体験した例をのべてきたが、まえがきでも少しふれたように、要は決断すべき立場にある者は、決断すべきときには決断しなければならないということである。まちがった決断をしてはいけないのは当然であるが、しかしそのことを恐れて逡巡《しゅんじゅん》していたのでは事は進まないし、なにも生まれない。

だから、あやまった決断をしないように、衆知に耳を傾け、また自問自答をくり返し、なにが正しいかを追求することは非常に大切だが、決断すべきときには勇気をふるって決断しなければならないということである。

もちろん、決断には責任が伴う場合が多いが、その責任を逃れようと考えていたのでは、正しい決断は下しにくいのではないか。そればかりか決断それ自体も下すことができず、いたずらに事を停滞させ、混乱させかねないと思う。

したがって、決断すべき立場にある者は、まず自分の責任の自覚をつよくもつことが肝要であろう。その自覚がしっかりしていれば、事にあたり、決断すべき場合に、適宜決断を下すことも比較的できやすいのではあるまいか。

お互いに、二十一世紀の新しい日本に向かってのぞましい歩みを進めていくためにも、決断すべきときには勇気をもって適切な決断を下していきたい。そして、それによって、好ましい未来をひらく力づよい歩みを進めていきたいものである。

解　説

第一巻収録の『指導者の条件』と『決断の経営』はいずれも、リーダーとしての心得を主なテーマとした著作である。

『指導者の条件』

一九七五年十二月に単行本が『指導者の条件――人心の妙味に思う』と題して、ＰＨＰ研究所から発刊された。本巻刊行の二〇二五年で刊行五十年を迎える。初版九万部。その後、「ＰＨＰ文庫」版（一九八九年二月）、新装版（二〇〇六年二月）、「ＰＨＰビジネス新書」版（二〇一四年四月）が出版されている。新装版より、副題の「人心の妙味に思う」が削除された。累計発行部数が一〇二万部（二〇二四年十二月現在）と、『道をひらく』に次ぐ、松下幸之助のベストセラーである。『道をひらく』同様、見開きで一項目という親しみやすい体裁が、その内容もさることながら、読者を多く獲得した要因の一つであると考えられる。

「まえがき」にあるように、本書は「古今のすぐれた指導者のあり方」から一〇二の事例を選び、それを素材に幸之助が指導者としての心得や原則を述べたものである。事例については（一九七五年当時の）ＰＨＰ研究所の研究員に調べてもらったと記されているが、一〇二（最後の項目は「再び」と書かれているので厳密には一〇一）の見出しの文言はいわば、幸之助自身の考える心得や原則を表現している。

項目の数が一〇〇を超えるものの、「新書版『指導者の条件』発刊にあたって」に記されているように、本書の編集・制作にかかわった岩井虔（現ＰＨＰ研究所客員）によれば、何度も校閲を繰り返しながら、幸之助が「何一つ、これいらんという項目はないわな。多少の厚薄はあっても、（中略）いろいろあって指導者やな」と話していたという。それに対して岩井は内容の感想を求められ、「指導者って大変だなあと思いますし、私もできていない項目がたくさんあります」と答えたところ、幸之助から「君は今研究部の責任者として、上座に座っているリーダーやないか。（中略）リーダーが初めから、自分はもうあかんという気持ちでいたら、その組織はどうなる」と厳しく叱責されたと、当時を回顧している（『松下幸之助 元気と勇気がわいてくる話』ＰＨＰ研究所）。

とはいえ、一〇〇超にものぼる心得や原則を覚えるのは現実的に難しい。しかし経営学者の金井壽宏は、全部覚える必要はなく、「そのときのリーダーシップ発揮の困っている自分にとって心に響く項目を探す気持ちで読めばよい」と提案している。また、一見して相互に矛盾する項目がみられるものの、「そのときの状況に合った原理・原則を選ぶべきだ」と指摘している（『リーダーシップ入門』日本経済新聞出版）。

本書の対象は企業経営者にとどまらず、「政治の衝《しょう》にあたる人びとから会社の班長、組長にいたるまで」（「まえがき（旧版）」）と幅広い。巻末の索引を参照しながら、読者の方々がそれぞれのリーダーシップを発揮すべき状況に応じて心得や原則を学ぶのも、本書の一つの読み方であろう。

『決断の経営』

一九七九年三月に単行本がPHP研究所より発刊された。初版八万部。幸之助没後の一九八九年七月に「PHP文庫」版が、二〇〇七年四月に新装版が出版された。累計発行部数二五万部（二〇二四年十二月現在）。

松下幸之助はよく、経営者は大将であって、軍師ではないと語っていた。すなわち、戦略立案は軍師のすることであって、軍師の進言を採用するかどうか決めるのが、大将としての経営者の仕事だという。「極端にいえば大将のすることは決定だけです」「決定をしない大将は愚将であって、愚将では戦は負けです」（『経営のコツここなりと気づいた価値は百万両』ＰＨＰ研究所）と、経営者にとっての決断の重要性を訴えている。

とはいえ幸之助もまた、一人の人間である。大企業のトップであるゆえ、みずから下す判断の影響力は大きく、決断に逡巡することもあった。そんな心の迷いも含めて決断にまつわる具体的な体験から、幸之助自身が経営者としての人生を振り返っているのが本書の内容である。

一方、本書の刊行年である一九七九年の六月、松下政経塾が設立された。第一章の中で記されているように、前年の九月に幸之助は同塾設立の構想を発表しており、本書の注目につながったと推測される（発刊月に二万五〇〇〇部の増刷）。さらに、「山下跳び」こと、山下俊彦氏の松下電器社長選任（一九七七年二月に社長就任）について、最後に幸之助が自身の見解を披露しているのも、本書の話題に一役買った。

今日から本書の意義を振り返ってみると、決断に際し、幸之助のひらめきやカンの冴えもさることながら、いかに経営者としての使命感や信念が根底になければならないのか、具体例を通して理解できることであろう。本巻に収録されている『指導者の条件』で提示された心得や原則について、いわば事例集ともいえる『決断の経営』と併せて読むことで、かなりの部分、具体的なイメージをもって理解できるのではないか。

もう一つ本書の重要なメッセージは、序章の最後に述べられた、「決断が最後のゴールではなく、むしろ物事の始まりだ」という点である。幸之助は別のところで、経営者の要件の一つとして「刻々と意思決定をし、（中略）実際に経営活動を営んでいく実践力」（『ＰＨＰ』一九六七年八月号）を挙げ、「意思を決定しても、実行力がなければ、これはなんにもならない」（第二回関西財界セミナー、一九六四年二月）と発言している。最後までやり抜くこともまた、決断に劣らず、場合によっては決断以上に、大切であることが示唆されている。

ＰＨＰ理念経営研究センター

注釈

❖指導者の条件

1 現在では三男信孝の説が多い。
2 内村、新渡戸が二期生として入学したおりには、すでにクラークは帰国していたため直弟子とはいえない。
3 現在ではエジソンは発達障害という説が主流である。
4 陽明学者・熊沢蕃山の作とする説も多い。

❖決断の経営

1 「東京電気のマツダランプ」であると考えられる。なお、東京電気は三年後の一九三九（昭和十四）年に芝浦製作所と合併し、東京芝浦電気、すなわち東芝となった。したがって、「東芝のマツダランプ」の可能性もある。
2 Peace and Happiness through Prosperity（繁栄によって平和と幸福を）の略称。
3 肺尖カタルの罹患時期について、松下幸之助の著作や発言によって若干の相違がある。大阪電灯に勤務していたころに相違ないが、十八歳の時の可能性が高いとみられる（佐藤悌二郎『松下幸之助・成功への軌跡――その経営哲学の源流と形成過程を辿る』ＰＨＰ研究所）。
4 「経営指導料」の発想は、前年にアメリカの「経営指導会社」、すなわちコンサルティング・ファームを訪問したことが背景にあると推察される。名だたる大企業を相手に、経営手法の指導を商売にしていることに衝撃を受け、経営指導自体に大きな経済的価値があると認識したという（一九五一年四月十四日開催の社長帰朝報告会。ＰＨＰ総合研究所研究本部編『松下幸之助発言集25』ＰＨＰ研究所、所収）。
5 「エバレディの親会社のユニオンカーバイド（ＵＣＣ）」と思われる。ただし、エバレディはＵＣＣの所有する商標であった模様（山本昌平「〝乾電池はナショナル〟を築かれた功績」。松下幸之助監修『技術者魂――中尾哲二郎の歩んだ道』松下電器産業中尾研究所、所収）。

6 東芝とみられる。

7 かつて存在した、アメリカの自動車メーカー。

8 浜口雄幸内閣の井上準之助蔵相が検討していた金解禁、すなわち金輸出解禁（金本位制への復帰）は、一九三〇（昭和五）年一月に同内閣によって実施された。

9 一九六四（昭和三十九）年七月に熱海ニューフジヤホテルで開催された「全国販売会社代理店社長懇談会」。

10 販売会社とは、松下電器製品のみを扱う販売店への卸会社。代理店も卸だが、松下電器の資本が入っていなかったり、他社製品を扱ったりする会社もある（土方宥二「共存共栄の原点に返り改革を断行――松下幸之助と『伝説の熱海会談』」。『ＰＨＰ松下幸之助塾』二〇一五年三―四月号、所収）。

11 武久逸郎。戦前に松下電器から独立して東海乾電池を経営したが、同社は一九五〇（昭和二十五）年、井植歳男の創設した三洋電機の出資により三洋乾電池に改称。事実上、三洋電機に吸収合併された。

12 橋本電器。松下電器初の買収となり、日本電器製造が設立された。

13 プラスチックの一種であるフェノール樹脂。

14 メーカーではなく、北尾鹿治。一九三〇（昭和五）年、松下電器は北尾の会社と提携して国道電機を設立したが、方針の違いにより翌三一年に同社との提携は解消され、同社工場は松下電器の第七工場となった（『パナソニック百年史』パナソニック株式会社）。

15 天理教。奈良県天理市に教会本部を置く。

16 大西瀧治郎海軍中将。

17 一九四三（昭和十八）年に設立された松下飛行機株式会社。

18 「会長」は髙橋荒太郎、「社長」は松下正治を指す。なお、松下幸之助は当時、相談役であった。

19 正式には一月ではなく、二月の就任。

『指導者の条件』内容索引

※テーマ別に見出しだけを索引にしたもの

『指導者の条件』人名索引

❖さ行

❖た行

❖な行

❖は行

❖ま行

❖や行

『決断の経営』索引

❖や行

❖ら行

松下幸之助略年譜

❖年	❖年齢	❖事項
明治二十七(一八九四)		十一月二十七日、和歌山県海草郡和佐村字千旦ノ木(現和歌山市禰宜《ねぎ》)で松下政楠、とく枝の三男として出生
明治三十二(一八九九)	四	父・政楠が米相場に失敗、和歌山市内に移住
明治三十七(一九〇四)	九	尋常小学校を四年で退学、単身大阪に出て宮田火鉢店に奉公
明治三十八(一九〇五)	十	五代自転車商会に奉公
明治三十九(一九〇六)	十一	父・政楠病没
明治四十三(一九一〇)	十五	大阪電燈㈱に内線係見習工として入社
明治四十四(一九一一)	十六	内線係見習工から最年少で工事担当者に昇格
大正二(一九一三)	十八	母・とく枝病没
大正四(一九一五)	二十	井植むめの(十九歳)と結婚
大正六(一九一七)	二十二	工事担当者から最年少で検査員に昇格 大阪電燈㈱を退社、大阪・猪飼野でソケットの製造販売に着手
大正七(一九一八)	二十三	三月七日、大阪市北区西野田大開町(現福島区大開)に松下電気器具製作所開設 アタッチメントプラグ、二灯用差込みプラグの製造販売開始

大正十二（一九二三）　二十八　砲弾型電池式自転車ランプを考案発売
大正十四（一九二五）　三十　連合区会議員選挙に推されて立候補し、二位で当選
昭和二（一九二七）　三十二　角型ランプに初めて「ナショナル」の商標をつけて発売
昭和四（一九二九）　三十四　松下電器製作所と改称。綱領・信条を制定し、松下電器の基本方針を明示
世界恐慌となったが、半日勤務、生産半減、給与全額支給とし、従業員を解雇することなく不況を乗り切る
昭和六（一九三一）　三十六　ラジオ受信機がＮＨＫ東京のラジオセットコンクールで一等に
乾電池の自社生産開始
昭和七（一九三二）　三十七　五月五日を創業記念日に制定、第一回創業記念式を挙行し、産業人の使命を闡明《せんめい》、この年を命知元年とする
昭和八（一九三三）　三十八　事業部制を実施
朝会・夕会を全事業所で開始
大阪府北河内郡門真村（現門真市）に本店を移す
「松下電器の遵奉すべき五精神」（昭和十二年、七精神に）を制定
昭和九（一九三四）　三十九　松下電器店員養成所開校、所長に就任
昭和十（一九三五）　四十　松下電器製作所を株式会社組織とし、松下電器産業㈱を設立。同時に従来の事業部制を分社制とし、九分社を設立
昭和十五（一九四〇）　四十五　第一回経営方針発表会を開催（以後、毎年開催）

昭和十八（一九四三）　四十八　軍の要請で松下造船㈱、松下飛行機㈱を設立

昭和二十（一九四五）　五十　終戦。その翌日、幹部社員を集め、平和産業への復帰を通じて祖国の再建を呼びかける

続いて八月二十日、「松下電器全従業員諸君に告ぐ」の通達を出し、難局に処する覚悟を訴える

昭和二十一（一九四六）　五十一　松下電器及び幸之助が、GHQから財閥家族の指定、公職追放の指定等七つの制限を受ける（昭和二十一年三月〜二十三年二月）

全国代理店、松下産業労働組合が公職追放除外嘆願運動を展開

十一月三日、PHP研究所を創設、所長に就任

昭和二十四（一九四九）　五十四　企業再建合理化のため、初めて希望退職者を出す

負債十億円となり、税金滞納王と報道される

昭和二十五（一九五〇）　五十五　諸制限の解除によって状況好転、経営も危機を脱する

緊急経営方針発表会で「嵐のふきすさぶなかに松下電器はいよいよ立ち上がった」と経営再建を声明

昭和二十六（一九五一）　五十六　年頭の経営方針発表会で「〝松下電器はきょうから再び開業する〟の心構えで経営にあたりたい」と訴える

第一回、第二回欧米視察

昭和二十七（一九五二）　五十七　渡欧、オランダのフィリップス社との技術提携成立

昭和三十六（一九六一）　六十六　松下電器産業㈱社長を退き、会長に就任

昭和三十七（一九六二）　六十七　『タイム』誌のカバーストーリーで世界に紹介される

昭和三十九（一九六四）　六十九　熱海で全国販売会社代理店社長懇談会（熱海会談）を開催
昭和四十三（一九六八）　七十三　松下電器創業五十周年記念式典を挙行
昭和四十七（一九七二）　七十七　『人間を考える——新しい人間観の提唱』刊行
昭和四十八（一九七三）　七十八　松下電器産業㈱会長を退き、相談役に就任
昭和五十四（一九七九）　八十四　㈶松下政経塾を設立、理事長兼塾長に就任
昭和五十六（一九八一）　八十六　勲一等旭日大綬章を受章
昭和五十七（一九八二）　八十七　㈶大阪21世紀協会会長に就任
昭和五十八（一九八三）　八十八　㈶国際科学技術財団を設立、会長に就任
昭和六十二（一九八七）　九十二　勲一等旭日桐花大綬章を受章
昭和六十三（一九八八）　九十三　㈶松下国際財団を設立、会長に就任
平成元（一九八九）　九十四　四月二十七日午前十時六分、死去

松下幸之助選集　推薦の辞

松下幸之助氏は、日本が世界に誇る比類なき企業家、経営者です。一代で世界的企業を築き、家電製品の普及による〝豊かな生活の担い手〟として多大な貢献をしました。その業績から氏は、人として経営者として、国民の大きな支持を得ました。

それは氏が貧乏・病弱・無学歴の身から成功したこと、度々の経営危機を果敢に乗り越えたことに由来しています。その背景には、氏が現実の中から見出《みいだ》した独自の思想、哲学がありました。「水道哲学」「衆知を集める」「素直な心」等々の言葉が、それを如実に示しています。また、氏が実践した経営は時代を超えた普遍性をもっていました。改めて俯瞰《ふかん》すると、現在提唱されている最新の経営手法が先んじて実践されていることに驚きを隠せません。お手本とすべき、「日本的経営」の真の姿がそこにあったのです。

この度、その集大成として松下幸之助選集が刊行される意義は、そうした経営の本質を氏の思索と実践から学ぶ点にあり、本選集を推薦する所以《ゆえん》です。ここに収載された氏の言葉が、読者諸氏のお仕事や人生の智慧となり、道をひらく一助となることを願っております。

二〇二四年十二月

野中郁次郎（一橋大学名誉教授）
宮本又郎（大阪大学名誉教授）
加護野忠男（神戸大学名誉教授）

［著者略歴］

松下幸之助

まつした こうのすけ

パナソニック（旧松下電器産業）グループ創業者、ＰＨＰ研究所創設者。明治27（1894）年、和歌山県に生まれる。９歳で単身大阪に出、火鉢店、自転車店に奉公ののち、大阪電燈に勤務。大正７（1918）年、23歳で松下電気器具製作所（昭和10年に松下電器産業株式会社に改組）を創業。昭和21（1946）年には、「Peace and Happiness through Prosperity＝繁栄によって平和と幸福を」のスローガンを掲げてＰＨＰ研究所を創設。昭和54（1979）年、21世紀を担う指導者の育成を目的に、松下政経塾を設立。平成元（1989）年に94歳で没。

ブックデザイン

竹内雄二

装丁・扉掲載の松下幸之助銅像

盛岡勇夫・作

（1965年）

松下幸之助選集 1
指導者の条件／決断の経営

2025年2月12日　第1版第1刷発行

著者
松下幸之助

発行者
永田貴之

発行所
株式会社PHP研究所
東京本部　〒135-8137　江東区豊洲5-6-52
ビジネス・教養出版部　TEL03-3520-9615(編集)
普及部　TEL03-3520-9630(販売)
京都本部　〒601-8411　京都市南区西九条北ノ内町11
PHP INTERFACE　https://www.php.co.jp/

組版
株式会社PHPエディターズ・グループ

印刷所・製本所
TOPPANクロレ株式会社

Printed in Japan　ISBN978-4-569-85857-9